결혼을 말하다

세움북스는 기독교 가치관으로 교회와 성도를 건강하게 세우는 바른 책을 만들어 갑니다.

담장너머 시리즈 03

결혼을 말하다

초판 1쇄 인쇄 2020년 8월 25일
초판 2쇄 발행 2024년 7월 30일

지은이 | 임승민
펴낸이 | 강인구
펴낸곳 | 세움북스

등 록 | 제2014-000144호
주 소 | 서울시 종로구 대학로 19 한국기독교회관 1010호
전 화 | 02-3144-3500
팩 스 | 02-6008-5712
이메일 | cdgn@daum.net

교 정 | 김민철
디자인 | 참디자인

ISBN 979-11-87025-70-2 (03230)

담장너머
시리즈 03

결혼을 말하다

임승민 지음

세움북스

서문

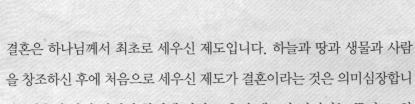

결혼은 하나님께서 최초로 세우신 제도입니다. 하늘과 땅과 생물과 사람을 창조하신 후에 처음으로 세우신 제도가 결혼이라는 것은 의미심장합니다. 결혼이 단지 사회적 합의에 따라 도출된 제도가 아니라는 뜻이고, 하나님의 목적이 있다는 뜻이기도 합니다. 결혼은 하나님의 것이요, 하나님의 일이요, 하나님의 뜻입니다.

그러나 오늘날에는 결혼에 관한 성경적 가치가 크게 위협받고 있습니다. 결혼을 하나님의 제도로 받아들이기보다는 시대 문화를 따르려고 합니다. 새로운 형태의 결혼을 시도하기도 합니다. 동거가 대표적인 사례입니다. 2017년 학원복음화협의회의 한 조사에 따르면, 혼전 동거에 찬성하는 대학생이 67%나 된다고 합니다. 2018년 한국보건사회연구원에서 발표한 수치도 비슷합니다. '혼인 신고는 함께 살아 본 뒤에 하는 것이 좋다'는 질문에 찬성 응답이 70% 가까이 됩니다. 연애 칼럼을 쓰는 한 방송인은 자기가 출연한 방송에서 동거가 매우 합리적인 제도라고 찬양하기도 합니다.

결혼이 사회적 합의에 따라 도출되는 가변적인 제도라고 주장하는 사람들이 점점 많아지고 있습니다. 문제는 이런 시대 문화가 그리스도인 청년들에게도 영향을 미치고 있다는 것입니다. 많은 그리스도인 청년들이 성경을 통해 결혼을 배우기보다는 사회 속에서 결혼을 배웁니다. 그러다 보니 결혼한 후에 많은 혼란을 겪습니다. 결혼의 목적이 어디에 있는지 모르기 때문에 결혼을 우상처럼 떠받들거나 결혼을 동거처럼 가벼이 여깁니다. 남편 됨과 아내 됨을 바르게 배우지 못했기 때문에 배우자를 조작하고 통제하여 자기만족을 위한 수단으로 이용합니다. 결혼과 교회의 관계를 온전히 알지 못하기 때문에 결혼을 그저 사적인 영역으로만 생각합니다. 현장 목회자로서 성도들에게 가르쳐야 할 것이 많이 있지만, 그중에서도 성경적인 결혼관을 가르치는 것은 매우 시급하다고 느낍니다.

청년과 젊은 부부가 주로 찾아오는 우리 교회 특성상 결혼은 항상 뜨거운 주제입니다. 그렇기에 개척 초창기부터 거의 매년 결혼 세미나를 진행했습니다. 첫 번째 세미나에서 100쪽 정도 되는 강의안을 만들어 사용했는데, 그 강의안 내용은 해마다 늘어났습니다. 성도들의 평가와 요청을 반영했기 때문입니다. 그런 의미에서, 이 책은 우리 교회 성도들과 함께 만든 책이라고도 할 수 있습니다.

이 책은 크게 네 개의 주제를 담고 있습니다. 첫째는 결혼의 성경적인 의미입니다. 결혼을 과도히 높이거나 낮추는 것은 성경이 말하는 바가 아닙니다. 또한 결혼을 감정의 측면에서만 다루는 것도 성경이 말하는 바가 아닙니다. 성경은 결혼을 그리스도와 교회에 관한 비밀(엡 5:32)이라고 말합니다. 결혼에 관한 모든 것은 바로 이 비밀 안에서 이해되어야 합니다. 그리스도와 교회의 관계를 떼어 놓고 결혼을 바라볼 때 우리는 성경적인 결혼관에서 멀어질 수밖에 없습니다.

둘째는 결혼 생활의 성경적인 의미입니다. 결혼의 궁극적 의미는 그리스도와 교회에 관한 것이지만, 결혼 생활은 남편과 아내가 함께하는 현실입니다. 그래서 바울도 결혼을 그리스도와 교회에 관한 비밀이라고 말한 후에 "그러나 너희도 각각 자기의 아내 사랑하기를 자신같이 하고 아내도 자기 남편을 존경하라"(엡 5:33)는 말을 덧붙입니다. 이 주제에서는 특히, 복음과 은혜와 사랑이 어떻게 결혼 생활에 적용될 수 있는지를 다룹니다.

셋째는 결혼의 가장 중요한 목표인 한 몸을 이루는 방법입니다. 흔히 한 몸을 혼합적 성격으로 이해하는데, 그것은 옳지 못한 관점입니다. 한 몸의 기초는 남자와 여자의 명확한 구분에서 출발합니다. 여성은 여성다움으로 성장해 가고, 남성은 남성다움으로 성장해 갈 때 진정한 한 몸을 이룰 수 있습니다. 오늘날 이와 같은 관점은 보수적인 것을 넘어 시대 착오적인 것으로 비난을 받지만, 저는 성경이 이것을 가르치고 있다고 굳게 믿습니다. 한 몸은 남녀의 구분이 사라진 혼합이 아니라 성별이 완전히 다른 두 존재가 성령 안에서 연합되는 것입니다.

넷째는 한 몸을 이루는 방법 중에 의사소통의 문제를 다룹니다. 부부가 결혼에 관한 의미를 성경과 신학으로 철저히 공부했다 할지라도 작은 틈 하나로 모든 관계가 무너져 내리는 경험을 할 수 있습니다. 그 작은 틈은 바로 언어입니다. 말 한마디가 소중하게 쌓아 온 관계를 이전보다 못한 관계로 되돌릴 수 있습니다. 반면에 말 한마디가 작은 벽돌이 되어 믿음이라는 집을 지을 수도 있습니다. 이 주제에서는 부부가 서로의 언어를 이해하기 위해 무엇을 유의해야 하는지를 다룹니다.

이 책을 쓸 때 이론에서 실천을 끌어내고자 노력했습니다. 성경에 기대어 그 의미를 탄탄히 설명하되 사변적인 이론이 되지 않도록 구체적인 지침을 만들어 갔습니다. 성경을 거치지 않은 현장 지침서나 현장과 상관이 없는 성경 해석서가 되지 않도록 세심하게 신경을 썼습니다. 그래서 이 책은 결혼에 관한 성경 공부 교재로, 동시에 곧장 결혼 현장에 적용할 수 있는 지침서로도 적당합니다. 아무쪼록 결혼이라는 제도 자체가 큰 위기를 맞이하고 있는 이 시대에 성경 안에서 결혼의 집을 짓고 살고자 하는 부부들에게 이 책이 도움이 되기를 바랍니다.

목차

서문   4

서론, 개혁주의 신앙고백서로 본 결혼   13

첫째, 결혼은 모든 것이다?   33
    결혼은 그림자이다   36
    결혼의 우상화를 경계하라   42

둘째, 결혼은 미친 짓이다?   53
    자아 중심적 결혼관   54
    성경적 결혼관   64

셋째, 결혼은 로맨스다?   69
    사랑이란 무엇인가?   70
    결혼은 언약이다   73
    결혼, 하나님의 영광을 위한 일   76

넷째, 복음이 이끄는 결혼 생활   85
    그리스도를 경외함으로 피차 복종하라   87
    성령만이 우리를 도우신다   90

다섯째, 은혜가 이끄는 결혼 생활   99
    폭로와 사랑의 원리   100
    은혜만이 악순환을 끊는다   105

여섯째, 사랑이 이끄는 결혼 생활   117

일곱째, 한 몸의 토대, 남녀 구분   137

여덟째, 한 몸을 위한 여성다움의 회복 (1)   147
    일과 관련된 견해가 왜곡되었습니다   148

아홉째, 한 몸을 위한 여성다움의 회복 (2)   167
    주도권에 대한 견해가 왜곡되었습니다   168
    섬김에 대한 견해가 왜곡되었습니다   175

열째, 한 몸을 위한 여성다움의 회복 (3)   187
    순종에 대한 견해가 왜곡되었습니다   188
    감정에 대한 견해가 왜곡되었습니다   199

열한째, 한 몸을 위한 남성다움의 회복 (1)   211
    결정권에 대한 견해가 왜곡되었습니다   213
    리더십에 대한 견해가 왜곡되었습니다   223

열두째, 한 몸을 위한 남성다움의 회복 (2)   243
    표현에 대한 견해가 왜곡되었습니다   244
    욕망에 대한 견해가 왜곡되었습니다   254

열셋째, 한 몸은 혼합이 아니라 연합이다   267
    혼합인가? 연합인가?   268
    다름을 인정하라   275
    같음을 추구하라   281

열넷째, 소통, 한 몸의 기초 (1)   291
    존경과 사랑의 대화   293

열다섯째, 소통, 한 몸의 기초 (2)   311
    헤세드, 대화의 기초   313

부록, 교회를 중심으로 살펴보는 외도의 심리와 예방법   341
    외도는 왜 일어나는가?   344
    외도를 저지르는 사람의 성격 유형   346
    친밀함을 향한 병적 욕망이 외도를 부른다   356
    교회 내에서 발생할 수 있는 외도의 연결 고리   363
    예방을 위한 교회적 조치   373

참고문헌   389

결혼을 말하다

서론

서론,
개혁주의 신앙고백서로 본 결혼

신앙고백서를 살펴보는 이유

결혼 공부를 위해 몇 백 년 전의 문서를 꺼내 드는 것이 과연 적절한지 묻는 사람이 있습니다. 시대가 변하면 문화도 변하고 사람도 변하기 마련인데 굳이 몇 백 년 전의 문서에, 그것도 중세를 막 지난 유럽의 문서에 의존하는 것은 쓸모없지 않겠냐는 것입니다. 결혼을 사회심리학적, 문화인류학적 차원에서 본다면 그렇게 평가할 수도 있습니다. 그러나 결혼은 사회심리학적이지도 않고 문화인류학적이지도 않습니다. 결혼은 대단히 신학적입니다. '결혼이 신학적이라는 말'은 결혼의 의미와 가치가 철저히 하나님에 관한 지식과 연결되어 있다는 의미입니다. 하나님에 관한 지식과 연결되었다는 말은 결혼 자체에 변치 않는 의미가 있다는 뜻입니다. 결혼 현장은 분명히 상호반응적이고 복잡다단합니다. 시대와 문화에 따라 발생하는 문제도 있습니다. 그럼에도 불구하고 하나님께서 원하시는 결혼은 동일합니다. 하나님은 태초부터 종말까지 '결혼에 대한, 결혼을 위한, 결혼을 통한' 목적을 갖고 계십니다. 결혼에 대한 성경적 입장은 3천 년 전이나 2천 년 전이나 4백 년 전이나 지금이나 똑같습니다. 이것이 개혁주의 신앙고백서를 통해 '결혼과 가정'의 의미를 살펴보는 이유입니다.

전통적으로 개혁 교회는 교회와 가정의 관계를 중요하게 여겼습니다. 교회와 가정은 하나님께서 특별히 제정하신 기관으로 '구속의 경륜'을 담는 그릇입니다. 하나님은 당신의 구속사를 가정 안에 담아서 진행하셨고, 그것은 신약의 교회를 통해 정점에 이르렀습니다. 즉, 가정은 여전히 언약의 자녀들을 위한 중요한 기관이며, 교회는 이를 위한 가장 합법적이고 효과적인 기관입니다. 교회와 가정은 하나님의 구속사 안에서 서로 긴밀하게 연결된 두 기관입니다. 특히, 모든 가정은 교회 안에 속해 있어야 합니다. 그러므로 결혼도 교회 안에서 함께 진행되어야 하며, 가정생활도 교회의 지도 안에서 이루어지는 것이 마땅합니다. 교회와 가정은 하나님께서 당신의 역사를 이루시기 위해 제정하신 특별한 '그릇'입니다. 이것이 개혁 교회가 신앙 고백 안에 '결혼과 가정'에 관한 조항을 둔 이유입니다. 이제부터 개혁 교회의 신앙고백 중 '제2 스위스 신앙고백'과 '웨스트민스터 신앙고백'을 살펴보면서 '결혼과 가정'에 관한 개혁신학적 관점을 간략히 개관하겠습니다.

제2 스위스 신앙고백: 제29장 독신, 결혼 및 가정에 관하여

독신자

하늘로부터 독신의 은사를 받았으므로 마음과 온 영혼이 청결하고 절제하고 정욕으로 불타오르지 않는 사람은 은사를 부여받았다고 느끼는 한 그 하나님의 부르심 안에서 주님을 섬기게 해야 한다. 이런 사람들은 다른 사람보다 높다고 생각하지 말고 오히려 단순함과 겸손함으로 끊임없이 주님을 섬기게 해야 한다. 그도 그럴 것이 이러한 사람들이야말로 사사로운 가사에 의해서 마음이 산만하게 되는 사람들보다 하나님의 일에 더 잘 주의를 기울일 수 있다. 그러나 이들이 은사를 상실하여 계속해서 정욕에 불타오를 경우, 바울의 말을 기억해야 한다. 즉,

만일 절제할 수 없거든 혼인하라 정욕이 불같이 타는 것보다 혼인하는 것이 나으니라 _고린도전서 7:9

제2 스위스 신앙고백은 '결혼과 독신'의 관계를 균형 있게 설명합니다. 어떤 사람은 '독신'을 과도하게 높여서 이해하고 어떤 사람은 '결혼'을 과도하게 높여서 받아들입니다. 로마 교회 같은 경우에는 사제와 평신도 그룹을 대조하기 위한 방법으로 '독신'의 가치를 드높입니다. 사회적 그룹에서는 '결혼'을 성장하는 단계로 인식해서 '미혼자'를 문제시합니다. 두 관점 모두 적절하지 못합니다. 성경은 '독신'을 은사로 말합니다. 독신은 하나님께서 특정한 사람에게 선물로 주시는 은사입니다. 독신의 은사를 받은 사람은 가정 문제로 고민하는 사람보다 하나님을 더 잘 섬길 수 있습니다. 가정을 이끌며 얻게 되는 수많은 고민에서 벗어나서 오직 하나님께 자신의 몸과 마음을 헌신할 수 있는 귀한 인생을 살게 됩니다. 그러므로 독신의 은사

를 받은 사람은 교만하지 말고 단순하고 겸손한 마음으로 주님을 힘써 섬겨야 합니다. 그렇다면 독신의 은사를 받은 사람이 어떻게 그 은사를 알 수 있을까요? 제2 스위스 신앙고백은 "정욕으로 불타오르지 않고 자제할 수 있으며 마음과 몸을 순결하게 유지할 수 있는 사람"이 독신의 은사를 받았다고 합니다. 독신의 은사는 아주 특별한 은사이기 때문에 이 은사를 받은 사람은 금방 알아챌 수 있습니다. 그러나 대부분의 사람들은 하나님께서 원래 주신 대로 '욕망을 지닌 자연인의 상태'로 태어나서 살아갑니다. 그러므로 독신의 은사를 받지 않은 사람은 누구든지 결혼하는 것이 옳습니다.

결혼

결혼(정욕의 약이며 자제 그 자체이다)이란 주 하나님 자신에 의하여 제정된 것으로, 하나님께서는 결혼을 풍성히 축복하셨고 남자와 여자가 떨어지기 어렵게 하나로 결합하여 온전한 사랑과 일치로 하나가 되어 살아가기를 원하셨다(마 19:4 이하). 우리는 이에 대해 사도가 한 말을 알고 있다.

모든 사람은 혼인을 귀히 여기고 침소를 더럽히지 않게 하라 음행하는 자들과 간음하는 자들을 하나님이 심판하시리라 _히브리서 13:4

그러나 장가가도 죄 짓는 것이 아니요 처녀가 시집가도 죄짓는 것이 아니로다 _고린도전서 7:28

그러므로 우리는 일부다처를 주장하거나 결혼을 다시 할 수 있다고 주장하는 자들을 정죄한다.

제2 스위스 신앙고백은 결혼을 '하나님 자신에 의하여 제정된 것'이라고 정의합니다. 결혼은 인류가 진화하고 사회가 진보하면서 만들어진 제도가 아닙니다. 하나님께서 결혼을 제정하셨다면 거기에는 특별한 목적과 의미가 있는 것입니다. 따라서 그리스도인들은 사회적인 맥락이나 시대적 조류에 맞춰서 결혼을 이해해서는 안 됩니다. 요즘 들어 결혼 제도의 비효율성을 주장하면서 '동거 후 결혼 제도'가 합리적이라고 주장하는 이들이 많습니다. 혼인 신고를 하지 않고 사는 이들도 많습니다. 그러나 결혼은 하나님께서 제정하시고 '풍성히 축복하신 제도'입니다. 하나님께서 '하나로 결합시키셨기 때문에 결혼한 모든 사람들은 사랑과 일치로 하나 되어 살아가기 위해 노력'해야 합니다.

최근 '성적 행위에 대한 자기 결정권'을 인정한다는 명목으로 간통죄가 폐지되었습니다. 결혼한 사람들이 혼외정사를 벌여도 법적인 처벌을 받지 않게 되었습니다. 그러나 성도들은 이런 사회적 흐름과 상관없이 하나님께서 바라보고 계신 대로 결혼에 대한 관점을 지켜 가야 합니다. 히브리서 13장 4절은 하나님께서 간음하는 자와 음행하는 자를 심판하신다고 분명히 말합니다. 그러므로 결혼하지 않은 사람이나 결혼한 사람이나 모두 몸과 마음을 순결하게 해야 하며, '침소를 더럽히는 행위를 하지 않도록' 자기 자신을 지켜 내야 합니다. 하나님께서 결혼을 제정하셨기에, 그리고 거기에는 충분한 의미와 목적이 있기에, 결혼은 참으로 귀합니다. 그러므로 제2 스위스 신앙고백에서 말하는 것처럼, 모든 성도들은 결혼 관계 안에서만 성적인 연합을 이루어야 합니다. 결혼은 '정욕의 약'이기 때문입니다. 성적인 욕구는 죄가 아니며, 오히려 그 욕구를 하나님께서 정하신 울타리 안에서 누리는 것은 올바른 일입니다. 그런 의미에서 결혼 관계 안에서의 성적인 연합은 하나님께서 남녀 모두에게 주신 선물입니다. 결혼 관계 안에서의 성적인 연합을 정죄하는 것은 하나님께서 제정하신 결혼의 목적을 정죄하는 것입니다. 물론, 결혼의 의미가 성적인 연합에만 있는 것은 아닙니다. 위에서 잠깐 언급하였듯이, 결혼은 사랑과 일치로 하나 됨을 향해 나아가는 귀한 신앙의 여정입니다. 남자와 여자가 서로 사랑함으로 참된 하나 됨을 만들어 가는 것은 너무나도 귀한 일이며, 그것 자체가 신앙의 진보요 성화의 과정입니다. 결혼을 하나님께서 제정하셨다는 사실을 잊지 마십시오. 하나님께서 제정하셨다면 우리는 사회가 던지는 결혼의 목적과 의미가 아니라 성경이 말하는 결혼의 목적과 의미에 귀를 기울여야 합니다. 그럴 때 참으로 영광스럽고 즐거운 결혼 생활을 할 수 있게 됩니다. 하나님은 결혼을 풍성하게 축복하셨습니다.

종종 구약을 근거로 일부다처제를 옹호하는 사람들이 있습니다. 몰몬교를 비롯한 몇몇 이단들이 그렇습니다. 그러나 하나님께서 제정하신 결혼은 '한 남자와 한 여자가 연합하는 것'입니다. 구약에 등장하는 일부다처의 모습은 죄로 타락한 세상의 단면을 보여 줄 뿐입니다. 성경에 있다는 이유로 옹호한다면, 우리는 레위기의 정결법에 따라 수많은 음식들을 먹어서는 안 되며, 회개할 때는 옷을 찢어야 하고, 중요한 일을 결정할 때는 제비뽑기를 해야 할 것입니다. 일부다처제는 하나님께서 원하시는 결혼 제도가 아닙니다.

결혼은 어떻게 결정되는가?

결혼이란 주님을 두려워하는 가운데에 합법적으로 맺어져야 한다. 근친상간을 피하기 위해서 우리는 혈족 혼인을 반대하는 법을 어겨서는 안 된다. 결혼은 부모 혹은 부모를 대신할 만한 사람의 승낙에 의하여 이루어져야 하고, 무엇보다도 하나님이 제정하신 결혼의 목적에 부합되어야 한다. 그뿐만 아니라 결합된 부부는 최대한의 신실함과 경건과 사랑과 순결로써 이 결혼을 거룩케 해야 한다. 따라서 논쟁이나 파쟁이나 정욕이나 간음은 절대 금물이다.

결혼하지 않은 사람들은 결혼을 어떻게 결정해야 할까요? 최근에는 '로맨스'라는 자기감정에 취해서 결정하는 사람들이 많습니다. 대개는 영화 혹은 드라마와 같은 미디어의 영향 때문일 것입니다. 심지어 그리스도인들조차 로맨스라는 감정에 의존하여 결혼 여부를 결정합니다. 그러나 제2 스위스 신앙고백은 '주님을 두려워하는 가운데에' 결혼을 결정하라고 말합니다. 즉, 결혼을 결정할 때 이 모든 것들이 합법적인지 살펴보라는 것입니다. 이것은 결혼에 대한 결정이 매우 이성적이어야 함을 의미합니다. 성경의 잣대에서 벗어난 결혼은 불법입니다. 교리적인 가르침을 무시하고 자기감정에 취해서 결정하는 결혼은 주님을 두려워하지 않는 행위입니다.

특별히 친족 결혼을 금합니다. 성경은 근친상간을 금합니다. 여기에서도 우리는 결혼의 결정을 감정이 아닌 성경으로 해야 함을 알 수 있습니다. 또한 결혼은 부모님의 허락 하에서 이루어져야 합니다. 독립된 가정을 이루기 전까지 모든 자녀들은 부모님의 결정권 아래에 있습니다. 그러므로 이 중요한 일을 결정할 때 부모님의 견해에 귀를 기울이는 것이 옳습니다. 무엇보다 '주님께서 결혼을 제정하신 목적을 따라 결정'되어야 합니다. 이것이 배우자를 찾는 가장 중요한 기준입니다. 외모나 경력이나 재산의 정도가 아니라 '주님께서 결혼을 제정하신 목적'이 배우자를 선택하는 기준입니다. 배우자를 결정하는 일에 신앙은 우선순위 정도가 아니라 전부입니다. 참된 신앙은 사람의 외모부터 품성, 그리고 삶의 내용까지 지배하기 때문에 미혼자들은 신앙을 유일한 기준으로 삼아서 배우자를 결정해야 합니다. 그럴 때 '논쟁, 불일치, 간음, 정사'에 빠지지 않고 연애할 수 있습니다.

결혼에 관한 재판

> 결혼을 보살펴 주고, 모든 부정과 파렴치한 행위를 벌하고, 결혼상의 다툼을 조정하는 법정과 거룩한 재판관이 교회 가운데 제도로서 설치되어야 한다.

결혼이 이렇게 하나님과의 관계, 곧 신앙과 깊이 연결되어 있다면, 교회가 결혼을 보살피는 것은 당연합니다. 모든 결혼은 교회 안에서 이루어져야 하고 교회를 통해 지도와 도움을 받아야 합니다. 교회는 결혼과 가정을 돌볼 책임이 있습니다. 특히, 결혼과 관련하여 어떤 부정적인 일이 발생했을 시에는 교회는 이것을 조정하고 치리할 수 있어야 합니다. 평상시에도 꾸준하게 결혼과 가정을 돌봐야겠지만, 다툼이나 부정이 일어났을 때에 교회의 역할은 더욱 중요합니다. 이것은 하나님께서 교회에 위임하신 권위입니다. 그러므로 모든 가정은 이런 교회의 권위를 믿고 신뢰함으로 교회와 함께 결혼 생활을 이루어 가야 합니다. 하나님은 교회와 가정을 깊이 연결시키셨습니다.

자녀들의 양육

부모들은 주님을 두려워하는 가운데 자녀들을 양육해야 한다. "누구든지 자기 친족 특히 자기 가족을 돌아보지 아니하면 믿음을 배반한 자요 불신자보다 더 악한 자니라"(딤전 5:8). 위와 같은 사도의 말을 기억하면서 부모들은 자녀 양육에 힘써야 할 것이다. 특히 부모들은 자녀들에게 정직한 상거래나 직업을 가르쳐 줌으로 생계를 유지하게 해야 한다. 부모는 자녀들이 게으르지 않게 해야 하고, 이 모든 일에 있어서 하나님에 대한 참 신앙을 그들에게 교육시켜야 한다. 그래야 자녀들이 확신의 결핍이나 지나친 안일함이나 추잡한 욕심에 의하여 방탕하고 실패하고 마는 일을 우리는 막을 수 있을 것이다.

부모들이 참된 신앙으로 가정적인 의무들에 의해서 집안의 일들을 경영함으로 성취하는 일들은 하나님 앞에서 거룩하고 선한 일들임에 틀림없다. 이러한 가사는 기도나 금식이나 구제만큼이나 하나님을 기쁘시게 한다. 그도 그럴 것이 사도 바울이 그의 서한들, 특히 디모데서와 디도서에서 이렇게 가르치기 때문이다. 결혼이 마치 거룩하지도 않고 순결하지도 않듯이 결혼을 금지하거나 공공연히 결혼을 혹평하거나 간접적으로 결혼을 불신하는 사람들의 교리를 우리는 사도 바울과 더불어 마귀들의 교리로 간주한다.

우리는 또한 불결한 독신 생활을 싫어한다. 우리는 숨겨진 욕정이나 공공연한 욕정 모두를 싫어하고 모든 사람들 중에 가장 무절제하면서도 절제하는 체하는 위선자들의 음행을 싫어한다. 하나님은 이 모든 것을 심판하실 것이다.

자녀 교육의 1차적 책임은 항상 '가정'에 있습니다. 특히 부모에게 있습니다. 부모로 부르심을 받은 이들은 자신의 책임이 경건한 자녀를 양육하는 것임을 확신해야 합니다. 자녀 교육을 경시하는 사람은 "믿음을 배반한 자요 불신자보다 더 악한 자"(딤전 5:8)입니다. 자녀 양육의 책임을 아내에게만 떠맡기고 있는 남편들은 이 말씀을 경고로 받아야 합니다. 자녀를 돌보는 것은 하나님께서 모든 부모들에게 주신 명령입니다. 하나님께서 부모로 부르셨으며 그에 따르는 책임도 함께 맡기셨습니다. 그러므로 모든 부모들은 '경건한 자녀를 양육하는 것'에 자신의 사명이 있음을 인지하고 그에 맞춰서 삶의 체계를 바꾸어야 합니다.

특별히, 제2 스위스 신앙고백은 두 가지의 책임을 말합니다. 첫째, 자녀들이 '스스로 생계를 꾸려 나가도록' 그들을 독립된 주체로 양육해야 합니다. 부모의 역할은 애착 관계를 유지하는 것이 아니라 건강한 섬김 관계를 형성하도록 돕는 것입니다. 종종 나이 많은 자녀, 게다가 결혼까지 한 자녀를 자기 품에서 떠나보내지 않으려고 기를 쓰는 부모들이 있는데, 그것은 올바른 양육이 아닙니다. 자녀가 자기 손으로 먹고 살 수 있도록, 중요한 문제를 스스로 결정할 수 있도록 이것저것을 가르쳐야 합니다. 둘째, 자녀들이 '하나님을 참으로 신뢰하도록' 양육해야 합니다. 부모는 자녀를 평생 동안 도울 수 있는 능력이 없습니다. 물질적인 능력이 없을 뿐만 아니라 대개는 부모가 먼저 사망하기 때문입니다. 그러나 우리의 아버지가 되신 하나님은 자녀를 평생 동안 도우실 수 있습니다. 그러므로 현명한 부모는 하나님을 참으로 신뢰하여 그분의 도우심을 받는 것이 참된 복임을 자녀에게 가르칩니다. 또한 아무리 순수한 어린이라 해도 죄의 씨앗을 지니고 태어났다는 사실을 잊지 않고 그의 길을 지도합니다. 불신, 과신, 탐욕에 빠져서 헛되고 악한 길에 빠지지 않도록 훈육합니다.

자녀를 돌보는 사역은 참으로 신령한 일입니다. 어떤 부모들은 자신의 모든 시간과 자원이 자녀에게 빨려 들어가는 것으로 말미암아 우울해하기도 합니다. 자녀 때문에 신앙적인 일을 할 수 없다고 불평하는 부모들도 있습니다. 그러나 제2 스위스 신앙고백은 이 사역이 '기도, 금식, 구제만큼이나 하나님께 기쁨이 된다'고 말합니다. 그만큼 거룩한 일이라는 뜻입니다. 그러므로 자녀를 돌보는 일을 가볍게 여기거나 자녀를 돌보는 일로 교회 생활을 소홀히 한다고 정죄하는 것은 옳지 않습니다.

웨스트민스터 신앙고백: 제24장 결혼과 이혼

1. 결혼은 한 남자와 한 여자 사이에 이루어져야 한다. 남자가 두 사람 이상의 아내를 동시에 두거나, 여자가 두 사람 이상의 남편을 동시에 두는 것은 합당하지 않다.

웨스트민스터 신앙고백은 일부다처제를 좀 더 선명하게 거부합니다. 결혼은 한 남자와 한 여자 사이에 이루어져야 합니다. 여기에는 간음 혹은 혼외정사를 거부하는 맥락도 숨어 있습니다. 결혼은 한 남자와 한 여자 사이의 진실한 관계로 맺어져야 합니다. 또한 동성애를 거부합니다. '한 남자와 한 남자, 혹은 한 여자와 한 여자, 혹은 한 사람과 한 사람'이 아니라 '한 남자와 한 여자'입니다.

2. 결혼은 아내와 남편이 서로 돕고, 합법적인 자손을 통해 인류를 번성하게 하며, 거룩한 자손을 통해 교회를 흥왕하게 하고, 음행을 피하기 위해 제정되었다.

웨스트민스터 신앙고백은 결혼의 목적을 네 가지로 말합니다. 첫째, 결혼은 남편과 아내가 서로 돕도록 제정되었습니다. 중요한 것은 '서로 돕는다'는 표현입니다. 어떤 사람들은 창세기 2장 18절을 근거로 여자만 남자를 돕는 존재로 이해하려고 합니다. 그러나 웨스트민스터 신앙고백은 이런 견해를 거부합니다. 결혼 관계 안에서 남편과 아내는 서로 돕는 존재입니다. 이것은 하나님께서 결혼을 제정하실 때 목적하신 바입니다. 물론, 그 '돕는 형태'는 다를 수 있습니다. 예컨대, 남편은 아내를 그리스도께서 교회에게 하신 것처럼 사랑함으로 돕고, 아내는 남편을 교회가 그리스도께 하는 것처럼 존경함으로 돕습니다. 어찌 되었든 남편과 아내는 서로를 돕기 위해 존재합니다. 둘째, 결혼은 합법적인 자손들을 통해 인류를 번성하게 하기 위해 제정되었습니다. '생육하고 번성하여 온 땅에 충만하라'(창 1:28)는 하나님의 명령은 지금도 유효합니다. 하나님은 역사를 이끌어 가실 때 결혼과 가정이라는 수단을 통해서 하십니다. 결혼 관계 안에서 자녀를 얻고, 그 자녀들이 다시 결혼하여 자녀를 낳음으로 역사가 이어집니다. 인류가 온 땅에 충만해집니다. 셋째, 결혼은 경건한 후손을 통해 교회가 번성하도록 제정되었습니다. 하나님은 일반 역사 안에서 구속사를 진행하시는데, 특히, 믿는 자들의 가정을 통해 언약의 자녀들을 세워 가십니다. 따라서 교회는 각 가정의 자녀들을 교회의 자녀로 믿고 그들을 세우기 위해 힘써야 합니다. 넷째, 결혼은 부정을 막기 위해 제정되었습니다. 제2 스위스 신앙고백에서 많이 강조한 것처럼, 이것은 결혼이라는 제도가 '정욕의 약'이 된다는 의미입니다. 성적인 연합은 오직 결혼 관계 안에서만 이루어져야 합니다.

3. 판단력을 가지고 결혼에 동의할 수 있는 사람은 누구나 결혼할 수 있다. 그러나 그리스도인은 오직 주 안에서만 결혼해야 한다. 그러므로 참된 개혁 신앙을 고백하는 사람들은 불신자나 가톨릭 신자나 다른 우상 숭배자와 결혼해서는 안 된다. 또한 경건한 사람들은 삶이 악하기로 이름난 사람이나 저주받을 이단을 주장하는 사람들과 결혼하여 불공평한 멍에를 함께 메서는 안 된다.

결혼은 몇 살에 하는 것이 좋을까요? 한편에서는 충분히 준비가 된 다음에 하는 것이 좋다고 하고, 다른 한편에서는 가능한 빨리 하는 것이 좋다고 합니다. 웨스트민스터 신앙고백은 나이보다는 "결혼에 응할 수 있는 분별력을 가진 사람이면 누구나"로 말합니다. 충분한 분별력을 지녔고 성경적인 가정을 이룰 수 있는 품성을 이루었다면 20대 초반에도 결혼할 수 있습니다. 반면에 30세가 넘었음에도 분별력을 제대로 못 갖춘 미혼자는 결혼에 합당하지 않을 수 있습니다. 결혼에 대한 올바른 견해를 갖추는 것은 그만큼 중요합니다. 단, 현실적인 면을 너무 고려하면서 결혼을 뒤로 미루는 것은 옳지 않습니다. 적절한 나이가 되면 결혼을 적극적으로 추진해야 합니다. 가정을 이루는 것은 일종의 명령입니다. 물론 독신의 은사를 받은 사람은 당연히 제외됩니다.

그렇다면 누구와 결혼해야 할까요? 웨스트민스터 신앙고백은 '누구와 결혼해야 하는가'보다는 '누구와 결혼하지 말아야 하는가'를 가르칩니다. 첫째, 불신자입니다. 믿음이 없는 사람과는 결코 결혼하면 안 됩니다. 지금까지 논의된 결혼과 가정에 관한 성경적 관점을 충분히 이해했다면 너무나도 쉽게 결정할 수 있는 부분입니다. 당연히 타 종교인이나 미신을 숭배하는 사람도 안 됩니다. 여기서 한 가지를 더 말하자면, 로마 교회를 다니는 사람과도 결혼해서는 안 됩니다. "어차피 같은 하나님을 믿고, 같은 예수님을 믿으며, 같은 성경을 쓰는데 같은 종교 아닌가? 약간의 차이는 사랑으로 극복할 수 있다. 로마 교회 다니는 사람과 결혼하지 말라는 것은 너무 과한 처사다." 이렇게 말하는 사람도 있지만 로마 교회가 추구하는 '신학' 특히, 구원론과 교회론 등은 개혁 교회와 결코 맞지 않는 부분이 있습니다. 예컨대, 로마 교회를 다니는 사람과 결혼하여 낳은 아이는 어떤 방식으로 양육해야 할까요? 로마 교회를 다니거나 개신교회를 다니거나 자유롭게 선택하도록 내버려 두어야 할까요? 이것은 사실 우리 신앙에 대한 확신이 없는 것이며, 이런 사람은 참된 성도라고 볼 수 없습니다. 그러므로 참된 개혁 신앙을 신봉하는 사람은 로마 교회 신자와 결혼하지 말아야 합니다.

둘째, 생활에서 악한 면모가 있는 사람과도 결혼해서는 안 됩니다. 흔히, 사랑을 하면 눈이 먼다고 하는데, 이것은 낭만적인 결혼 규칙에나 해당하는 속어입니다. 성경적 결혼을 추구하는 사람은 '눈이 먼 채' 결혼해서는 안 됩니다. 경건한 가정을 이루기 위해서는 배우자의 경건이 중요합니다. 경건은 단순히 지식적인 면모나 종교적인 면모에만 머무르지 않고 생활 전부를 아우릅니다. 따라서 생활 전반에서 경건이 묻어 나오는 사람을 배우자로 선택하는 것이 옳습니다. 교회에서는 천사 같던 사람이 운전을 하면서 악마로 돌변하거나 식당 종업원에게 함부로 대하거나 직장에서 거짓과 횡령을 일삼는다면, 그 사람과는 결코 결혼하면 안 됩니다. 결혼은 도박이 아닙니다. 지금은 전혀 그렇지 않지만 언젠가는 변하겠거니 하며 막연한 기대로 결혼을 결정해서는 안 된다는 의미입니다.

셋째, 이단 혹은 경건하지 않은 자와도 결혼해서는 안 됩니다. 이단은 당연히 안 됩니다. 그런데 여기서 그 의미를 좀 더 확대해 볼 수 있습니다. 지나치게 신학적 색채가 다른 사람과 결혼하는 것도 경계해야 합니다. 결혼 생활을 끝없는 신학 논쟁으로 소모하고 싶지 않다면, 가능한 비슷한 색깔을 지닌 사람과 결혼하는 것이 좋습니다. 경건하지 않은 사람과 결혼해서도 안 됩니다. 그저 교회를 다닌다는 것만으로는 충분하지 않습니다. 주일 성수를 우습게 여기거나 설교를 대놓고 무시하거나 성경을 읽고 연구하는 것에 게으른 사람은 배우자에 합당하지 않습니다. 그 사람이 지니고 있는 취미도 확인해야 합니다. 과도하게 게임에 몰입해 있거나 포르노를 즐기거나 음탕한 취미를 가지고 있는 사람과도 절대로 같은 멍에를 메어서는 안 됩니다.

배우자를 선택하면서 자꾸 기준을 낮추어서는 안 됩니다. 특히, 자신이 상대방을 변화시킬 수 있을 것 같다는 생각은 금물입니다. 이런 생각은 일종의 도박입니다. 왜 자신의 자녀를 경건하지 않은 사람과 함께 양육하려고 합니까? 경건하지 않은 사람과 함께 양육하는 자녀가 경건하게 자랄 것이라고 믿는 이유가 무엇입니까? 경건하지 않은 사람과 경건한 가정을 이룰 수 있다는 생각은 도대체 어디에서 온 것입니까? 배우자 선택은 도박하는 심리로 결정할 문제가 아닙니다. 믿음의 문제입니다. 배우자를 선택할 때 우리의 믿음이 구체적으로 드러난다는 의미입니다.

4. 결혼은 말씀이 금지하는 혈족 또는 친족 사이에서 해서는 안 된다. 사람이 만든 어떠한 법에 근거하더라도, 당사자 간의 동의가 있더라도 그와 같은 근친혼을 합법화하여 두 사람이 남편과 아내로서 함께 살 수 없다. 남자는 자신의 친인척뿐만 아니라 아내의 친인척과 결혼해서는 안 되며, 여자도 자신의 친인척뿐만 아니라 남편의 친인척과 결혼해서도 안 된다.

제2 스위스 신앙고백이나 웨스트민스터 신앙고백이 작성될 때에는 근친상 간이 자주 일어났습니다. 지금처럼 인구수도 많지 않았을 뿐만 아니라 서로 교통할 수 있는 수단도 많지 않았기에 주변에 있는 사람들과 주로 교제를 하였는데, 그러다 보니 혈족끼리 결혼하는 일이 비일비재했던 것입니다. 그러나 이것은 성경이 금하는 일입니다. 이 고백에서 중요한 것은 "어떤 인간의 법이나 당사자들의 승인에 의해서도 적법한 것으로 될 수 없다"는 말입니다. 동성(同性) 결혼이 합법이 되고 있는 요즘, 이 고백을 마음에 새겨야 합니다. 세상이 옳다 해도 성경이 아니라고 하면 아닌 것입니다. 세상 법에 의지하지 말고 오직 성경에 근거해야 합니다.

5. 약혼 후에 범한 간음이나 사통이 결혼 전에 발각되면 아무 잘못이 없는 약혼자는 약혼을 파기할 수 있는 정당한 이유를 갖게 된다. 결혼 후에 간음하여 발각된 경우, 아무 잘못이 없는 배우자는 이혼을 청구할 수 있으며, 이혼한 뒤에는 잘못한 배우자가 죽은 것처럼 여기고 다른 사람과 결혼할 수 있다.

이혼이 가능한 경우는 한 가지입니다. 배우자가 간음죄를 저질렀을 때입니다. 재혼할 수 있는 경우는 두 가지인데, 간음죄 때문에 이혼하였거나 배우자와 사별하였을 때입니다. 이런 경우에는 성경에 따라 재혼이 지지

받을 수 있습니다.

> 6. 부패한 인간은 하나님께서 결혼을 통해 함께 짝지어 주신 사람들을 부당
> 하게 갈라놓기 위한 논거들을 툭하면 탐구하곤 한다. 그러나 간음과, 교회와
> 국가 위정자들도 도저히 해결할 수 없는 고의적인 유기 외에는 그 어떤 것도
> 결혼 계약을 파기할 충분한 사유가 될 수 없다. 이혼을 할 때는 공적이고 질
> 서 있는 절차를 따라 해야 하며, 이혼 당사자들이 자신들의 뜻과 재량에 따라
> 이혼하도록 내버려 둬서는 안 된다.

인간의 마음은 참으로 악하고 교활해서 '결혼을 깰 구실'을 열심히 찾습니
다. 그러나 하나님께서 짝지어 주신 것을 사람이 함부로 깰 수는 없습니
다. 교회나 국가도 깰 수 없습니다. 앞에서 언급한 것처럼, 이혼의 정당한
사유는 '간음죄, 혹은 그에 방불하는 유기죄' 외에는 없습니다. 이혼을 할
때는 항상 공적인 절차를 밟아야 합니다. 개인적으로 이별하여 따로 사는
경우는 옳지 않습니다.

결혼을 말하다

첫째

첫째,
결혼은 모든 것이다?

결혼, 성경 전체를 관통하는 주제

성경은 아담과 하와의 결혼 이야기(창 2:24)로 시작해서 그리스도와 교회의 결혼 이야기(계 21:2)로 끝납니다. 그만큼 '결혼'이라는 주제는 성경과 하나님의 구원 역사를 이해하는 데 매우 중요합니다. 창세기는 하나님의 역사 경영에서 '가정'을 중요한 공간으로 다루고, 구약 성경은 하나님과 이스라엘의 관계를 자주 부부 관계로 비유하여 설명합니다. 아가서는 부부간의 뜨거운 사랑을 통해 하나님과 그분의 백성이 가져야 하는 관계를 설명하고, 호세아서는 '남편을 떠나 간음하는 여인'을 통해 '하나님께 반역한 그분의 백성과 그럼에도 불구하고 끝까지 사랑하시는 하나님'을 보여줍니다. 신약에서도 마찬가지인데, 예수님은 '가족의 의미'를 다시 정의(마 12:50)하시고, 바울은 결혼과 그리스도인의 관계(고전 7장, 엡 5장)를 상세히 언급합니다. 요한은 계시록에서 마지막 날에 벌어질 혼인 잔치가 그리스도와 교회의 완전한 연합임을 밝히고 있습니다. 이처럼 '결혼 그리고 가정'은 성경 전체를 관통하는 주제입니다.

결혼, 조직 신학이며 실천 신학

그러므로 '결혼'은 그리스도인이 반드시 공부해야 하는 '신학'입니다. '결혼이 신학'이라는 말에는 두 가지 의미가 있습니다.

첫째, 우리 삶의 모든 것이 그렇듯이 결혼도 하나님과 관련하여 생각해야 한다는 것입니다. 결혼(생활)은 그저 우리 멋대로 처리해도 되는 사생활이 아닙니다. 하나님의 특정한 목적 아래에서 해석해야 하는 '신학적 사고 방식'은 결혼에 관해서도 반드시 적용되어야 합니다. 하나님은 결혼이라는 제도를 자신의 주권 아래에서 창조하셨고, 그 후 '결혼과 가정'이라는 주제를 통해 구원 역사를 주도하시고 설명하셨습니다. 따라서 결혼을 구원 역사 안에서 해석하지 않고, 극히 사적으로 이해하는 것은 바람직하지 않습니다.

둘째, 모든 신학이 그렇듯이, 결혼 신학도 우리 삶에 적용해야 합니다. 비록 '결혼'이라는 제도가 하나님의 거대한 구원 역사 안에 있다 할지라도, 결혼은 남편과 아내가 만나서 살아가는 실존적인 삶입니다. 즉, 결혼은 이론상으로만 존재하는 뜬구름 같은 신학이 아니라 오늘 우리가 살아내야 하는 실천 신학입니다.

'성경적 결혼관'을 바로 세우기 위해서는 이 두 가지를 온전히 이해해야 합니다. 결혼은 사적이고 개인적인 차원에 머무르지 않습니다. 동시에 지극히 실제적이고 주관적인 생활입니다. 다시 말하면, 결혼은 하나님 편에서 이해해야 하는 조직 신학인 것과 동시에, 인간 편에서 살아가야 하는 실천 신학이라는 것입니다.

잘못된 결혼관

성경적 결혼관을 바로 세우기 위해 '잘못된 결혼관'을 먼저 지적하는 것은 도움이 됩니다. 과거부터 지금까지 '결혼'은 신자와 불신자 모두가 통과하는 '사회적 과정'입니다. 다른 모든 것이 그렇듯이 사람들은 자신이 경험한 것을 가장 강력한 '지식'이라고 믿습니다. 결혼과 관련해서도 마찬가지입니다. 결혼을 경험한 불신자들은 나름대로의 견해를 갖고 '결혼'을 말합니다. 강력한 확신과 그럴듯한 이론으로 무장한 '불신자들의 결혼론'은 신자들의 결혼에도 많은 영향을 미치고 있습니다. 사회 전반에 광범위하게 퍼져 있는 불신자들의 '결혼 문화'는 신자들에게도 큰 영향을 미칩니다. 잘못된 줄도 모른 채 잘못된 결혼 문화를 신자들이 쫓아가고 있다는 것입니다. 현대 사회를 휩쓸고 있는 잘못된 결혼관은 크게 세 가지입니다.

첫째, 결혼은 모든 것이다.
둘째, 결혼은 미친 짓이다.
셋째, 결혼은 로맨스다.

이번 장에서는 잘못된 결혼관의 첫 번째, "결혼은 모든 것이다"를 살펴보면서 성경적 결혼관이 무엇인지를 배우겠습니다.

결혼은 그림자이다

개혁 신학에서 결혼 제도를 해석하는 방법

게할더스 보스는 성경 해석과 관련하여 매우 중요한 발언을 했습니다. '종말이 구원을 앞선다'(eschatology precedes soteriology)는 말입니다. 이는 이사야 46장 10절 말씀과도 일치합니다.

> 내가 시초부터 종말을 알리며 아직 이루지 아니한 일을 옛적부터 보이고 이르기를 나의 뜻이 설 것이니 내가 나의 모든 기뻐하는 것을 이루리라 하였노라 _이사야 46:10

하나님의 역사 경영은 변증법적으로 완성되어 가는 것이 아니라, 완성된 종말의 소망이 이 땅에서 펼쳐지는 방식입니다.[1] 그러므로 우리가 창조를

---

1 헤겔은 역사의 완성이 변증법적이라고 주장했습니다. 정과 반, 그리고 합의 끊임없는 순환을 통해 역사가 진보한다는 것입니다. 이것은 절대 정신, 곧 신이라고도 할 수 있고 이데아라고도 할 수 있는 그것이 자기를 전개하는 과정이라고 보았습니다. 헤겔의 역사관에 따르면, 역사는 특별히 정해진 것이 없고, 정과 반, 그리고 합의 과정을 통해 지속적으로 발전됩니다. 이와 같은 헤겔 철학의 영향을 받아서 만들어진 신학들이 꽤 있습니다. 강조점과 내용은 조금씩 다르지만, 대개는 하나님의 역사 경영에 사람이 참여해서 '최종적인 역사가 완성'됨을 주장합니다. 즉, 역사는 가변적이며, 사람의 참여를 통해 최종 완성된다는 것입니다. 반면에 성경적 역사관은 하나님께서 정하신 곳을 향해 하나님의 섭리를 따라서 전개된다고 말합니다. 그러므로 성경을 의지

이해하기 위해서는 종말을 살펴보아야 합니다. 다루고 있는 주제로 한정하자면, 하나님께서 창조 시에 결혼이라는 제도를 만드신 이유를 해석하기 위해서는 종말에 완성될 하나님의 뜻을 알아야 한다는 것입니다.

결혼과 관련한 예수님의 말씀

먼저, 결혼과 관련한 예수님의 말씀을 살펴봅시다. 마태복음 22장에서 예수님과 사두개파 사람들은 '부활에 관한 논쟁'을 벌입니다. 사두개인들은 '부활이 없다'고 주장하면서, 수혼법에 따라 일곱 형제와 결혼한 여자는 부활 후에 누구의 아내가 되냐고 물어봅니다. 이에 대해서 예수님은 다음과 같이 답하십니다.

> 예수께서 대답하여 이르시되 너희가 성경도, 하나님의 능력도 알지 못하는 고로 오해하였도다 부활 때에는 장가도 아니 가고 시집도 아니 가고 하늘에 있는 천사들과 같으니라 _마태복음 22:29-30

예수님은 부활이 무엇인지 이해도 못하고 믿지도 못하는 사두개인들의 어리석음을 지적하시면서 놀라운 발언을 하시는데, 부활 때에는 '장가도 아니 가고 시집도 아니 간다'는 것입니다. 즉, '결혼이 없다'고 말씀하십니다. 예수님은 '가족'에 대해서도 전혀 새로운 말씀을 하셨습니다. 마태복음 12장에서 바리새인과 논쟁하시는 중에 어떤 사람이 어머니 마리아와 동생들

하는 사람은 역사를 바꾸기 위해 살기보다는 그분의 뜻에 순종하기 위해 삽니다. '결혼'이라는 주제도 그와 같은 관점에서 이해해야 합니다.

이 찾아왔다고 알려 줍니다. 그때 예수님은 이렇게 말씀하십니다.

> 누가 내 어머니이며 내 동생들이냐 하시고 손을 내밀어 제자들을 가리켜 이르시되 나의 어머니와 나의 동생들을 보라 누구든지 하늘에 계신 내 아버지의 뜻대로 하는 자가 내 형제요 자매요 어머니이니라 _마태복음 12:48-50

가족 문화가 우리 사회보다 훨씬 더 강한 유대에서 예수님의 이 같은 발언은 대단히 파격적이었습니다. 이 말씀의 진의는 무엇일까요? 가족을 팽개치고 교회에만 매달릴 것을 말씀하신 것일까요? 예수님은 육체적 가족을 부정하시는 것이 아닙니다. 예수님께서 강조하시고 싶었던 것은 새로운 가족, 곧 하나님의 교회입니다. 예수님의 이 두 가지 발언, 즉 마태복음 22:29-30과 마태복음 12:48-50을 종합하면, '재림 이후 이 땅에 임하게 될 하나님 나라에서는 결혼이 없을 뿐만 아니라 결혼으로 만들어지는 가족도 없다'는 결론을 내릴 수 있습니다. 그때에는 영원한 하나님의 가족, 즉 교회만이 있으며, 그 교회를 탄생케 하는 그리스도와의 연합이 결혼을 대체합니다. 이 그림은 요한계시록 19장 이하에서 잘 드러나고 있습니다. 교회는 어린양의 혼인 잔치에 청함을 받은 신부입니다(계 19:7-9). 교회는 신부가 남편을 위하여 단장한 것처럼 그리스도를 위하여 준비해야 합니다(계 21:2).

하나님께서 결혼 제도를 만드신 이유

따라서 '종말이 구원을 앞선다'는 해석적 전제로 보자면, 종말에 일어날 그리스도와 교회의 혼인을 위해 '결혼'이라는 제도는 창조되었습니다. 결혼과 가정은 일시적입니다. 그러나 그리스도와 교회는 영원합니다. 영원한 것의 의미를 드러내기 위해 결혼과 가정은 이 땅에 일시적으로 존재합니다. 팀 켈러는 '결혼은 실재가 아닌 그림자'라고 주장하면서 다음과 같이 말합니다.

> 에베소서 5장은 결혼이 성관계, 사회적 안정, 자아실현의 문제가 아니라고 가르친다. 결혼은 주님과 맺은 지극한 사랑의 관계와 연합을 인간의 수준에서 반사하도록 만들어진 제도다. 장차 완성될 하나님 나라의 예표이자 맛보기인 셈이다. 이처럼 고상한 시각으로 보자면, 결혼은 그림자에 지나지 않는다. … 남편과 아내가 이것을 제대로 인식하지 못한다면 결혼 생활을 제대로 이끌어 가기가 힘들다. 제아무리 금슬이 좋아도 그것만으로는 하나님이 심중에 남겨 두신 공백을 채우지 못하기 때문이다. 그리스도로 만족하며 그분과 따뜻하고 온전한 사랑의 교제를 나누지 못한다면, 결혼 생활을 통해 인간적인 성취를 맛보고자 하는 욕구만 커져서 온갖 병적인 현상들이 삶 속에 나타나게 될 것이다.[2]

결혼을 그림자로 이해하는 성경적 입장은 매우 중요합니다. 오늘날 많은 사람들이 결혼을 우상화하고 있기 때문입니다. 배우자를 환상 속의 그대로 포장하여 이해하거나 자녀에게 지나치게 집착하는 것은 결혼을 하나님보다 더 우위에 둔 결과입니다. 좀 더 구체적으로 말하면, '결혼과 가정'을 자아실현, 혹은 자아 만족, 혹은 자기 확대의 개념 안에서 받아들인 결과

---

2 팀 켈러, 『팀 켈러, 결혼을 말하다』(서울: 두란노, 2014), 268.

입니다. 무슨 소리일까요? 하나씩 살펴보겠습니다.

결혼은 자아실현의 수단이 아니다

하나님께 의존하기를 거부하는 인생의 유일한 목적은 자아실현입니다. 죄인들은 하나님 안에서 발견해야 하는 의미와 가치를 온갖 다른 방법을 통하여 확인하기를 원합니다. 누구는 직업적인 성취를 통해, 누구는 관계적인 만족을 통해, 누구는 평판과 명예를 통해, 누구는 결혼을 통해 '자기의 자기 됨', 곧 자아실현을 이루고자 합니다. 자기 손으로 자신의 의미와 가치를 만들기 원하는 사람들은 결혼이라는 사회적 제도를 달성함으로 스스로 '안정된 생활'을 이루었다는 자신감에 도취되어 살아갑니다. 즉, 가정을 이룬다는 것은 사회적 존재로서 자기 가치를 확인하는 기준이 된다는 것입니다. 그러나 결혼을 자아실현의 수단으로 이용하는 사람은 불행할 수밖에 없습니다. 결혼은 자기의 자기 됨을 증명해 줄 수 없기 때문입니다.

결혼은 자아 만족의 수단이 아니다

자아 만족은 결핍에 대한 욕망입니다. 철학자이며 신학자인 블레이즈 파스칼에 따르면, 모든 인간에게는 하나님으로만 채울 수 있는 텅 빈 공간이 있습니다. 인간들은 이 공허와 결핍을 채우기 위해서 발버둥을 치며 삽니다. 돈과 평판과 관계는 가장 눈에 띄는 목표입니다. 대부분의 사람들은 이것들을 얻기 위해 몸부림을 칩니다. 특히 배우자와 자녀가 이 빈 공간을 채워 줄 수 있다고 믿는 사람들이 많습니다. 그렇기에 이들은 배우자와 자녀를 확대 해석합니다. 실제의 모습보다 더욱 과도하게 포장해서 찬사를 보내고 애정을 쏟아붓습니다. 하지만 궁극적으로 그 찬사와 애정은 자아 만족을 위한 것일 뿐입니다. 다음을 읽어 봅시다.

> 파스칼에 의하면, 우리의 내면에는 오직 하나님으로만 채워질 수 있는 빈 공간이 있다. 우리는 그곳을 다른 식의, 다른 것들로 채워 보려 한다. 그러나 인생의 몇 안 되는 분명한 사실들 중 하나는, 이 세상의 그 어떤 것도 이 세상 너머를 향한 우리의 궁극적인 갈망을 만족시켜 줄 수 없다는 것이다. 영원한 것을 향한 갈망을 이 세상의 유한한 것으로 채우려 애써 보라. 결국 당신이 선택한 그 가련한 것들이 한줌 흙먼지가 되어, 당신의 손가락 사이로 흘러내리는 것을 보게 될 것이다. 우리에게 참된 만족을 주실 이는 오직 하나님 한 분 뿐이다. 처음부터 우리는 하나님과 친밀하게 사귀고, 그분 안에서 참 기쁨을 누리도록 지음 받았기 때문이다. [3]

결혼은 자기 확대의 수단이 아니다

자기 확대는 끝없는 욕망의 표현입니다. 타락한 인간의 이기적 본성은 모든 것을 자기중심적으로 이해합니다. 자기중심적 본성을 안고 살아가는 사람에게는 인류의 역사도 사회적 이슈도 직업도 결혼도 신앙도 모두 '자아'를 중심으로 확대되는 자기 영역일 뿐입니다. 특히 결혼과 가정은 가장 두드러지는 자기 확대입니다. 이들에게 가족은 또 다른 자아에 불과

---

3 알리스터 맥그래스, 『목마른 영혼』(서울: 복있는사람, 2005), 140.

하기 때문에, 아주 쉽게 '가족 이기주의'에 빠집니다. '세상이 어찌 돌아가든 우리 가족만 괜찮으면 된다'는 사고방식을 갖게 된다는 것입니다. 자기 확대는 '성공주의'라는 용어와 일치하는데, 이것을 결혼에 대입해 보면, 자기 확대적 성향을 가진 사람들은 결혼 생활의 성공을 위해서 모든 것을 빨아들입니다. '모든 것' 안에는 '신앙'도 포함됩니다. 즉 그들은 성공적인 결혼 생활을 위해서 하나님을 이용하고 신앙을 활용합니다.

결혼의 우상화를 경계하라

사람은 하나님께서 주신 선물로도 우상을 만들 수 있다

우리가 기억해야 하는 것은, 타락한 인간은 하나님께서 주신 선물로도 자기 자신을 위한 '우상'을 만들어 버릴 수 있다는 사실입니다. 예를 들어 봅시다. 광야를 떠돌던 이스라엘 백성들이 어느 날 모세에게 짜증을 내며 이렇게 말합니다. "왜 우리를 애굽에서 인도해 내어 광야에서 죽게 만듭니까? 이곳에는 먹을 것도 없고 물도 없습니다. 하나님께서 주시는 만나 따위는 이제 보기도 싫습니다." 감사할 줄 모르는 이스라엘 백성들의 모습에 하나님께서 진노하셔서 불뱀을 보내심으로 수많은 사람들이 죽습니다. 모세의 기도로 말미암아 하나님께서 구원의 방법 하나를 주시는데, 놋뱀을 제작하여 장대 위에 매다는 것이었습니다. 이 놋뱀을 보는 자마다 모두 구원을 얻었습니다(민 21:9). 이 얼마나 놀랍고 감사한 일입니까? 그런데 시간이 흐르면서 이 놋뱀이 우상이 되어 버렸습니다. 이스라엘 백성들이 하나님께서 주신 구원의 선물을 자기 자신을 위한 일개 "우상"으로 만들어 버린 것입니다. 열왕기하 18장 4절을 보면, 히스기야왕이 그때까지 백성들이 섬기던 놋뱀을 부수었다는 기록이 나옵니다. 이와 같이 타락한 인간은 하나님께서 주신 선물을 우상으로 만드는 전문가입니다.

그러므로 자기중심적인 본성을 품고 살아가는 사람들이 '결혼과 가정'이라는 하나님의 선물을 '우상화'하는 것은 그리 어렵지 않은 일입니다. '우상화'란 하나님과 하나님께서 주신 선물의 위치를 바꾸어 놓는 것입니다. 따라서 '결혼의 우상화'란 하나님께서 마땅히 계셔야 할 자리에 배우자나 자녀를 두는 행위입니다. 하나님으로부터 얻어야 할 만족과 평안과 기쁨을 가족을 통해 얻고자 하는 것입니다. 결혼 생활이 신앙생활의 일부가 되지 못하고, 신앙생활이 결혼 생활의 일부가 되는 것입니다. 교회가 결혼을 도와주는 상담소나 기관처럼 전락해 버리는 것입니다. 이 모든 것이 결혼의 우상화입니다. '결혼을 우상화하는 사람'은 '결혼하지 않은 사람보다 결혼한 자신이 더 성숙하다'는 이상한 심리를 갖고 있습니다. 이들은 결혼과 가정을 개인의 성취적 관점에서 생각하기 때문에, 즉 좀 더 온전하고 성숙한 자아가 실현되었다는 관점에서 생각하기 때문에, 미혼자들보다 자신이 더 우위에 있다고 생각합니다. 그들은 미혼자들이 결핍된 존재라고 생각하며, 결혼은 그 결핍을 채우고 온전하게 해 주는 수단이 된다고 믿습니다. 이 같은 심리는 결혼을 우상화합니다. 또한 결혼 상대자를 완벽한 존재 혹은 구원자로 설정합니다. 하지만 이것은 성경적인 관점이 아닙니다.

하나님께서 독신의 은사를 주시는 이유

성경은 독신에 신앙적인 유익이 있다고 말합니다. 존 파이퍼는 성경이 독신을 말하는 이유를 "결혼의 지위를 마땅히 그래야 하는 것 이상으로 높이는 것을 막기 위해서"[4]라고 말합니다. 다시 말해서, '결혼의 우상화를 막고, 결혼이 하나님의 광대한 목적과 어떤 관련이 있으며, 그것은 결국 결혼한 사람이나 독신자들이나 육체적 가족이 아닌 영원한 가족, 즉 교회의 일원이 되는 것이야말로 최고의 목적이 된다는 것을 가르치기 위해서'라는 의미입니다. 고린도전서 7장은 독신의 유익함을 가르치는 대표적인 말씀입니다. 해석의 관건은 7장 26절의 '임박한 환난으로 말미암아 사람이 그냥 지내는 것이 좋으니라'는 구절입니다. 어떤 이들은 '임박한 환난'을 당시 시대 배경과 연결하여 해석합니다. 로마를 비롯한 유대인들의 핍박이 거세져 가는 시기에, 바울은 예수님께서 곧 재림하실 것을 염두에 두었고, 그로 말미암아 '그냥 지내는 것이 좋다'고 권면하였다는 것입니다. 그러나 일반적인 해석은 '임박한 환난'이 종말의 환난을 의미하는 것이며, 종말은 그리스도의 십자가부터 재림 사이의 기간을 뜻한다고 봅니다. 따라서 고린도전서 7장 25절 이하의 내용을 바울의 시대에만 해당하는 권면으로 해석해서는 안 됩니다. 이 말씀은 그때나 오늘이나 사라져 가는 이 세상 속에서 살아가는 성도들 모두에게 주는 권면입니다. 『ESV 스터디 바이블』은 이 구절을 다음과 같이 주석합니다.

---

4 존 파이퍼, 『결혼 신학』(서울: 부흥과개혁사, 2010), 135.

바울은 어떤 학자들이 주장하는 것처럼, 그리스도가 고린도 교인들의 생애 안에 반드시 오실 것이라고 말하고 있는 것이 아니다. 고린도전서의 목적은 대체로 그리스도인들이 그리스도가 몇 주나 몇 달 안에 다시 오신다면 중요하지 않을 그런 일상적인 일들에 힘쓰도록 격려하는 것이다. … 다른 신약 기자들처럼 바울도 십자가 이후의 모든 시간을 '말세'로 간주하며 그리스도인들에게 언제나 어떤 예상하지 못한 순간에 있을 그리스도의 확실한 재림에 비추어 살도록 조언한다.[5]

성도는 종말론적 신앙에 따라서 정확한 우선순위를 가지고 살아가야 합니다. 모든 성도는 이 세상을 사는 동안에 슬픈 일을 만나기도 하고 기쁜 일을 만나기도 하며 밥을 먹고 돈을 벌고 물건을 사고 결혼을 합니다. 일상적인 생활을 한다는 것입니다. 그러나 참된 성도는 이 모든 것이 다 지나가는 것임을 압니다. "이 세상의 외형은 지나감이라"(고전 7:31b).

흐트러짐이 없이 주를 섬기라

바울은 이와 같이 종말론적인 관점에서 결혼과 독신의 문제를 다루고 있습니다. 다음 구절을 봅시다.

너희가 염려 없기를 원하노라 장가가지 않은 자는 주의 일을 염려하여 어찌하여야 주를 기쁘시게 할까 하되 장가간 자는 세상일을 염려하여 어찌하여야 아내를 기쁘게 할까 하여 마음이 갈라지며 시집가지 않은 자와 처녀는 주의 일을 염려하여 몸과 영을 다 거룩하게 하려 하되 시집간 자는 세상일을 염

---

5 크로스웨이 ESV 스터디 바이블 편찬팀, 『ESV 스터디 바이블』(서울: 부흥과개혁사, 2014), 2247.

려하여 어찌하여야 남편을 기쁘게 할까 하느니라 내가 이것을 말함은 너희의 유익을 위함이요 너희에게 올무를 놓으려 함이 아니니 오직 너희로 하여금 이치에 합당하게 하여 흐트러짐이 없이 주를 섬기게 하려 함이라 _고린도전서 7:32-35

본문의 의도는 '남편이나 아내를 기쁘게 하는 행위는 잘못되었다'는 것이 아닙니다. '흐트러짐이 없이 주를 섬기게 하는 것'이 핵심적인 의도입니다. 결혼한 사람들이 남편이나 아내를 기쁘게 해 주려고 노력하는 것은 당연한 일이며, 이것은 성경적인 권면 사항이기도 합니다. 바울이 지적하고 있는 것은 우선순위의 문제입니다. 남편이나 아내에게 기쁨을 주고자 하는 근본적인 동기는 '주를 기쁘시게 하기 위함'이 되어야 합니다. 즉, 그리스도를 위해 그리스도 안에서 남편에게 순종하며, 그리스도를 위해 그리스도 안에서 아내를 사랑해야 한다는 것입니다. 우선순위가 잘못된 사람은 늘 마음이 두 개 세 개로 나뉘게 됩니다. 마음이 나뉜 사람은 항상 염려로 가득합니다. '어떻게 하면 배우자를 기쁘게 해 줄 수 있을까? 어떻게 삶의 안정을 가져올 수 있을까?' 하는 질문만을 들고 배우자 중심, 자녀 중심, 가정 중심의 생활을 하게 된다는 말입니다.

　반면에 올바른 우선순위를 가지고 있는 사람은 흐트러짐이 없이 주님을 섬길 뿐만 아니라 염려함 없이 배우자를 기쁘게 할 수 있습니다. 결국 여기에서 바울이 강조하고 싶은 구절은 38절입니다.

그러므로 결혼하는 자도 잘하거니와 결혼하지 아니하는 자는 더 잘하는 것이니라 _고린도전서 7:38

고린도전서 7장 25절 이하의 문맥은 일관되게 '독신의 유익함'을 드러냅니다. 바울이 볼 때, 기혼자들은 우선순위를 고민하지만 독신자들은 오직 주님을 섬기는 것에만 집중할 수 있기에 더욱 유익합니다.

오직 그리스도

독신을 유익하고 선한 일로 해석하는 것은 당시 문화권에서는 매우 파격적이었습니다. 고대 종교와 문화, 심지어 로마 정부도 '결혼과 자녀 출산'에 절대적인 가치를 부여했기 때문입니다. 그러나 초대 교회는 결혼에 대해서 매우 혁명적인 자세를 취했습니다. 워싱턴 대학의 사회학 및 비교종교학 교수인 로드니 스타크에 따르면, 1세기 즈음에 기독교인 여성이 누렸던 지위는 이교도 여성에 비해서 압도적으로 높았습니다.

> 기독교인 여성은 과부가 될 경우에도 상당히 큰 혜택을 누렸다. 이교도 과부는 재혼이라는 큰 사회적 압박을 받았다. 아우구스투스는 2년 안에 재혼하지 않는 과부는 벌금을 부과하도록 했다. 물론 이교도 과부는 재혼과 동시에 상속받은 모든 재산을 상실했다. 전 재산이 새 남편에게로 귀속되었다. 그와 대조적으로 기독교인 사이에서는 과부로 남기로 선택한 사람을 상당히 우러러보며 재혼은 다소 만류하는 분위기였다. 그러므로 부유한 기독교인 과부는 남편의 재산을 계속 소유할 수 있었다. 뿐만 아니라 교회는 과부가 가난할 경우 생계 지원을 마다하지 않음으로써, 과부가 재혼을 할지 말지를 선택할 수 있게 해 주었다. 유세비우스에 의하면 로마의 감독 코르넬리우스는 251년 안디옥의 파비우스 감독에게 쓴 편지에서 "약 1,500명의 과부와 곤고한 자들"이 지역 교회 교인의 돌봄을 받고 있다고 보고했다. 당시 교인 수는 약 3만 명에 달했을 것이다. 이렇게 모든 면에서 기독교인 여성은 이웃 여성보다 훨씬

안정되고 평등한 결혼 생활을 영위했다.[6]

당시 사회에서 자녀는 곧 미래였으며, 가족은 곧 안전장치였습니다. 그러나 복음을 받아들인 그리스도인들에게 미래와 안전은 예수 그리스도밖에 없었습니다. 그들은 '결혼과 가족'이 보장해 주는 유익함을 세상 사람들처럼 바라보지 않았고 그리스도께서 보장해 주시는 유익함에 더 깊이 빠져 지냈습니다. 이처럼 성경과 초대 교회의 역사는 성도들에게 독신의 유익함을 강조하여 결혼의 그림자 됨을 알립니다.

그러나 모든 성도들에게 독신을 명령하는 것은 아닙니다. 바울은 "나는 모든 사람이 나와 같기를 원하노라 그러나 각각 하나님께 받은 자기의 은사가 있으니 이 사람은 이러하고 저 사람은 저러하니라"(고전 7:7)고 말합니다. 바울은 '독신'을 은사라고 표현하는데, 이 말은 독신을 하나님의 선물로 이해해야 한다는 주장입니다. 또한 그는 독신 생활이 하나님의 명령이 아님도 분명하게 밝힙니다(고전 7:6). 우리는 이런 바울의 권면들을 통해서 결혼 생활도 독신 생활도 결국에는 마지막 날에 벌어질 그리스도와의 혼인 잔치를 겨냥하고 있음을 발견할 수 있습니다. 그러므로 독신 생활을 택했다고 해서 결혼 생활을 하는 성도들을 무시해서는 안 되며, 결혼한 사람들은 미혼자들을 미성숙하거나 결핍된 존재로 여겨서는 안 됩니다.

'결혼은 모든 것이 아닙니다.' 결혼이 나의 결핍을 모두 채워 주지 않습

---

6 로드니 스타크, 『기독교의 발흥』(서울: 좋은씨앗, 2016), 161-162.

니다. 결혼은 나의 성장과 온전함을 보증해 주는 사회적 발전 단계가 아니며 배우자는 나의 구원자가 아닙니다. 자녀는 내 인생의 보상도 아니며 미래를 보장해 주는 안전장치도 아닙니다. '결혼'은 결코 하나님의 자리를 대체할 수 없습니다. 존 파이퍼는 『결혼 신학』에서 다음과 같이 말합니다.

> 그리스도께 대한 충성이 인생의 가치를 결정한다. 다른 모든 관계들의 궁극적인 존재 의미도 여기에서 발견된다. 어떤 가족 관계도 궁극적이지 않다. 궁극적인 관계는 그리스도와의 관계다.[7]

---

7 존 파이퍼, 『결혼 신학』(서울: 부흥과개혁사, 2010), 136-137.

결혼을 말하다

둘째

둘째,
결혼은 미친 짓이다?

불신자들의 결혼 문화에서 파생된 잘못된 결혼관에는 다음 세 가지가 있다고 했습니다.

첫째, 결혼은 모든 것이다.

둘째, 결혼은 미친 짓이다.

셋째, 결혼은 로맨스다.

결혼을 모든 것으로 여기는 사람들은 '결혼을 했다는 그 자체, 그리고 결혼을 통해 형성된 가족'을 자아실현의 수단으로 인식합니다. 결혼을 우상화시킨 것입니다. 결혼의 우상화에서 벗어나기 위해서는 '결혼이 그림자라는 사실을 아는 것'이 중요합니다. 결혼은 그리스도와 교회의 관계를 보여 주기 위해 주어진 '일시적 선물'입니다. '결혼과 가정'을 과도히 높여서는 안 됩니다.

자아 중심적 결혼관

최고의 인간관계는 부부 관계이다

'결혼이 실재가 아닌 그림자'라고 해서 결혼의 가치나 중요성이 줄어들지는 않습니다. 단지 원래 있어야 할 그 자리로 되돌려 놓을 뿐입니다. 결혼을 원래 있어야 할 자리에 놓고 그 가치와 역할을 정당하게 평가할 때, 결혼이 그리스도인의 삶에서 얼마나 중요한지가 제대로 드러납니다. "결혼이야말로 이 세상에서 가장 중요한 인간관계입니다. 이것은 당신이 가장 가치 있게 여겨야 할 것이 당신의 배우자이고, 이제부터 당신은 배우자에게 조언을 구해야 함을 의미합니다."[8] 최초의 인간관계는 '친구 관계'도 아니었고 '연인 관계'도 아니었으며 심지어 '부모-자녀 관계'도 아니었습니다. 하나님과의 관계가 시작된 후에 가장 먼저 발생된 인간관계는 부부 관계였습니다. 하나님은 남자와 여자를 창조하시고 그 둘의 결혼을 주관하셨습니다. "성경 본문에 아담이 외로움을 자각했다든지 독신 상태에 불만족을 느꼈다는 암시는 전혀 없습니다. 오히려 하나님 쪽에서 주도적으로 남자에게 적합한 인간 동반자를 만드셨다고 되어 있습니다. 그래서 진

---

8 티모시 위트머, 『어떻게 사랑할 것인가』(서울: 강같은평화, 2016), 30-31.

실로 말할 수 있거니와 결혼은 하나님의 발상입니다."[9] 그러므로 부부 관계는 모든 인간관계의 원형입니다. 마찬가지로 결혼 제도는 모든 사회 제도와 문화 제도의 원형입니다. 성경이 말하는 결혼은 현대인들이 의식하고 있는 그것보다 훨씬 더 고귀하고 신령하며 단단합니다. 결혼은 하나님께서 창조하신 제도인 만큼 그 의미와 목적도 분명하기 때문입니다.

결혼을 바라보는 세속적 관점

오늘날 결혼을 바라보는 관점은 크게 두 가지입니다.

첫째, '진화론적 관점'입니다. 그들은 결혼을 단지 종족 번식을 위한 합법적인 제도 정도로 이해합니다. 여기에는 성적 욕망이라는 본능만이 존재할 뿐이며, 부부 관계 역시 육체적인 매력이 모든 것을 좌우합니다. 이 이론에 따르면, 불륜이나 외도는 자연스러운 결과가 됩니다. 진화론적인 관점을 받아들이면 성적 매력이 사라진 배우자는 그 자격을 상실하기 때문입니다. 또한 이들은 육체적 자녀를 얻는 것을 승리주의적 관점으로 해석해서 자신의 '대'가 이어진다는 것에 큰 만족감을 얻습니다. 이것은 성경이 말하는 언약 백성의 계승과는 전혀 다릅니다. 고대 사회에서 자녀 생산은 힘과 능력과 번영을 상징하였는데, 성경은 종종 매우 힘겹게 자녀를 얻은 인물들을 소개합니다(아브라함, 유다, 한나, 보아스 등). 이를 통해 하나님의 언약 백성은 인간의 성적 본능과 종족 번식에 대한 욕망으로 배출되

---

9 안드레아스 쾨스텐버거, 데이비드 존스, 『성경의 눈으로 본 결혼과 가정』(서울: 아바서원, 2016), 31-32.

는 것이 아니라 오직 하나님의 섭리와 계획으로 계승된다는 사실을 밝힙니다.

둘째, '인류 사회학적 관점'입니다. 인류 사회가 처음 생성되었을 때는 혼잡한 남녀 관계에 따른 고통과 손실이 많았지만, 문명이 발전하면서 일정한 사회적 합의를 통해 오늘날의 결혼 제도가 성립되었다는 이론입니다. 이 관점에 따르면, 인류는 결혼과 관련하여 수많은 시행착오를 거친 후에 지금과 같은 형태의 제도를 갖게 되었는데, 이는 현재 합의된 '일부일처의 결혼 제도'도 완성된 형태가 아닐 수 있음을 암시합니다. 인류 사회는 지속적으로 발전하고 있으며 그 발전의 속도와 질에 따라서 사회적 합의를 통해 다른 형태의 결혼 제도가 확립될 수도 있다는 것입니다. 실제로 2014년 청소년 통계에서, '결혼을 해야 한다'라고 대답한 여학생은 45.6%밖에 되지 않습니다.[10] 유럽과 미국 같은 경우는 '동거'가 결혼 제도보다 더 각광을 받고 있으며, 동성 결혼 역시 합법화되는 추세입니다. 한국보건사회연구원에서 배포한 보도 자료에 따르면, 2013년 혼전 동거에 대해서 설문을 했는데 20대와 30대의 찬성률이 각각 53.1%, 59.2%로 나왔습니다. 2016년에는 기혼 여성들을 대상으로 결혼의 필요성에 대해서 물었는데, 44.4%가 '해도 그만 안 해도 그만'이라고 답하였고 혼전 동거에 대한 찬성률도 무려 43.9%나 되었습니다. 또 다른 조사(통계로 본 서울 여성

---

10 통계청이 발표한 「2014년 청소년 통계」에 따르면, 2012년 결혼에 대해 남자 청소년은 62.9%가 '해야 한다'고 응답하였으나 여자 청소년은 45.6%에 그쳐 남녀 청소년 간 결혼에 대한 인식 차이를 보입니다. https://www.kostat.go.kr/portal/korea/kor_nw/1/1/index.board?bmode=read&aSeq=328335.

의 삶)에서는 서울에 거주하는 여성들의 40%가 결혼을 선택 사항으로 여겼습니다. 이혼율은 해마다 증가해서 2012년에는 OECD 국가 중 1위를 차지했다고 합니다. 일 년에 결혼하는 부부가 30만 쌍인데, 이혼하는 부부도 13만 쌍 정도나 된다고 합니다.

이 같은 통계들은 '결혼 제도'에 대한 사회적 가치관이 변해 가고 있음을 알려 줍니다. 요즘 젊은 사람들은 결혼에 대해 비관적인 사고방식과 막연한 두려움에 시달리고 있습니다. 경제적인 어려움에 대한 예상, 배우자가 외도할 것 같은 두려움, 육아에 대한 공포, 로맨스가 사라질 것에 대한 경계 등 왠지 결혼 생활은 불행할 것 같다는 편견에 참 많은 이들이 사로잡혀 있습니다. 이런 편견과 두려움은 동거에 대한 찬성으로 이어지고 있는데, 그들은 혼전 동거를 통해 상대가 진정한 배우자인지를 확인할 수 있으며 이혼율을 낮추는 데도 도움이 된다고 주장합니다. 그러나 결혼 전 동거가 이혼율을 낮춘다는 주장은 전혀 근거가 없습니다. 미국의 경우, 혼전 동거 후 결혼한 부부의 이혼율은 그렇지 않은 부부보다 압도적으로 높은 것으로 조사되었습니다.[11]

---

11 "결혼 전 동거하는 커플은 약혼이나 결혼 후 동거에 들어간 커플보다 이혼할 가능성이 더 큰 것으로 나타났다. 미국 덴버대학 연구진은 14일 가족심리저널에 발표된 보고서에서 결혼 전 동거 커플은 결혼에 대한 만족감도 떨어진다고 말했다. 미국에서는 현재 커플 중 70% 이상이 결혼 전 동거에 들어간다. 그러나 연구진은 '배우자가 될 사람이라 할지라도 결혼 전 동거는 낮은 결혼의 질과 높은 이혼 가능성과 연관 있다는 증거를 발견했다'고 말했다." 김진현, 『결혼 전 동거, 이혼율 높아』, 〈연합뉴스〉, 2009.07.15. https://www.yna.co.kr/view/AKR20090715053000009.

자아중심주의에서 파생된 세속적 결혼관

결혼관에 대한 가치 변화는 계몽주의 이후 형성된 '자아중심주의'의 영향으로 분석할 수 있습니다. 중세와 종교개혁 이후 유럽의 정신세계는 공동체적인 성격이 강했습니다. 하지만 계몽주의 이후에는 개인을 중시하는 분위기가 강화되었습니다. 니체 이후에는 '그 개인을 극도로 단련시키는 것, 곧 초인화' 개념이 등장하여 "자기 본위적 사상"이 더욱 강해졌고, 프로이드 이후에는 개인을 분석하여 이해하는 "자기 몰입적 사상"이 사상적 대세가 되었습니다. 또한 20세기의 실존주의와 실용주의 사상은 개인의 행복, 개인의 성공, 개인의 만족을 최고의 가치로 제시하였습니다. 이런 철학 사상들은 오늘을 살아가는 사람들에게 '자아중심주의'라는 심리적 상태를 자연스러운 본성인 것처럼 납득시켰고, 미디어들은 '자아중심주의'를 열렬하게 홍보하였으며, 심리학은 '자아중심주의'를 현대인들의 마음에 뿌리내리게 하였습니다. 이 같은 전(全) 문화적인 분위기는 그리스도인들에게도 지대한 영향을 미치게 되었는데, 이는 마치 고깃집에서 고기를 먹지 않아도 고기 냄새가 배는 것과 같은 현상입니다. 교회를 다니는 사람에게도 '자아중심주의'는 모든 생활 가운데 깊이 배어 있으며 '결혼관'도 여기에서 벗어날 수 없습니다.

자아 중심적 결혼관의 세 가지 형태

자아 중심적 결혼관은 '결혼을 단지 개인의 행복이나 만족을 위한 것으로 해석합니다. 따라서 자아 중심적 결혼관은 세 가지의 왜곡된 형태의 결혼관을 만듭니다.

첫째, '운명의 그 사람'을 만나려 한다. 이런 류의 결혼관을 가진 사람들은 '선이나 중매' 등의 방식을 혐오하고 소위 말하는 '자연스럽지만 운명적인 만남'을 선호합니다. 성경에 나타난 대부분의 결혼이 '중매'였음을 감안하면, 현대인들은 '자연스러운 만남'에 지나치게 집착한다고 볼 수 있습니다. 심지어 최초의 인류, 아담과 하와조차도 하나님의 중매를 통해 하나가 되었습니다. 그리스도인은 중매를 통해서만 결혼해야 한다고 주장하는 것은 아닙니다. 현대인들이 '운명의 그 사람 결혼론'에 빠져 있음을 지적하려는 것입니다. 나에게 딱 들어맞는 '단 한 명의 그 사람'은 결코 존재하지 않습니다. 내가 원하는 모든 조건을 가진, 오직 나만을 위해 준비하고 기다리는 이상적인 배우자는 없습니다. 미디어를 통해 제공된 '로맨스'라는 환상은 젊은이들에게 '운명의 그대'가 존재할 수 있음을 암암리에 주입합니다. 그들은 열차에서, 버스에서, 거리에서, 카페에서, '운명의 그 사람'이 나타나기를 기다립니다.

왜곡된 성경 해석도 이런 생각을 부추깁니다. '이삭이 리브가를 만난 것처럼, 룻이 보아스를 만난 것처럼', 우리를 위해 존재하는 단 한 명의 '리브가와 보아스'가 있다며 운명의 반쪽을 기다리라고 권면하는 목회자도 있습니다. 그러나 이 본문들은 보편적 적용이 가능한 말씀이 아닙니다. 우리는 특별 계시의 시대에 살지 않으며 그 계시의 목적인 그리스도의 족보 안에 포함될 사람들도 아닙니다. "운명의 그 사람 결혼론"은 결국 낭만이라는 감정과 상상을 만족시키고자 하는 '자기중심적 사상'에 불과합니다. 이 같은 결혼관은 철저히 자기 위주의 감정과 상상력을 자극할 뿐만 아니라 더 나아가 실제 결혼에 대해서는 두려움을 품게 합니다.

> 만약 내가 결혼한 사람이 운명의 그 사람이 아니면 어쩌지? 혹시 결혼한 뒤에 운명의 그 사람을 만나게 되는 건 아닌가?

이런 왜곡된 결혼관을 조성할 수 있습니다. 왜곡된 결혼관은 실제 결혼 생활에도 악영향을 미칩니다. 자신이 꿈꾸었던 것과는 다른 모습의 배우자 때문에 결혼 생활에 회의감을 느끼거나 절망에 빠지게 됩니다. 결혼한 후에도 운명의 그 사람을 기다리기도 합니다. '메디슨 카운티의 다리'라는 소설은 이런 관점에서 집필되었는데, 의외로 수많은 중년 부부들의 공감을 이끌어 냈습니다. 그러나 그 만남이 아무리 아름답게 포장되었다 해도 단지 불륜일 뿐임을 잊지 마십시오. '운명의 그 사람론'은 현재 배우자에 대한 불만을 증폭시키고 배우자를 위해 자기 자신을 헌신하지 않도록 만드는 '왜곡된 결혼관'입니다.

둘째, '간섭하지 않는 그 사람'을 만나려 한다. 이 결혼관은 상대에게 아무것도 요구하지 않는 대신에 자신도 전혀 변하지 않겠다는 사고방식입니다. 그러나 실제로는 자신을 무조건 받아 주는 배우자를 원하는 이기적인 결혼관일 뿐입니다. 이런 결혼관을 가진 사람들은 결혼이 자신의 자유를 제한하지 않기를 원합니다. 결혼 후에도 여전히 취미를 즐기고, 친구들도 마음껏 만나며, 자신이 버는 돈은 자기 마음대로 사용하고 싶어 합니다. 따라서 이 사람들이 원하는 배우자 상은 자신의 생활 패턴이나 성격 그리고 습관 등에 간섭하지 않으며 자기 성취나 자아실현에도 전혀 방해하지 않는 사람입니다. 이것이 '간섭하지 않는 그 사람 결혼론'입니다.

오늘날은 남성이나 여성 모두 자신을 '생긴 그대로' 살게 내버려 두는 상대방과 결혼하기를 갈망한다. 그들은 재미있고 지적인 자극을 주며, 성적인 매력이 흘러넘치고, 여러 가지 관심사들을 공유하며, 개인적인 목표와 현재의 생활 방식을 지지해 줄 배우자를 바란다. 행복하고, 건강하며, 유쾌하고, 삶에 만족하는 환상적인 인간을 수소문하는 셈이다.[12]

'운명의 그 사람론'처럼 '간섭하지 않는 그 사람론'도 결국 배우자를 위해 자신을 헌신하지 않겠다는 자기중심적 사상에 불과합니다. 이런 결혼관을 가지고 있는 사람은 '상대를 통해 자기 자신의 만족을 채우는 것', 그것이 결혼의 유일한 목적입니다. 이 같은 결혼관도 '결혼에 대한 두려움'을 품게 하며 결혼을 미친 짓으로 여기게 합니다. '결혼은 미친 짓이다'라는 영화 속에는 결혼한 후에도 결혼 전의 애인과 여전히 로맨스를 유지하기 원하는 여자가 나옵니다. 이 여자는 결혼이 아무것도 변화시키지 않기를 원합니다. '지금 있는 모습 그대로' 살기를 원하는 사람들은 결혼을 미친 짓으로 여깁니다.

셋째, '단조롭고 불안정한 지금의 생활에서 나를 구원해 주는 그 사람'을 만나려 한다. 소위 말하는 '구원자 그 사람론'입니다.

---

12 팀 켈러, 『팀 켈러, 결혼을 말하다』(서울: 두란노, 2014), 38.

사랑을 나누는 파트너가 내 삶의 빈자리를 채워 줄 이상적인 존재로 자리 잡
게 되었다. 영적이고 윤리적인 온갖 필요들이 이제는 오로지 한 개인에게 집
중된 것이다. … 한마디로 애정을 공유하는 상대가 곧 하나님이 되어 버린 것
이다. '신은 죽었다'는 말을 앞세워 위대한 신앙 공동체의 세계관을 간과하
는 순간, 인간이 '주님'의 자리를 차지하게 된다. … 사랑하는 상대를 하나님
의 지위로 격상시키면서 사람들은 결국 무엇을 기대하는 걸까? 바로 구원이
다.[13]

'구원자 그 사람론'은 배우자를 사랑하는 것처럼 보일 수 있지만, 사실 그
속내를 파고들어 가 보면 '자아중심주의'의 변형일 뿐입니다. 그들은 자신
의 행복이나 만족, 성공과 성취를 위해 숭배할 무엇인가가 필요하기에 그
럴 만한 존재나 일이 나타나기만을 기다릴 뿐입니다. 배우자를 삶의 구원
자로 인식하는 사람들은 종종 중독적 증상에 빠져서 자기 쾌락(혹은 자기 연
민)에 심취했던 경험을 갖고 있기도 합니다. 이런 중독적 증상을 갖고 있는
사람은 친구 관계에서도 만족을 얻지 못하고, 자기 업무에서도 성취감을
얻지 못하며, 각종 취미와 오락을 즐기면서도 진정한 즐거움을 얻지 못합
니다. 심지어 신앙도 그들을 참된 행복으로 인도하지 못합니다. 본질적인
공허함을 채우지 못한 채 중독적 증상에 시달리는 이들은 어느 날 갑자기
천사 같은 배우자가 나타나서 바닥이었던 자신의 인생을 하늘로 올려 주
기를 기대합니다. 이들은 결혼 후에 찾아온 행복과 질서의 이유를 오직 배
우자에게서 찾기 때문에 결혼의 원형이 되시는 그리스도를 온전히 바라보

---

13 위의 책, 51.

지 못합니다. 배우자를 구원자로 인식하는 사람은 극단적 이상주의에 빠져서 '완벽한 배우자를 찾기 위해 결혼 시기를 계속해서 늦추거나 상대를 완벽한 배우자로 과대 포장'하는 일이 많습니다. 이런 방식으로 "구원자 그 사람론과 결합된 로맨스"는 철저히 자아중심주의에 불과합니다.

자아 중심적 결혼관의 부작용

자아중심주의로 말미암아 왜곡된 결혼관은 극단적인 비관주의로 이어질 수 있습니다. '운명의 그 사람이든, 간섭하지 않는 그 사람이든, 구원자 그 사람이든' 자기가 원하는 완벽한 결혼 상대는 없기 때문입니다. 그럼에도 불구하고 현대인들은 자신에게 딱 맞는 상대가 나타나기 전에는 결코 결혼하지 않을 것처럼 굽니다. 그들은 끝없이 상대 '남자(혹은 여자)'의 흠을 잡고 늘어지며 그 사람이 결혼 상대자가 될 수 없는 이유를 찾기 위해 열중합니다.

> 자기중심적인 결혼 생활을 원만하게 유지하려면 심리적으로 완벽에 가까울 정도로 안정되어 있으며 성품이 지극히 고결해서 수고로이 손볼 데가 없다시피 한 두 인간이 만나야 한다. 하지만 현실은 그런 인간을 좀처럼 찾기 어렵다는 것이다. 혼인을 자아실현의 방편으로 보는 새로운 관념을 쫓노라면 십중팔구 결혼에 지나치게 많은 걸 바라지만 실제로는 거의 충족받지 못하는 수렁에 빠지고 만다.[14]

---

14 위의 책, 40.

자기중심적인 결혼관과 완벽주의적 배우자 찾기는 결국 "자아실현"이라는 한 가지 우물에서 나왔습니다. 이 같은 결혼관 곧 자아 중심적 결혼관은 성경이 말하는 결혼이 아닙니다.

성경적 결혼관

성경적 결혼관의 전제

성경적 결혼관은 다음과 같은 것을 전제합니다.

첫째, 모든 사람은 죄인입니다. 죄성을 완벽히 극복한 사람은 있을 수 없습니다. "당신은 죄인과 결혼한 죄인입니다. 많은 사람이 배우자에게 비현실적인 기대를 하며 결혼합니다. 그러나 둘 다 결혼 생활에 꼭 필요한 행동을 파괴하는 무언가를 결혼 생활 속으로 가져옵니다. 죄가 바로 그것입니다."[15] 따라서 배우자를 과도하게 높이는 행위는 바람직하지 않습니다.

둘째, 나에게 딱 맞는 완벽한 배우자는 없습니다. 외모, 성격, 신앙, 취향, 매력까지 내가 꿈꾸던 배우자를 만날 가능성은 없습니다. 한때 '러브 액츄얼리'라는 영화에 등장했던 "당신은 나에게 완벽한 존재입니다"(You are perfect to me)라는 문구가 유행한 적이 있습니다. 그러나 하나님은 당신이 목적하시는 결혼 생활을 위해서라도 그런 배우자를 주시지 않습니다.

15　폴 트립, 『6가지 사랑의 약속』(서울: 아바서원, 2015), 25.

폴 워셔가 전하는 결혼의 목적입니다.

> 만약 당신이 원하는 모든 조건을 다 갖춘 사람과 결혼했다면, 당신은 무조건
> 적으로 사랑하는 방법을 배울 수 있을까요? 만약 당신이 당신을 한 번도 실
> 망시킨 적도 없고, 당신에게 한 번도 어려움을 준 적도 없고, 당신에게 한 번
> 도 죄를 지은 적도 없고, 항상 자신의 죄를 인정하고 용서를 구하는 그런 배
> 우자와 결혼을 했다면, 당신은 자비, 관용, 오래 참음, 연민을 배울 수 있을까
> 요? … 저는 결혼의 첫째 되는 목적이 바로 당신을 그리스도 예수님의 형상
> 에 닮아 가도록 성화시키는 것이라고 생각합니다. 결혼은 성화에 있어 가장
> 위대한 길입니다. 당신은 당신이 원하는 모든 조건을 다 갖추지 못한 사람과
> 결혼했습니다. 그로 인해 당신은 무조건적으로 사랑하는 방법을 배우는 것
> 입니다. 당신은 자비가 필요한 사람과 결혼했습니다. 그로 인해 당신은 자비
> 를 베푸는 방법을 배우는 것입니다. 당신은 당신의 사랑을 받을 자격이 없는
> 사람과 결혼했습니다. 그로 인해 당신은 자격 없는 그 사람을 위해 자기 자신
> 을 쏟아붓는 법을 배우는 것입니다. 그로 인해 당신은 당신이 경배 드리는 하
> 나님께 조금씩 더 가까워지는 것입니다! 만약 당신이 완벽한 배우자를 만난
> 다면 어떻게 될까요? 당신의 모든 필요를 채워 주고 당신의 모든 기대를 충
> 족시켜 주는 배우자를 만난다면 당신은 이기적이고 자기중심적이며 자기밖
> 에 모르는 괴물이 될 것입니다 당신은 절대로 자기 자신의 진짜 모습을 보지
> 못할 것입니다. 그로 인해 회개하지 않을 것이며 은혜를 구하기 위해 예수님
> 께로 가까이 가지 않을 것입니다.[16]

위와 같은 의미에서 셋째, 결혼과 복음은 깊은 연관성이 있습니다. 성도의
모든 인생은 오직 하나님의 목적 안에서만 진행되는데, 그 목적은 복음의
신비가 우리 삶에 펼쳐지는 것입니다. 사람의 일생 중에 특히, 결혼은 하

---

16 폴 워셔, "가족과 결혼에 대한 가르침". https://www.youtube.com/watch?v=re9Y2PW omGc.

나님께서 사용하시는 고귀한 성화의 수단입니다. 배우자는 구원자가 아니며, 오히려 구원자 되신 예수 그리스도의 사랑에 힘입어 온전히 이해하고 받아 주어야 할 대상입니다. 다른 모든 일상과 마찬가지로 하나님은 결혼 생활을 통해서 베일처럼 가려졌던 복음의 신비를 드러내시고, 인생의 목적이 하나님의 영광에 있다는 사실을 알리시기를 기뻐하십니다. 결혼은, 그중에서도 특히 부부 관계는 하나님께서 인생을 위해서 허락하신 가장 고귀한 선물입니다.

> 네 헛된 평생의 모든 날 곧 하나님이 해 아래에서 네게 주신 모든 헛된 날에 네가 사랑하는 아내와 함께 즐겁게 살지어다 그것이 네가 평생에 해 아래에서 수고하고 얻은 네 몫이니라 _전도서 9:9

결혼을 말하다

셋째

셋째,
결혼은 로맨스다?

결혼은 모든 것, 곧 자아실현의 수단이 아니며, 미친 짓, 곧 자아 중심적 관계도 아닙니다. 결혼은 영원한 것을 보여 주기 위한 그림자이며, 동시에 각 사람을 향한 성화의 수단입니다. 결혼을 과도히 높여서도 안 되고, 가볍게 생각해서도 안 됩니다. 성경이 말하는 제자리에 두는 것이 중요합니다. 결혼을 성경이 말하는 제자리에 두기 위해 잘못된 결혼관을 살펴보고 있습니다. 다음 세 가지입니다.

첫째, 결혼은 모든 것이다.

둘째, 결혼은 미친 짓이다.

셋째, 결혼은 로맨스다.

이번 장에서는 결혼의 본질을 낭만적 감정에 두는 우리 시대의 왜곡된 결혼관을 살펴보겠습니다.

사랑이란 무엇인가?

낭만이라는 우상

'결혼을 우상화'하거나 '결혼을 경시하는 것'은 모두 사랑에 대한 오해에서 비롯됩니다. 많은 사람들이 사랑과 낭만을 동일시합니다. 다음 글을 보십시오.

> 낭만적인 사랑은 가히 현대인들의 정신과 감정과 마음의 우상입니다. 많은 부부들이 낭만적인 사랑을 우상처럼 섬긴 결과 결혼 생활에 만족하지 못하면서, 말다툼과 싸움을 거쳐 이혼에까지 이르고 있습니다. … 상당수의 기독교인들은 결혼 생활에서 낭만적인 불꽃을 늘 유지해야 한다는 말을 듣습니다. 만약 이 말이 기독교인들이 행복한 결혼 생활을 영위해야 한다는 의미라면 좋습니다. 그러나 이 말이 기독교인들은 연애 초기의 낭만과 설렘을 결혼 생활 내내 같은 강도로 유지해야 하며 그렇지 않을 경우에는 뭔가 크게 잘못되었다는 말이라면 이것은 잘못된 것입니다.[17]

사랑이라는 용어가 비록 아름답고 설레는 언어이기는 하지만 모든 사랑이 사랑은 아닙니다. 적어도 성경은 진짜 사랑과 거짓 사랑을 구분합니다. 요한일서 3장 18절은 "말과 혀로만 사랑하지 말고 행함과 진실함으로 하자"

---

17 더글라스 윌슨, 『결혼 개혁』(서울: 미션월드라이브러리, 2011), 81-82.

고 말합니다.

말과 혀로만 하는 거짓 사랑

'말과 혀로만 하는 사랑'과 '행함과 진실함으로 하는 사랑'이 있습니다. '말과 혀로만 하는 사랑'은 사랑하는 느낌에 흠뻑 빠진 채 그 감정을 즐기고 노래하는 사랑입니다. '말과 혀로만 사랑하는 사람들'은 가난하고 연약한 자들을 보면서 그들을 위해 슬퍼하는 자기감정을 사랑합니다. 고통에 공감하는 자신을 향해 뿌듯함을 느끼고 그 따뜻함에 스스로 취하는 것입니다. 연인과의 관계에서도 마찬가지입니다.

> 누군가와 사랑에 빠지면 연인을 배려하는 것처럼 보이지만 실상은 정반대이다. 배려하는 대신 집착하기 일쑤이다. 자신을 빛내기 위해 상대를 이용한다. 사랑하는 이에게 투영된 자신의 이미지에 반해서 상대의 존재를 즐기고 누리기에 여념이 없다. 이는 그리스도인의 사랑과 상반된다. 심지어 연인을 우상처럼 떠받드는 행동도 겉보기에는 상대를 위하는 것 같지만 실은 다 자신을 위한 일이다. 상대방을 하나님이 지으시고 구원하신 한 인간으로 진지하게 받아들이는 것이 아니라 완벽하고, 용감무쌍하며, 숭고하고, 온갖 필요를 말끔히 채워 줄 존재로 여기기 때문이다.[18]

이런 사랑에 빠진 사람은 두 가지 특징을 보이는데, 첫째, 말이 화려하다는 것이고, 둘째, 오래가지 못한다는 것입니다. "세상은 멋진 낭만만을 노래하며, 그런 사랑이 얼마나 짜릿한지를 자랑합니다. 남편과 아내가 서로

---

18 팀 켈러, 『팀 켈러, 결혼을 말하다』(서울: 두란노, 2014), 288.

에게 충실하지 않고, 어린 자녀들이 온갖 고통에 시달리는 것에 대해서는 일언반구 말이 없습니다. 온통 남녀 사이에 찾아온 멋진 낭만만을 떠들어 댑니다. 부부가 결혼 서약을 어기고 신성한 성전을 더럽힌 책임에 대해서는 아무 언급도 없고, 놀라운 사랑의 연합이라며 멋진 낭만만을 선전합니다. 그런 사랑은 이기적이고 육신적이고 정욕적인 욕망에서 비롯하는 성애에 지나지 않습니다."[19] 이렇게 사랑하는 사람들이 궁극적으로 사랑하는 것은 결국 자기 자신이기 때문에 이들에게는 상대를 위해 자신을 내어 줄 만한 사랑은 없습니다.

행함과 진실함으로 하는 진짜 사랑

반면에 '행함과 진실함으로 하는 사랑'은 그리스도의 사랑입니다. 그리스도는 화려한 미사여구를 동원해서 당신이 우리를 얼마나 사랑하시는지 웅변하시지 않았습니다. 그분은 스스로를 십자가에 던지심으로 당신의 사랑을 보여 주셨습니다. "우리가 아직 죄인 되었을 때에 그리스도께서 우리를 위하여 죽으심으로 하나님께서 우리에 대한 자기의 사랑을 확증하셨느니라"(롬 5:18). 하나님의 사랑은 자신을 내어 주는 사랑입니다. 하나님은 당신의 아들을 죽이심으로 당신의 사랑을 확증하셨습니다. 그런 의미에서 '행함과 진실함으로 하는 사랑'은 감정보다 행동입니다. '사랑하는 느낌, 사랑받는 느낌, 사랑하겠다는 결단, 사랑의 노래, 사랑 고백'이 사랑

---

19 마틴 로이드 존스, 『그리스도인의 결혼 생활』(서울: 생명의말씀사, 2102), 98.

의 일부일 수는 있지만 사랑의 본질은 아닙니다. 성경이 말하는 사랑의 가장 큰 특징은 의지적 행동입니다.

사랑은 자기중심성을 파괴하는 행동입니다. 결코 헌신하지 않고, 손해 보지 않으려 하며, 고작해야 부당하지 않은 범위 안에서 안전하게 행동하는 것은 사랑이 아닙니다. 사랑은 자기의 유익을 구하지 않는 것입니다. 사랑은 오래 참는 것입니다. 사랑은 교만하지 않는 것입니다. 사랑은 나 중심의 가치관과 생활 태도를 '상대방을 위해, 그리고 상대방을 향해' 기꺼이 변화시켜 나가는 것입니다. 그러므로 섬김은 사랑을 보여 주는 가장 성경적인 태도입니다. '헌신하는 섬김'이 없는 사랑은 울리는 꽹과리에 불과합니다.

결혼은 언약이다

결혼은 낭만에 기초하지 않는다

사랑에 대한 성경적 정의를 바로잡고 '결혼'을 다시 들여다보면, 현대 문화 속에서 결혼관이 얼마나 왜곡되었는지를 쉽게 발견할 수 있습니다. 많은 사람들은 '결혼이 감정에 대한 것, 곧 낭만적인 어떤 것'이라고 믿습니다. 로맨스(낭만)라는 감정이 사랑의 일부일 수는 있지만 사랑의 근본적인 요소는 아닙니다. 어떤 사람들은 결혼 이후에도 끝없이 설레고, 끝없이 들뜨고, 끝없이 달콤하기를 기대합니다. 그들은 연애와 결혼의 차이를 인정하지 않습니다. 조금이라도 감정이 식고 기대했던 '로맨스'가 사라지면 부부 관계에 문제가 있다고 생각합니다. 의기소침해져서 실패감에 시달립니다. 그러나 결혼은 그런 낭만적 감정에 기초하지 않습니다.

> 하나님이 짝지어 주신 것을 사람이 나누지 못할지니라 _마가복음 10:9

연인이 부부로 맺어지는 결혼은 '하나님께서 짝지어 주신 것'입니다. 연인은 여러 가지 이유로 헤어질 수 있지만 부부는 그 어떤 이유로도 헤어질 수 없습니다.[20] 즉, 부부는 하나님의 주도 아래 의무로 맺어진 언약 관계 안에 있습니다. 하지만 로맨스를 즐기는 현대인들은 '의무'라는 단어가 사랑에 적합하지 않다고 생각합니다. 말과 혀로만 사랑을 즐기는 사람들은 '의무 혹은 책임'이라는 단어를 사용하는 순간 로맨틱한 사랑은 저 멀리 사라졌다고 슬퍼합니다.

그러나 '의무에 대한 약속'은 오히려 우리의 사랑을 지켜 줍니다. 결혼은 더 이상 이리저리 요동치는 순간적인 감정에 기반한 연애가 아닙니다. 결혼은 로맨스보다 훨씬 더 깊고 무거우며 진합니다. 결혼은 로맨틱한 감

---

[20] '사별 혹은 배우자의 간음'만이 부부가 헤어질 수 있는 정당한 이유입니다. 개혁 교회는 이런 경우에 해당하는 사람의 재혼은 인정하고 있습니다.

정이 파괴되어도 끝까지 삶을 함께 걷기로 다짐하는 언약입니다.[21] 결혼은 한결같은 열정으로 배우자를 지켜 주겠다는 공개적인 약속입니다. 그런 의미에서 로맨틱한 연애는 결혼의 고귀함과 영광스러움에 견줄 바가 아닙니다.

> 하나님의 계시와 성령님의 조명하시고 일깨우시는 역사가 없이 결혼의 고귀함과 영광을 생각하거나 느끼는 것은 우리 능력을 넘어서는 일입니다. 세상 사람들이 하나님께 배우지 않고 결혼이 무엇인지 아는 것은 불가능합니다. 하나님이 결혼에 대해 갖고 계신 목적이 얼마나 경이로운지 깨닫고, 받아들이고, 느낄 수 있는 능력이 육적인 사람에게는 없습니다. 하나님께서 편협하고, 세속적이고, 문화적인 악에 오염되고, 자기중심적이고, 그리스도를 무시하고, 하나님을 등한시하고, 로맨스에 중독되고, 비성경적인 결혼에 대한 견해에서 여러분을 해방시켜 주시길 기도합니다.[22]

---

21 결혼에 대한 관점은 크게 세 가지입니다. 첫째, 결혼을 성례로 보는 관점입니다. 이 모델은 아우구스티누스의 『결혼론』에 영향을 받았습니다. 아우구스티누스는 '성례적 결속'이라는 용어를 사용하는데, 결혼이 한 남자와 한 여자 사이에 거룩하고 영속적인 결속을 만들어 내며 그것이 그리스도와 교회의 연합을 표현해 준다는 것입니다. 그러나 로마 교회는 결혼을 교회가 베푸는 7가지 성사 중의 하나로 받았고 이 성사를 통해 하나님께서 은총을 주신다고 가르칩니다. 결혼 성례 중에 그리스도께서 신비롭게 임재하신다는 것입니다. 둘째, 결혼을 계약으로 보는 관점입니다. 이 관점은 결혼을 결혼의 당사자들이 자발적으로 체결하고 유지하고 해지하는 쌍무 계약으로 봅니다. 게리 채프먼의 정리에 따르면, "계약은 대개 기간이 한정되며 특정한 행동에 적용되고 계약 의무를 이행하느냐에 따라 조건적이고 본인의 유익을 위해 체결되며 암묵적이고 암시적입니다." 이 관점에 따르면 결혼은 시민법에 근거하고 국가가 책임지는 관계입니다. 셋째, 결혼을 언약으로 보는 관점입니다. 성례적 관점은 교회법에, 계약적 관점은 시민법에 근거한다면, 언약적 관점은 결혼의 근거를 하나님의 법에 둡니다. 다시 언약적 관점의 결혼이란 창세기 2장 24절의 정의를 따르면 "한 남자와 한 여자의 이성 간 배타적 언약으로, 하나님이 정하시고 인치시고, 부모를 공적으로 떠남이 선행되며, 성적 연합으로 완성되고, 영속적 상호 지원의 동역 관계가 발생하며, 대개 자녀가 선물로 더해집니다." 결혼에 대한 세 가지 관점을 더 자세히 알고 싶은 분은 안드레아스 쾨스텐버거, 데이비드 존스, 『성경의 눈으로 본 결혼과 가정』(서울: 아바서원, 2016), 85-96을 참고하세요.
22 존 파이퍼, 『결혼 신학』(서울: 부흥과개혁사, 2010), 25.

세상 사람들이 연애와 결혼을 동일선상에 놓고 저울질을 하는 이유는 분명합니다. 그들은 결혼이 '하나님께서 짝지어 주신 것'임을 알지 못하기 때문입니다. 그들은 결혼이 연애의 연속적 개념이라고 믿기 때문에 연애 때보다 더 로맨틱한 무엇인가가 있어야 한다고 생각합니다. 그러나 이런 환상은 결혼 후 몇 개월, 혹은 단 며칠 만에도 깨져 버릴 수 있습니다. "자신이 만들어 놓은 결혼관", 더 정확하게는 사회적, 문화적, 철학적 영향력 속에서 만들어진 결혼관은 '낭만이라는 매우 변화무쌍하고 부서지기 쉬운 정서'에 기초합니다. 이런 이유에서 이혼율이 무섭게 증가하는 것도 놀라운 일이 아닙니다. "결혼과 결혼의 참된 가치를 올바로 이해하고 파악할 수 있는 사람은 오직 그리스도인뿐입니다."[23]

결혼, 하나님의 영광을 위한 일

결혼은 하나님의 일이다

결혼은 하나님의 일입니다. 인간이 만든 제도가 아니라 하나님께서 자신의 목적을 위해 직접 창조하신 제도이기 때문입니다. 결혼은 하나님께서 하시는 일이며 동시에 하나님의 목적을 지향합니다. 먼저 하나님께서 하신다는 말은 무슨 의미일까요?

---

23 마틴 로이드 존스, 『그리스도인의 결혼 생활』(서울: 생명의말씀사, 2012), 34-35.

첫째, 결혼의 설계를 하나님께서 하셨습니다. 하나님은 한 남자와 한 여자를 창조하시고 이 둘이 결혼하도록 설계하셨습니다. 최근 들어 '동성 결혼'을 합법화하는 국가가 늘어나고 심지어 이것을 공개적으로 지지하는 교회들도 많아지고 있는데, 이는 매우 잘못된 일입니다. 웨스트민스터 신앙고백 제24장 1항은 "혼인은 한 남자와 한 여인 사이에 이루어져야 한다"고 분명히 밝히고 있습니다.

둘째, 하나님은 결혼식을 주도하십니다. 신랑도, 신부도, 양가 부모도, 심지어 주례하는 목사도 결혼식의 진정한 주도자는 아닙니다. 결혼식에서 두 남녀를 부부로 평생 동안 묶는 분은 오직 '하나님'이십니다. 어떤 그리스도인은 우리 시대의 문화적 영향력을 강력하게 받아 '주례도 빼 버리고, 예배 형식도 배제한 채 자기들만의 공연'처럼 결혼식을 꾸미기도 하지만, 이는 결혼이 무엇인지 전혀 알지 못하고 저지르는 잘못된 행위입니다.

셋째, 결혼의 내용을 결정하신 분도 하나님이십니다. "남자가 부모를 떠나 그의 아내와 합하여 둘이 한 몸을 이룰지로다"(창 2:24). 결혼은 부모를 떠나는 것입니다. 그리고 배우자와 한 몸이 되는 것입니다. 이 두 가지는 서로 연결되어 있습니다. 부모를 떠나지 못하는 사람은 배우자와 한 몸이 되지 못합니다. 정서적으로, 경제적으로, 생활적으로, 물리적으로 부모를 떠나지 못하는 사람은 배우자와 온전한 한 몸을 이룰 수 없습니다. 한 가정이 성립되었다는 것은 '새로운 권위가 세워진 공동체'가 탄생했다는 것입니다. 즉 "양측 본가와 별개로 새로운 단위의 가정이 생겨난다는 의미입니다."[24] 남편은 가정의 머리가 되어 권위를 행사하는 위치에 서게 됩니다. 그렇기에 특히, 남편은 부모를 떠나서 아내와 온전히 한 몸을 이루어야 합니다.

결혼은 '우리가 섬기는 것'이 무엇인지를 보여 준다

이와 같이 결혼이 하나님께서 하시는 것임을 알면, 우리는 결코 믿지 않는 자와 결혼할 수 없습니다. 다음은 웨스트민스터 신앙고백 제24장 3항입니다.

> 판단력을 가지고 결혼에 동의할 수 있는 사람은 누구나 결혼할 수 있다. 그러나 그리스도인은 오직 주 안에서만 결혼해야 한다. 그러므로 참된 개혁 신앙을 고백하는 사람들은 불신자나 가톨릭 신자나 다른 우상 숭배자와 결혼해서는 안 된다. 또한 경건한 사람들은 삶이 악하기로 이름난 사람이나 저주받을 이단을 주장하는 사람들과 결혼하여 불공평한 멍에를 함께 메서는 안 된다.

결혼은 자신이 진정으로 무엇을 섬기는지 보여 주는 중요한 시험대입니다. 낭만적 정서에 깊이 빠져 있는 사람은 '성경적 결혼관'에 연연하지 않습니다. 지금 자기감정과 그 감정의 대상인 상대방, 그것만이 결혼의 기준이 될 뿐입니다. 결혼이 하나님의 목적을 지향한다는 것을 알면, 불신자와의 결혼은 불가능해집니다. 결혼의 목적은 궁극적으로 '하나님께 영광'입

---

24 안드레아스 쾨스텐버거, 데이비드 존스, 『성경의 눈으로 본 결혼과 가정』(서울: 아바서원, 2016), 95.

니다. 하나님은 당신의 영광을 위해서 '결혼'을 만드셨습니다. 결혼과 관련하여 로맨틱한 사랑, 낭만적 정서에 깊은 미련을 가진 사람은 결혼의 목적이 '하나님께 영광'이라는 말을 거북하게 느낄 수도 있습니다. 그러나 우리의 감정이나 느낌에 상관없이, '결혼은 하나님의 영광을 바라봅니다.' 존파이퍼는 "성경에서 결혼에 대해 알 수 있는 궁극적 사실은 결혼이 하나님의 영광을 위해 존재한다는 것"[25]이라고 말하고, 낸시 레이 드모스는 "결혼은 본래 하나님의 영광과 그분의 구속적 목적을 반영하도록 계획"[26]되었다고 말하며, 래리 크랩은 "결혼의 목표는 부부가 서로의 필요를 충족시키기 위한 것이 아니라 그리스도의 사랑과 하나님의 영광이라는 기독교의 진리를 드러내는 것"에 있다고 말합니다.[27]

결혼이 우리에게 낭만도 주고, 행복도 주고, 기쁨도 주고, 만족도 주는 것은 맞습니다. 그러나 그것은 부수적인 것일 뿐, 본질적인 것은 아닙니다. 결혼이 드러내 보여 주고 싶은 것은 '하나님의 영광'입니다. 우리는 결혼을 통해서 '그리스도와 교회의 관계' 곧 복음의 신비를 더욱 깊게 이해하게 되고, 그 복음의 목적이 되는 '하나님의 영광' 앞에 굴복하게 됩니다.

다시 그리스도

그런 의미에서 "그리스도의 속죄 교리를 이해하지 않고서는 결혼을 이

25 존 파이퍼, 『결혼 신학』(서울: 부흥과개혁사: 2010), 30.
26 낸시 레이 드모스, 『여자들이 믿고 있는 새빨간 거짓말』(서울: 좋은씨앗, 2005), 150.
27 래리 크랩, 『결혼 건축가』(서울: 두란노, 2001), 32.

해할 수 없다"[28]는 마틴 로이드 존스의 말은 참으로 옳습니다. 그리스도께서 교회를 어떻게 정결하게 하시는지, 교회는 어떻게 거룩해지는지를 온전히 이해한 사람만이 그리스도와 교회로 비유되는 남편과 아내의 역할을 이해할 수 있다는 말입니다.

> 우리는 우리 자신에게 항상 다음과 같은 질문을 던져야 한다. '나의 결혼 생활이 그리스도와 교회의 관계에 준하는가? 그 관계를 반영하고 있는가? 그 관계를 추구하고 있는가?' 그리스도인인 우리는 결혼 생활을 시작한 후부터 이런 문제를 늘 생각해야 한다. 우리는 계속해서 생각하고, 또 생각해야 한다. 참된 신자가 되고, 은혜 안에서 자랄수록 결혼에 관해 더 많이 생각해야 한다. 우리의 결혼 생활이 하나님이 정하신 기준, 곧 주 예수 그리스도와 교회의 관계라는 영광스러운 이상에 부합할 수 있도록 더욱더 깊이 생각해야 한다.[29]

결혼은 로맨스가 아닙니다. 결혼은 복음의 신비를 드러내고, 하나님의 영광을 바라봅니다. 결혼 안에 낭만이라는 요소가 섞여 있기는 하지만, 그것은 결정적 요소가 아니며 지속 가능하지도 않고 목표가 될 수도 없습니다. 결혼은 '그리스도와 교회의 관계'를 기초로 하며, 서로를 돌보기 위해서 자신을 기꺼이 내어 주겠다는 '약속'을 따르는 신앙적 삶입니다. 성경이 말하는 결혼의 의미를 받아들일 때, 우리는 비로소 진정으로 고귀하고 행복한 결혼 생활을 만나게 됩니다. 속히 문화적 영향력에서 벗어나십시오. 속히

---

28 마틴 로이드 존스, 『그리스도인의 결혼 생활』(서울: 생명의말씀사, 2012), 130.
29 위의 책, 245.

철학적 사고에서 돌이키십시오. 결혼에 대해서 이러쿵저러쿵 떠들어 대는 친구들의 주절거림과 결혼 상품을 판매하기 위한 소비문화의 홍보에 귀를 막으십시오. 그리고 가장 보배롭고 가장 유익하며 가장 영광스러운 그분의 음성을 들으십시오. 하나님은 선하신 분이기에 그분의 말씀은 항상 유익합니다.

결혼을 말하다

넷째

넷째,
복음이 이끄는 결혼 생활

신학에서 적용으로

앞 장에서는 주로 왜곡된 결혼관을 바로잡는 것에 목표를 두었습니다. 여기서는 실제적인 결혼 생활을 목적지로 삼고 직행해 보려고 합니다. 결혼은 이론이 아니라 삶이기 때문입니다. 이런 질문을 할 수 있습니다.

"그래서 어쩌란 말인가? 도대체 우리는 어떻게 살아야 한다는 말인가?"

이 질문은 모든 예비부부, 신혼부부, 기혼 부부의 공통적인 궁금증일 것입니다. "어떻게"라는 질문은 매우 중요합니다. 그러나 이 질문을 다룰 때는 매우 섬세한 작업이 필요합니다. 특정 주제를 성경과 교리 안에서 실컷 잘 분석한 후에 엉뚱한 적용을 하는 일이 매우 자주 일어나기 때문입니다. 교리와 실천을 분리해서 다룬다는 것입니다. 결혼과 관련된 본 주제와 연결해서 말하자면, 지금까지 연구한 '결혼 신학'과는 상관없이 '결혼 처세술'을 다룬 실용 서적을 참고해서 실제 삶에 적용한다는 것입니다. 그래서는 안 됩니다. 성경은 그리스도인의 생활에 대해서 침묵하지 않습니다. 우리는 오직 성경을 통해 실천적 방법을 배워야 합니다. 남편과 아버지, 아내와 어머니, 자녀와 부모의 역할을 성경 안에서 찾아야만 합니다.

결혼, 복음에 합당하게 살아가는 생활

적용점을 탐구할 때, 반드시 기억해야 할 것이 있습니다. 그리스도인의 결혼 생활은 그저 결혼 생활로 분류되지 않는다는 점입니다. 그리스도인의 결혼 생활은 복음에 합당한 삶 속에 묶여 있습니다. 에베소서 5장 22-33절은 결혼과 관련된 대표적인 구절입니다. 그런데 바울은 이 말씀을 4장 1절, "너희가 부르심을 받은 일에 합당하게 행하여"라는 주제 속에 담고 있습니다. 그는 교회의 연합과 성장(엡 4:2-16), 옛 사람을 버리고 새 사람을 입는 것(엡 4:17-24), 하나님을 본받는 생활(엡 4:25-5:1), 빛의 자녀처럼 행하는 삶(엡 5:2-14), 성령 충만한 삶(엡 5:15-21)에 이어서 아내와 남편의 삶을 다룹니다. 즉, 결혼 생활은 삶의 특별한 기술이 아니라 그리스도인이 그리스도의 복음에 합당하게 살아가는 삶의 한 부분이라는 것입니다.

그리스도를 경외함으로 피차 복종하라

피차 복종의 의미

부부 관계를 맺고 살아간다는 것은 피차 복종해야 한다는 의미입니다. 웨스트민스터 신앙고백 제24장 2항도 남편과 아내가 "서로 돕도록" 지음받았다고 말합니다. 다만 '피차 복종하는 삶'의 모습이 다를 뿐입니다. 아내는 남편에게 순종함으로 '피차 복종'합니다. 남편은 아내를 죽기까지 사랑함으로 '피차 복종'합니다. 피차 복종한다는 것은 서로를 섬긴다는 것인데, 에베소서의 맥락에서 보면 이것은 옛 사람의 모습을 버리고 새 사람을 입는 것과 같습니다. 우리의 옛 사람은 어떤 모습이었습니까? 철저하게 자아 중심적이었습니다. 자아 중심적인 사람은 '결혼의 목적은 자아실현이며 배우자는 자신의 만족과 행복을 위한 존재'라고 이해합니다. 그렇기에 이들은 상대가 자신을 섬기면서 살기를 바랍니다. 하지만 자신은 상대를 위해서 살아가지 않습니다. '자기 좋을 대로, 자기 마음 편한 대로, 자기감정과 습관대로 살기'를 즐겨 한다는 것입니다. 이런 옛 사람의 자아 중심성을 벗어 던져야 합니다.

'피차 복종'에서 한 가지 더 눈여겨보아야 할 것은 '피차'라는 단어입니다. 부부간의 섬김은 결코 일방적이 되어서는 안 됩니다. '피차'라는 말씀은 섬김을 받으려 하는 편뿐만 아니라 섬김을 하려는 편도 주목해야 합니다. 어떤 사람들은 섬김 받는 것을 대단히 불편해합니다. 남에게 신세를 지는 것이 싫다는 이유입니다. 그들이 신세 지기를 싫어하는 이유 중에 하나는 '섬김'을 하나의 도덕적 자부심으로 여기기 때문입니다. '섬긴다는 행위'가 상대보다 더 높은 도덕적 위치를 선사한다고 믿는 사람들은 오로지 섬기려고만 합니다. 배우자에게 섬김의 기회를 차단하는 것은 배우자가 마땅히 누려야 하는 '복음적인 삶'을 막는 것과 매한가지입니다. 부부는 서로를 위해 아낌없이 주고 서슴없이 받을 수 있어야 합니다. 이것이 '피차 복종하는 것'입니다.

피차 복종의 근거, 그리스도

옛 사람의 습관을 벗어 던졌다면 이제 어떻게 새 사람의 모습을 입을 수 있을까요? 어떻게 피차 복종할 수 있을까요? 우리는 어떻게 해야 서로를 위해 아낌없이 주고 서슴없이 받을 수 있을까요? 바울은 '그리스도를 경외함으로' 가능하다고 말합니다. '그리스도를 두렵게 여기는 마음, 그리스도를 무겁게 여기는 마음, 그리스도께 사로잡힌 마음'이 주님의 말씀 안에서 서로를 섬기게 합니다. 그리스도께 사로잡히지 않은 사람은 자아에 사로잡히게 됩니다. 그리스도께 몰두하지 않는 사람은 자기 상처에 몰두하게 됩니다. 자아와 상처에 몰두하는 사람은 그리스도의 십자가와 하나님의 은혜를 잊어버리게 됩니다. 마틴 로이드 존스는 바울의 말을 재해석하여 다음과 같은 견해를 전합니다.

> 결혼 관계를 맺고 있는 너희는 서로에게서 인정하거나 좋아할 수 없는 것들, 즉 여러 가지 결함과 부족함과 실패와 죄를 발견한다. 그리고 자신의 권리를 내세우며 서로 비판하고 정죄하고 다투고 외면한다. 그 이유는 무엇일까? 그

것은 너희가 어떻게 구원받아 신자가 되고, 교회의 지체가 되었는지를 망각했기 때문이다.[30]

피차 복종하지 않는 이유, 은혜의 상실

부부가 서로의 잘못에 집착하고 그것만을 집요하게 공격하는 이유는 '신자 됨의 출처'를 잊어버렸기 때문입니다. 자신이 얼마나 처참하고 형편없는 모습 속에서 놀라운 사랑을 받았는지 잊은 사람은 권리만을 내세우기 마련입니다. 다음과 같은 모습을 보입니다.

- 은혜를 잊어버린 사람은 하나님께서 공급하시는 힘으로 서로를 섬길 수가 없기 때문에, 온갖 부정적인 상상력과 죄책감과 자기 환멸과 불신으로 (언어 혹은 행위) 폭력을 행사하게 됩니다.
- 자아에 사로잡힌 사람은 언제나 자신이 받은 상처를 앞세웁니다.
- 그들은 자신이 벌이는 이기적인 난장판과 매몰찬 감정 표현을 '상처'라는 단어 하나로 정당화할 수 있다고 믿습니다.
- 배우자가 조금이라도 지친 모습이나 공격적인 모습을 보이면 그럴 줄 알았다고 하면서 '당신도 다른 사람들과 똑같다'고 울부짖습니다.
- 이들은 스스로를 학대할 뿐만 아니라 배우자가 자신을 온전히 섬길 수 있는 기회도 주지 않습니다.
- 모든 것이 배우자 탓인 것처럼 몰아붙여서 상대로 하여금 아무것도 할 수 없는 상황으로 끌고 들어갑니다.

---

30 마틴 로이드 존스, 『그리스도인의 결혼 생활』(서울: 생명의말씀사, 2012), 129.

"자기중심성은 상대방의 이기적인 면모에 대해서는 예민하게 반응하고, 불쾌해하며, 억울해하고, 낙담하지만 자신도 똑같은 성질을 가졌다는 점은 보지 못하게 하는 특성을 가지고 있습니다. 그러니 관계에서는 발전이 없고 늘 자기 연민과 분노, 절망의 구렁텅이로 끌려들어 갈 수밖에 없는 것입니다."[31] 자기중심성에 사로잡힌 부부는 '상대가 자신을 행복하게 해 주지 못한다'고 생각하며 살아갑니다. 혹은 '상대를 행복하게 해 주어야 한다'는 강박에 시달리면서 살아갑니다. 그들은 배우자(또는 자신)의 언행 하나하나에 예민하게 반응하면서 그것이 '자신(또는 배우자)을 불행하게 하는지 행복하게 하는지'를 따지려고 합니다. 그러나 자기 몰입에 빠진 사람은 상대를 진정으로 섬길 힘이 없습니다. 그들의 섬김은 상대를 통해 자기 행복을 찾거나 자아실현을 성취하기 위한 수단에 불과하기 때문에, 쉽게 좌절하고 쉽게 포기합니다.

성령만이 우리를 도우신다

자기중심성과 성령 충만

고린도전서 13장이 말하는 사랑의 특성을 반대로 추적해 보면 자기중심적인 사람의 특징을 쉽게 알아낼 수 있습니다. 즉 자아에 사로잡힌 사람

---

31 팀 켈러, 『팀 켈러, 결혼을 말하다』(서울: 두란노, 2014), 72.

들은 분노를 억누르지 못하고, 거칠고 조급하며, 질투와 시기로 쉽게 상대를 미워하고, 자기를 드러내는 것에 관심이 많으며, 험한 말을 함부로 쏟아 내고, 늘 자기 유익을 먼저 계산하는 이기심으로 가득하며, 절제하지 못하고 즉흥적이며, 급히 얻고 쉽게 만족하기를 추구합니다.

그러나 진정한 사랑은 "오래 참고 온유하며 시기하지 아니하며 자랑하지 아니하며 교만하지 아니하며 무례히 행하지 아니하며 자기의 유익을 구하지 아니하며 성내지 아니하며 악한 것을 생각하지 아니하며 불의를 기뻐하지 아니하며 진리와 함께 기뻐하고 모든 것을 참으며 모든 것을 믿으며 모든 것을 바라며 모든 것을 견딥니다." 사랑은 상대를 위해 자기를 부정하는 것이며 희생을 담보하고 섬기는 삶입니다.

어떻게 이것이 가능할까요? 우리는 어떻게 자기를 부정하고 자신을 희생하면서 사랑할 수 있을까요? 이것이 가능하기나 한 일일까요? 바울은 성령 충만함이 우리의 자기중심성을 무너뜨린다고 주장합니다. "오직 성령으로 충만함을 받으라." 복음적인 삶은 자기를 하나님처럼 떠받들고 살던 옛 사람의 자아중심성에서 벗어나서 하나님 사랑과 이웃 사랑을 기쁘게 실천하는 새 사람으로 사는 것입니다. 이것은 인간의 노력이 요청되기는 하지만, 궁극적으로 성령의 도우심이 없으면 불가능한 일입니다. 성령의 도우심이 없으면, 우리는 그리스도를 무겁게 여기지 못합니다. 성령의 도우심이 없으면, 우리는 상대를 향한 자발적인 섬김의 자리로 들어가지 못합니다. 성령의 도우심이 없으면, 부부는 피차 복종하고 사랑할 수가 없습니다.

자존감 세우기는 답이 아니다

그런 의미에서 현대 심리학이 처방하는 '자존감 세우기'는 성경적 방법이 아닙니다. 오늘날 조용히, 그리고 열정적으로 소개되는 '자존감 세우기'의 밑바닥에는 현대 심리학이 있습니다. 이들은 '상처'의 문제가 자기중심성에서 발현된 것이 아니라 '학대' 때문이라고 주장합니다. 즉, '자기 탓'이 아니고 '남 탓'이라는 것입니다. 성장 과정 속에서 만나게 된 '억압, 학대, 부정적 언어, 폭력, 특별한 경험' 등이 정서에 상처를 내었고, 그 주된 제공자는 '아버지, 어머니, 선생님, 형제, 자매, 친척, 동네 아저씨' 등 자라면서 만난 거의 모든 사람들입니다. 이와 같이 부정적 환경과 조건들이 우리 안에 씻을 수 없는 상처를 만들었고 그 상처 때문에 우리가 낮은 자존감에 시달리게 된다는 것이 현대 심리학의 주장입니다. 심리학자들은 '낮은 자존감은 우울증, 공격성, 강박증, 죄책감, 불안증 등의 정서 장애를 일으키고 이것이 자기 학대로 이어진다'고 설명합니다.

심리학이 제시하는 해답은 '자존감을 높이기 위해서' 일체 부정적인 언어를 사용하지 않는 것입니다. 어떤 실수나 잘못이나 결점이 발견되어도 그것은 단지 '개성'이라고 인정해 주어야 하며, 절대로 도덕적 의무 또는 신앙적 의무를 가지고 '억압'해서는 안 된다고 경고합니다. 또한 상처에 몰입하고 있는 당사자에게는 자기를 사랑하는 방법을 배우라고 충고합니다. 이 말은 다른 사람을 섬기는 것보다 '일단, 너만 생각하라'는 의미입니다.

사랑의 명령은 하나님과 이웃만을 향한다

기독교 심리학자들은 심리학과 성경을 섞는 것을 좋아하는데, 주로 사용하는 성경 구절은 마태복음 22장 39절입니다. "둘째도 그와 같으니 네 이웃을 네 자신같이 사랑하라." 그들은 이 말씀에 한 가지 명령 곧 "너 자신을 사랑하라"는 말씀이 숨겨져 있다고 말하면서 자기 자신을 제대로 사랑하는 사람이 이웃도 온전히 사랑할 수 있다고 주장합니다.

그러나 전후 문맥을 살펴보면, 예수님은 두 가지 계명만 말씀하셨음을 알 수 있습니다. "이 두 계명이 온 율법과 선지자의 강령이니라"(마 22:40). '어떤 계명이 가장 크냐'는 율법사의 질문에 '하나님 사랑과 이웃 사랑'이라는 두 가지 계명이 가장 크다고 대답하신 예수님의 대답에는 '자기 사랑'에 대한 어떠한 암시도 없습니다. 만약, 예수님께서 율법을 세 가지 계명으로 말씀하실 의도였다면 굳이 숨기거나 암시할 이유가 있을까요? 성경 어디를 보아도 하나님은 '자기 사랑'을 율법으로 주신 적이 한 번도 없습니다. 오히려 '자기를 부정함으로 자기중심성 곧 교만을 깨뜨리라'고 힘써 외치십니다. 만약 배우자 중에 한 명이 검증되지 않은 현대 심리학의 음성에 귀를 기울이게 되면 문제는 심각해집니다. '자존감 세우기'를 최우선 과제로 삼고 자신을 향한 무조건적인 지지를 요청할 수 있기 때문입니다. 하지만 상대에게 섬김만 받으려고 하는 순간 불행한 결혼의 가능성은 높아진다는 것을 기억하십시오. 부부가 자신의 상처를 무기 삼아서 자기중심적인 마음을 품고 상대가 알아서 보살펴 주기만을 기다린다면, 두 사람은 결코 '한 몸 관계'를 이루지 못할 것입니다.

모든 문제의 원인은 상처가 아니라 죄 때문이다

그렇다면 성경적인 부부는 어떠한 모습이어야 할까요? 먼저 '상처'가 근본적인 문제가 아님을 알아야 합니다. '부모로부터 받은 학대, 가정 환경에서부터 온 상처, 인간관계나 여러 가지 성장 배경에서부터 온 억압'은 우리 안에 있는 자기중심성, 곧 이기심을 증폭시키는 역할을 합니다. 우리의 성품이나 생활에 영향을 미친다는 것입니다. 그러나 문제의 근원은 아닙니다. 모든 문제의 원인은 죄입니다. '자기 몰입, 자기 사랑, 자기 긍정' 등은 상처를 위한 치료약이 아니라 오히려 죄가 만들어 내는 부정적인 성격입니다.

그러므로 우리는 상처를 치유하기 위해서 스스로를 돌보는 '자존감 세우기'의 방식이 아니라 죄를 죽이기 위한 '성화의 생활 방식'으로 살아가야 합니다. 죄를 죽이기 위한 성화의 생활 방식이란 무엇일까요? 태어날 때부터 우리 마음을 지배하는 자기중심성을 성령의 충만함으로 극복하는 것입니다. 이것이 에베소서 5장 18절 이하의 내용입니다. 성령으로 충만할 때 우리는 그리스도를 경외함으로 피차 복종할 수 있습니다. 아내는 남편에게 주께 하듯 순종할 수 있고, 남편은 그리스도께서 교회를 사랑하시는 것처럼 아내를 사랑할 수 있게 됩니다. 자아 중심적인 부부는 '상처와 자존감의 문제를 내세워서' 상대에게 대접받기 위해 팽팽한 기싸움을 합니다. 하지만 성령 충만한 부부는 그리스도를 경외함으로 서로 복종하고 섬기기를 기뻐합니다.

가장 좋은 결혼 생활은 일종의 져 주는 시합입니다. 주도권 쟁탈전이 아니라 두 의지가 서로 이기지 않으려고 애쓰는 주도권 포기전입니다. 이런 태도로만 결혼 생활을 성공적으로 영위할 수 있습니다. 하나님이 뜻하신 결혼 생활은 남녀가 기꺼이 스스로 작아지는 과정입니다. 그래야 하나님께 영광이 됩니다.[32]

피차 복종, 누구든지 먼저 시작하라

남편과 아내가 동시에 '피차 복종'을 시작하면 더할 나위 없이 좋겠지만 그 순간만을 마냥 기다려서는 안 됩니다. 누구든지 먼저 시작하는 것이 좋습니다. 내 안에 있는 이기심을 던져 버리고 남편(또는 아내)을 진정으로 섬기겠다고 마음먹고 성령의 도우심을 간구하십시오. 배우자에게 원했던 반응이 빠른 시간 안에 나오지 않을 수도 있습니다. 그러나 그와 같은 섬김이 우리를 그리스도의 복음에 합당한 삶의 자리로 인도할 것이고, 거룩한 성령의 열매를 우리 성품 속에 맺히게 할 것입니다. 결혼은 하나님께서 우리를 거룩하게 하시는 성화의 수단입니다.

---

32 마이크 메이슨, 『결혼의 신비』(서울: 두란노, 2013), 175.

결혼을 말하다

다섯째

다섯째,
은혜가 이끄는 결혼 생활

결혼 생활은 성화의 과정이다

그리스도의 복음은 결혼 생활을 '피차 복종'으로 이끕니다. 죄는 모든 것을 '자아라는 방향'으로 빨아들이지만, 성령은 모든 것을 '그리스도라는 방향'으로 인도합니다. 그리스도께로 인도받은 부부는 그분이 요구하시는 대로 '피차 복종'합니다. 서로를 돕고자 하는 마음이 가득해집니다. 자아에 몰입하지 않습니다. 상대의 언행 하나하나에 예민하게 반응하지 않습니다. 오직 그리스도께 반응합니다. 피차 복종은 '부부 관계'에서 가장 중요한 토대입니다.

하지만 때때로 그 토대가 무너지기도 합니다. 우리는 약하고, 내재한 죄는 여전히 힘을 발휘하기 때문입니다. 결혼 생활을 하다 보면, 남편의 죄악이 드러날 때도 있고, 아내의 연약함이 드러날 때도 있습니다. 사소한 습관부터 치명적인 잘못까지 남편과 아내는 자신의 죄로 서로를 찌르곤 합니다. 그로 말미암아 '피차 복종할 힘'을 잃어버립니다. 그런 후에는 '위선과 자포자기'라는 방어 기제 뒤에 숨어서 적당한 선을 지키면서 결혼 생활을 힘겹게 '유지'해 갑니다. '피차 복종'은커녕 한 집에서 살면서 '각자도생'을 합니다.

위와 같은 일들은 결혼이 서로의 거룩을 위해 마련된 하나님의 수단임을 알지 못할 때 벌어집니다. 다음 글을 마음에 새기십시오.

> 결혼은 죄인 두 사람이 그리스도 안에서 성령의 하나 되게 하시는 역사를 따라 연합해 감으로 '함께 거룩해져 가는 과정', 곧 성화의 과정입니다.

폭로와 사랑의 원리

속죄 교리와 결혼 생활

결혼이 어떻게 성화의 수단이 되는지 좀 더 자세히 살펴보겠습니다.

> 결혼 관계를 속죄 교리의 관점에서 이해해야 한다는 것을 깨우친 사람이 우리 가운데 얼마나 되는가? 남편들과 아내들을 비롯해 우리 모두는 과연 결혼 관계를 이런 방식으로 이해하는가? 결혼 관계를 속죄 교리의 관점에서 생각하는 습관이 우리의 몸에 배어 있는가? 어떤 책, 어느 항목에서 결혼의 참된 의미를 깨우칠 수 있을까? 오직 속죄 교리의 관점에서만 결혼의 참된 의미를

알 수 있다.[33]

마틴 로이드 존스는 결혼을 제대로 이해하기 위해서는 속죄 교리의 관점이 필요하다고 역설합니다. 그렇다면 결혼 관계를 속죄 교리의 관점에서 이해해야 하는 이유는 무엇인가요? 성경이 그렇게 말하기 때문입니다. 그리스도의 모든 삶은 십자가와 분리되지 않습니다. 우리는 종종 '남편(또는 아내)을 어떻게 기쁘게 해 줄 것인지'를 고민하느라 우리의 삶이 그리스도의 십자가 위에 세워져 있다는 사실을 망각합니다. '결혼 기술에 대한 설명'을 간절히 원하면서도 십자가에 대한 설교는 지겨워하는 사람들이 있습니다. 그들은 십자가에 대한 감동과 눈물은 인생에서 딱 한 번만 있으면 된다고 생각합니다. 그 이후에는 좀 더 고차원적이고 구체적인 삶의 기술이 필요하다고 믿습니다.

그러나 "오늘" 그리스도의 복음을 듣고 전인격적인 감동을 체험할 수 없는 사람은 "내일" 복음에 합당한 삶을 결코 살 수 없습니다. "항상 십자가를 생각하며, 그 진리를 삶과 생각과 행위를 지배하는 원리로 삼지 않으면, 결단코 거룩한 삶을 살 수 없습니다."[34] 그리스도인의 결혼 생활은 기술이 아닙니다. 그리스도인의 결혼 생활은 단지 몇 가지 공식이나 원리가 기록된 설명서 따위에 따라 이루어지지 않습니다. '결혼을 포함한 가정생활', 그리고 '가정생활을 포함한 우리의 모든 삶'은 그리스도의 은혜를 기

---

33 마틴 로이드 존스, 『그리스도인의 결혼 생활』(서울: 생명의말씀사, 2012), 129.
34 위의 책, 130.

반으로 '거룩해져야' 합니다. 결혼 생활을 '십자가와 성화'의 관점에서 이해하지 못하는 사람은 여전히 결혼의 참된 의미를 파악하지 못했다고 할 수 있습니다. 행복의 관점이나 자아실현의 관점은 '결혼 생활'을 그리스도인의 거룩한 생활로 인도하지 못합니다.

죄의 폭로와 하나님의 용서가 교차하는 십자가

그렇다면 우리는 어떻게 결혼을 통해 '성화의 과정'을 밟아 나갈 수 있을까요? 결혼 생활이 어떻게 우리를 거룩하게 만들 수 있습니까? 이에 대한 답변을 얻기 위해서는 그리스도의 십자가가 가지고 있는 본질적인 원리를 살펴봐야 합니다. 그리스도의 십자가에서는 공의와 사랑이 교차됩니다. 혹자들은 십자가를 하나님의 사랑으로만 해석합니다. 그들은 '하나님의 사랑이 모든 것을 이긴다'는 전제를 가지고 있습니다. 그러나 하나님의 크신 사랑만큼 하나님의 진노도 크다는 것을 전제할 때 십자가를 올바르게 이해할 수 있습니다. 죄에 대한 하나님의 반응은 당신의 아들을 죽이실 만큼 단호한 것이었습니다. 그러므로 십자가 앞에 선 사람들은 죄에 대한 깊은 인식과 죄로부터의 돌이킴을 통해 하나님의 사랑과 용서를 만나게 됩니다. 즉 십자가 앞에서 죄가 낱낱이 폭로된 사람만이 그리스도께서 베푸신 사랑의 깊이를 절감하게 됩니다.

이 같은 속죄 교리는 모든 신앙생활의 바탕이 됩니다. 속죄 교리를 제대로 이해하지 못한 사람은 '어설픈 은혜론'을 믿고 전혀 성화되지 않거나 처리되지 않은 죄 때문에 '과도한 신학적 우울증'에 빠진 채로 전혀 성화되지 않습니다. 죄가 가지고 있는 파괴적인 영향력을 알되 그보다 더욱 압도적인 하나님의 은혜를 믿는 것만이 우리로 하여금 담대히 '성화의 삶'을 향해 나아가도록 만듭니다.

정직하게 드러내고 무한히 덮어 주라

폭로와 사랑의 원리는 부부 관계에 고스란히 적용될 수 있습니다. 정직한 드러냄만이 무한한 덮어 줌을 만날 수 있습니다. 드러냄과 덮어 줌은 '그리스도인의 결혼 생활'을 거룩함으로 인도합니다. 반면에 부정직한 숨김과 즉각적 응징은 쇼윈도 부부를 만듭니다. 심각한 '결점과 문제'가 분명히 있음에도 불구하고 대외적으로 행복한 부부 행세를 하게 만든다는 것입니다. 다음을 읽어 봅시다.

> 두 사람이 상대방에게 자신을 드러내는 정도는 그들이 얼마나 친밀한 관계를 맺느냐에 따라 달라진다. 그러므로 인간의 관계 중에 가장 친밀한 관계인 결혼을 통해 하나님이 의도하신 '한 몸'의 친밀감을 경험하기 원한다면, 다른 누구보다 배우자에게 자신의 모습을 더 많이 드러내야 한다.[35]

자신에 대한 이야기를 하는 것은 두려운 일입니다. "남에게 자신의 전부를 보여 주고 싶은 사람은 아무도 없습니다. 자신의 삶이 낱낱이 기록된 장부를 펼쳐 보이고 그 뒤에도 계속해서 철저한 감시를 받고 싶은 사람이 어디

---

35 루 프리올로, 『아내를 알고 사랑하는 온전한 남편』(서울: 미션월드라이브러리, 2008), 21.

있겠습니까? 그러나 바로 이것이 결혼의 본질입니다. 결혼은 사생활의 남은 흔적조차 모조리 지워 버리는 것입니다. 가장 은밀한 침실과 화장실 습관부터 가장 가까운 사람만 아는 위선적이고 거짓된 모습, 기분과 생각이 미묘하게 요동치는 것까지 전부 노출해야 합니다. 숨기는 건 결혼의 본질이 아닙니다."[36]

그러나 대부분의 사람들은 자신이 얼마나 문제가 많은지를 은연중에 깨닫고 있기 때문에, 적당한 가면을 쓰고 괜찮은 사람인 척 굴고 싶어 합니다. '착한 사람 콤플렉스'는 정도의 차이만 있을 뿐이지 모든 사람들에게 얼마간 있는 증상입니다. 하지만 한 몸 관계로 부름을 받은 부부는 그 누구보다 더 상대에 대해서 많은 것을 알게 됩니다. 더 이상 가면이 허용되지 않는다는 것입니다. 연애 시절에 철저히 숨겨 왔던 자신의 약점이 배우자에게 포착되었을 때는 꽤나 당혹스러울 수 있습니다. 그래서 어떤 이들은 전보다 훨씬 더 많은 열정과 노력을 가지고 배우자에게 자신을 숨기고자 애를 씁니다. 이런 은폐 행위는 결국 스트레스가 되고 자신에게 심리적인 압박을 주는 상대를 향해서 날선 마음을 품게 만듭니다.

반면에 "부부가 오랜 시간을 함께하며 밑바닥까지 다 들여다보고 장점과 결함을 속속들이 알게 된 뒤에도 온 마음을 다해 사랑한다면, 더 바랄 것이 없는 축복받는 결혼 생활이 될 것입니다. 이편을 다 드러내지 않고 받는 사랑은 위안이 될지는 몰라도 피상적일 수밖에 없습니다. 실상이 알

---

36 마이크 메이슨, 『결혼의 신비』(서울: 두란노, 2013), 175.

려져 사랑받지 못하게 되는 사태는 더없이 두렵기만 합니다. 반면 이편의 실체를 낱낱이 드러내고도 아낌없이 사랑을 받으면 마치 하나님의 사랑을 입는 느낌이 들 것입니다. 우리에게 가장 필요한 것이 이것입니다. 이런 사랑은 허울을 벗겨 주고, 독선을 버리고 겸손하게 하며, 삶이 어떤 어려움을 던져 주든지 꿋꿋이 맞설 용기를 가져다줍니다."[37] 배우자 간에 '드러냄과 덮어 줌'은 지금까지 그 누구 앞에서도 직면하지 못했던 자기 자신을 만나게 해 줄 뿐만 아니라 가장 커다란 사랑을 만나게 해 줄 것입니다.

은혜만이 악순환을 끊는다

비난의 사이클을 끊어라

'비난의 사이클'은 부부 문제의 큰 몫을 차지합니다. '비난의 사이클'이란 자신은 꿈쩍도 하지 않은 채 상대방을 바로잡으려는 의도만 반복하는 행동을 말합니다. 대부분의 부부들은 '나에게도 문제가 있음을 안다. 하지만 …'의 언어를 구사합니다. 폴 트립은 부부간에 생기는 악순환의 구조를 다음과 같이 설명합니다.

> 부부는 같은 행동을 반복하는 사이클에 갇혀서 같은 오해를 반복합니다. 같은 말다툼을 반복합니다. 같은 잘못을 거듭합니다. 문제는 해결되지 않습니

---

37 팀 켈러, 『팀 켈러, 결혼을 말하다』(서울: 두란노, 2014), 125.

다. 매일 밤 화해하지 않은 채 잠자리에 들고, 좋지 않은 순간을 기억하며 깹니다. 그 사이클은 반복됩니다. 예측 가능하며 절망적입니다. 달라지기를 바라지만 어떻게 거기서 벗어나야 할지 모르는 것 같고, 변화를 가능하게 할 한 가지, 곧 고백을 기꺼이 하려는 마음이 없습니다.[38]

자신의 잘못을 기꺼이 드러내고자 하는 마음이 없는 열심만큼 공허한 것은 없습니다. 부부 관계를 위해 이런저런 노력을 기울인다 해도 참된 고백이 없이는 다시 '비난의 사이클'로 돌아올 뿐입니다. 꽃도 사다 주고 대화도 맞춰 주고 함께하는 시간을 더 늘려 보아도 이상하게 '비난의 사이클'이 극복되지 않는다면 문제는 반복됩니다.

그들은 상대방에게 초점을 맞추지 않고 자신에게 초점을 맞춘 것입니다. 요점은 이것입니다. 고백으로 시작하지 않으면 결혼 생활에서 변화는 일어나지 않습니다. 고백은 관계에서 성장과 변화로 가는 문입니다.[39]

드러내지 못하게 만드는 장애물

우리로 하여금 자신을 드러내지 못하게 만드는 방해물들은 여러 가지입니다. '두려움, 이기심, 교만, 게으름, 향락' 등입니다.[40] 이 모든 방해물

---

38 폴 트립, 『6가지 사랑의 약속』(서울: 아바서원, 2015), 83.
39 위의 책, 84.
40 첫째, 두려움은 드러냄을 방해하는 최대의 장애물입니다. 아담과 하와가 범죄하였을 때 가장 먼저 그들의 몸을 가린 것처럼, 사람들은 자기 마음속의 죄를 깨닫는 순간 그것을 숨기고자 애를 씁니다. 부부라 할지라도 부끄러움과 거절에 대한 두려움으로 자신을 감추고자 합니다. 그러나 부부는 서로의 죄를 감추기보다 배우자의 도움으로 극복하리라는 소망을 가져야 합니다.

들을 물리치고 자신의 약점을 배우자에게 드러낼 수 있다면, 우리는 부부 관계뿐만 아니라 주님과의 관계에서도 한 걸음 더 나아갈 수 있게 됩니다.

올바로 드러내라

여기서 주의할 점이 있습니다. 기질에 따라서 '자신을 드러내는 것'에 거부감이 없는 사람들이 있습니다. 그들은 "아, 이건 자신 있습니다. 난 나에 대해서 언제든지 인정할 준비가 되어 있습니다"라고 말합니다. 그러나 그들 대부분은 '오픈'(open)은 잘하지만 경청은 하지 않습니다. 부담스러울 정도로 자기 자신에 대해서 많은 것들을 말하지만 상대의 말은 주의 깊게 듣지 않습니다. 이런 사람들은 '드러냄'을 잘할지라도 '덮어 줌'을 만나기 어렵습니다. 근본적으로 자기 자신에게만 몰입되어 있기 때문입니다. 그들이 원하는 것은 확실합니다. '손쉽게 얻을 수 있는 친밀함'입니다. 상대와의 전인격적인 교제 가운데 형성되는 '진지한 친밀함'이 아닙니다.

둘째, 이기심은 두려움과 밀접한 관계를 가집니다. 이기적인 사람들은 쉽게 죄에 따른 두려움에 빠지는 경향이 있습니다. 두려움 때문에 배우자가 알아야 할 것을 이야기하지 않는다면, 이것은 배우자를 사랑하지 않는 것이며 이기적인 태도입니다. 당신의 고백이 배우자에게 도움을 줄 수 있다는 사실보다 그 고백 때문에 당신이 상처 입을 수 있다는 것을 더 많이 염려하고 있기 때문입니다. 셋째, 교만은 가장 위험한 죄입니다. 교만은 올바른 교정을 싫어합니다. 교만은 당신의 죄를 숨기고 정당화시키고 핑계거리를 주고 회개를 가로막습니다. 실제로는 치명적인 암에 걸려 위대한 의사 되신 하나님의 손길이 절박하게 필요한데도 '나는 영적으로 아무런 문제없이 건강하다'고 생각하도록 당신을 속이는 것입니다. 교만은 자신의 죄를 가리는 것을 당연하게 여기게 만듭니다. 넷째, 게으름도 드러냄을 방해합니다. 정말 제대로 된 부부 관계를 만들어 가고자 한다면, 당신은 많은 시간과 노력을 기울여야 합니다. 생각하고 행동하고 말하는 방식을 바꾸어야 할 것이며, 우선순위를 조정할 필요도 있습니다. 다섯째, 무지는 배우자를 사랑하지 못하도록 방해합니다. 남편과 아내는 서로에 대해 배워야 합니다. 이상은 루 프리올로의 『아내를 알고 사랑하는 온전한 남편』 22-30페이지에 있는 내용을 요약한 것입니다.

다섯째, 은혜가 이끄는 결혼 생활

그들은 이런 사고방식에 빠져 있습니다.

> 난 이렇게 잘 드러냈다. 그러니 이제 네가 날 받아 줄 차례다. 만약 우리 둘
> 사이에 문제가 발생한다면 그건 순전히 너의 문제이다. 왜냐하면 나는 이미
> 고백했기 때문이다.

이것은 참된 고백이 아닙니다. 책임을 상대에게 떠넘기는 또 다른 '비난의
사이클'일 뿐입니다. 그들의 '오픈'(open)은 빨리 드러내고 빨리 친해져서
빨리 편해지고 싶은 자기 욕구의 표현일 뿐입니다. '부부 관계'를 하나의
업무로 생각하는 것입니다. 그들에게는 '친밀함'마저도 달성해야 할 목표
가 됩니다.

올바른 '드러냄과 덮어 줌'에는 반드시 시간이 필요합니다. 서둘러 자신
을 다 드러내고 드러난 자신을 상대가 빨리 덮어 줄 것을 기대한다면, '드
러냄과 덮어 줌'의 원리를 잘못 이해한 것입니다. 내 안에 있는 문제를 드
러내는 것과 배우자가 그것을 덮어 주는 것은 '빨리 처리'해야 하는 업무가
아닙니다. 친밀함은 그런 속성 과정으로 얻을 수 있는 자격증이 아닙니다.
결혼 생활에서 '드러냄'의 원리는 정직함과 신중함 속에서 나타나야 합니
다. 보고서를 작성하듯이 자기 자신에 대한 이야기를 일방적으로 다 드러
내는 것이 아니라 진지하고 솔직한 분위기 속에서 속 깊은 대화를 통해 이
루어져야 한다는 것입니다. 심지어 사소한 대화도 자기 자신의 진면목을
드러낼 수 있는 수단이 됩니다. 가장 좋은 것은 '말씀을 가운데 놓고' 함께
대화하는 것입니다. 연예인 이야기나 정치, 사회 이야기를 하는 것도 아무

런 대화가 없는 것보다는 낫겠지만 장기적으로 볼 때는 유익하지 않습니다. 좋은 신앙 서적을 함께 읽으며 대화를 하고, 성경 공부 모임에 같이 참여하여 토론하고, 하나님 말씀이 자기 삶에 어떤 영향을 끼치고 있는지, 그리고 배우자에게는 어떤 영향을 끼치고 있는지를 함께 나눌 수 있을 때, '드러냄'은 자기 몰입이나 자기 포장에서 벗어날 수 있습니다.

물론 그런 '영적인 대화(?)'만이 전부가 되어서는 안 됩니다. 성경과 교리를 중심으로 하는 대화가 기본적인 바탕이 되어야겠지만 가정에 대한 이야기, 자녀에 대한 이야기, 일에 대한 이야기, 친구에 대한 이야기, 미래에 대한 이야기 등 서로를 더 많이 이해할 수 있도록, 더 많은 생산적 주제를 가지고 대화할 수 있어야 합니다. 이때 남자들은 강압적이거나 귀찮다는 느낌을 주지 않도록 노력해야 하고, 여자들은 혼자 떠드는 분위기가 되지 않도록 주의해야 합니다. 서로의 상태와 마음과 생각에 주의 깊은 관심을 가지고 대화로써 배우자를 섬길 때, 우리의 '드러냄'은 따뜻한 '덮어 줌'을 만나게 됩니다.

제대로 덮어 주라

'덮어 줌' 역시 시간과 노력이 필요합니다. 결혼 후 만난 그 남자(혹은 여자)는 연애할 때의 그 사람이 아닙니다.

결혼에는 그 자체로 배우자의 실체를 드러내는 진실의 힘이 있습니다.

자신이 알고 있던, 그리고 기대하던 그 사람이 아님을 감지하는 데에는 그다지 많은 시간이 걸리지 않습니다. 그 당혹스러움과 낯섦을 감당하려면 시간이 필요합니다. 배우자가 자신의 결점을 바로 덮어 주지 않는다고 화를 내서는 안 됩니다. 대부분의 사람들은 상대가 자기 자신을 정직하게 드러낸다고 해도 그것을 바로 덮어 줄 만한 힘을 가지고 있지 못하기 때문입니다. 그것은 사랑하지 않기 때문이 아니라 어떻게 사랑해야 하는지 모르기 때문입니다. 그러므로 결혼 후 만난 배우자의 낯선 모습을 온전히 사랑하는 것에는 시간과 노력이 필요합니다.

중요한 것은 '덮어 주고자 하는 마음'입니다. 우리가 만난 배우자는 '성자'(saint)가 아닙니다. 죄의 끈질김 앞에서 여전히 고뇌하고 때로 무너져 내리기도 하는 한낱 '그리스도인'일 뿐입니다. 일흔 번씩 일곱 번 용서하라는 주님의 말씀을 가장 크게 적용해야 할 대상은 '배우자'입니다. '우리에게 죄 지은 자를 사하여 준 것같이 우리 죄를 사하여 주옵소서'라는 기도의 대상도 일차적으로 '배우자'가 되어야 합니다. 우리는 우리를 용서하신 그리스도의 그 한없는 사랑의 혜택을 배우자를 향해 쏟아부어야 합니다. 만 달란트를 탕감받아 놓고서는 백 데나리온 빚진 친구를 용서하지 않았던 어리석은 종이 되어서는 안 됩니다.[41]

---

41 고백하는 생활 방식을 돕기 위한 몇 가지 습관들이 있습니다. 첫째, 사랑의 마음으로 정직하기입니다. 사랑으로 말하지 않는 진리는 도움이 되지 못합니다. 상대방의 문제를 다루기 전에 먼저 우리의 상처와 분노, 쓰라림을 다루어야 합니다. 둘째, 사실이 드러날 때 겸손하기입니다. 겸손이란, 상대방이 우리에게 다가올 때 기꺼이 고려하는 마음을 의미합니다. 그것은 우리가 아직 목표에 도달하지 못했음을, 여전히 날마다 은혜가 필요한 죄인임을, 이 순간 우리가 우리 구세주의 사랑을 받고 있음을 기억하는 것을 의미합니다. 셋째, 변명하지 않기입니다. 변명

물론 쉬운 일은 아닙니다. '나에게 잘못을 저지른 사람'을 용서해 준다는 것은 유쾌하지 않은 일입니다. 나를 화나게 하거나 같은 잘못을 반복하는 배우자를 받아 주라는 권면은 아무래도 거리낌이 있습니다. 하지만 불편한 기분이 든다고 하여 '용서의 권면'을 무시하는 것은 하나님께서 베푸신 용서의 능력을 무시하는 것과 같습니다.

용서할 수 있는 방법

성경은 불쾌한 사건에 유쾌한 감정을 가지라고 명령하고 있는 것이 아닙니다. 불쾌한 사건에도 불구하고 용서하라고 말하고 있는 것입니다. 용서는 '있는데 없는 척 넘어가 주는 위선적인 행태'를 말하지 않습니다. 성경이 말하는 용서는 '나를 불쾌하게 만든 배우자'에게 아무것도 요구하지

을 하지 않는 것이란, 우리의 의로움을 위한 논리를 세우려는 충동에 저항함을 의미합니다. 그것은 우리만이 유일한 죄인이 아님을 상대방에게 확실히 알려 형세를 역전시키려 하지 않음을 의미합니다. 넷째, 잘못을 빨리 인정하기입니다. 재빨리 문제를 해결해야 합니다. 재빨리 용서를 구하고 재빨리 화해를 청하고 재빨리 용서를 해 주고자 노력해야 합니다. 해가 지도록 분을 품지 않도록 하십시오. 다섯째, 귀를 기울이고 검토하기입니다. 우리는 자신의 독선적 성향과 싸울 책임이 있습니다. 변화는 잘못을 인정하는 것으로만 이루어지지 않습니다. 상대방의 말을 통해 자신의 모습을 면밀히 검토해야 합니다. 올바른 자기 인식이야말로 변화와 성장의 기초입니다. 여섯째, 고백을 격려하며 환영하기입니다. 우리가 주께 받은 것과 같은 은혜로 고백을 환영할 때, 상대방에게 오히려 더 고백할 용기와 소망을 주게 됩니다. 판단하지 말고 환영합시다. 일곱째, 잘못에 직면할 때 인내하고 오래 참고 온화한 마음을 품기입니다. 변화는 과정입니다. 한 번의 사건으로 일어나는 것이 아닙니다. 변화를 이루는 것도 주께서 하시는 일입니다. 인내하고 참아야 하는 이유입니다. 여덟째, 과거로 돌아가지 않기입니다. 같은 대화를 반복하여 실패를 거듭하지 마십시오. 아홉째, 그리스도께 우리의 소망을 두기입니다. 고백은 우리 자신에게 소망을 두는 일을 포기하게 이끕니다. 고백은 우리가 얼마나 약하고 이기적이고 빈곤하고 변덕스럽고 반항적인지 인정하는 것입니다. 예수 그리스도만이 우리의 소망이 되심을 믿게 됩니다. 십자가의 그늘이 우리의 결혼 생활에 드리울 때 우리는 다르게 살고 다르게 관계 맺을 수 있습니다. 자세한 것은 폴 트립의 『6가지 사랑의 약속』 94-99페이지를 참고하세요.

다섯째, 은혜가 이끄는 결혼 생활

않고 계속하여 친절히 대하는 태도입니다. 어떻게 그렇게 할 수 있을까요? 불쾌감을 선사했던 배우자의 언행이나 태도가 나의 인격에 본질적인 피해를 주지 않는다는 확신, 곧 하나님의 용서하심이 이미 나의 인격을 완성했다는 믿음을 붙잡을 때 그렇게 할 수 있습니다.

> 자신의 자존감이 아내의 인정에 달려 있다고 믿는다면 아내의 못마땅한 행동을 자신의 중요감의 필요에 대한 심각한 위협으로 오판할 것입니다. 그리스도는 충만한 분이기에 배우자의 행동이 자신의 필요와 아무 상관없다는 점을 이해해야 합니다. 그런 깊은 확신이 있다면 배우자의 행동에 따른 자신의 감정에 대한 이기적 집착에서 벗어날 것입니다.[42]

드러냄과 덮어 줌의 원리로 거룩을 향해 전진하라

결혼 생활은 '드러냄과 덮어 줌'의 원리를 통해서 하나님의 거룩하심을 향해 전진하는 성화의 과정입니다. 그러므로 자신의 단점을 가리고자 더 두꺼운 가면을 쓰거나 배우자의 단점이 드러나자마자 깊은 실망감으로 자포자기해서는 안 됩니다. 적당히 적응해 버려서도 안 됩니다. 언제든 부서져 버릴 수 있는 피상적인 행복에 스스로 속아서는 안 된다는 것입니다. 결혼 생활은 복음을 만난 사람들이 살아가는 '거룩한 삶'의 일부입니다. 여기에는 그리스도의 은혜가 반드시 필요하고 더욱 거룩해져 가려는 성도의 책임도 반드시 필요합니다. 그러기 위해서는 남편과 아내가 함께 성경

---

42 래리 크랩, 『결혼 건축가』(서울: 두란노, 2001), 203.

적 원리를 붙들고 그 길을 걸으려는 노력이 필요합니다. '함께' 걸어야 합니다. 늦게 가는 것은 문제가 아닙니다.

결혼을 말하다

여섯째

여섯째,
사랑이 이끄는 결혼 생활

복음, 은혜, 그리고 사랑

앞서 우리는 올바른 결혼 생활을 위해서 두 가지의 큰 주제 안에 '결혼'을 담아 살펴봤습니다. 복음과 은혜입니다. 복음은 모든 것을 '자아'로 잡아끄는 죄의 본성을 무너뜨리고, 서로를 진심으로 섬기게 만듭니다. 은혜는 두려움을 없애고 '정직한 고백과 놀라운 용서'를 이끌어 냅니다. 이로 말미암아 부부는 "함께" 거룩해져 갑니다. 결국 복음과 은혜 안에서 서로를 바라보는 부부는 참된 사랑의 실체를 만납니다. 이번 장에서는 성경이 말하는 사랑의 의미를 찾아보고, 부부가 힘써야 할 사랑이 어떤 것인지를 살펴보겠습니다.

낭만적 사랑과 참된 사랑

오늘날과 같은 문화 속에서 부부가 낭만적인(로맨틱한) 사랑에서 벗어나서 성경이 말하는 참된 사랑으로 들어가는 것은 쉽지 않습니다. C. S. 루이스는 『사랑의 비유』(*The Allegory of Love*)에서 이렇게 말합니다.

> 참된 사랑이 눈에 들어오지 않는 이유는, 우리가 현대 유럽의 관능적인 전통에 너무 익숙해졌기 때문에 낭만적인 사랑을 너무나 자연스럽고 보편적인 것으로 생각하여, 그 근원에 대해 더 이상 알려고 하지 않기 때문이다. 그래서 사랑은 멋지고 품위 있는 열정적인 행동이라는 생각이 당연시되는 듯하다.[43]

C. S. 루이스는 수십 년 전 영국에서 활동하던 문학가입니다. 그는 그때 당시 유럽 사회가 '사랑을 어떤 관점으로 보고 있는지'를 설명하고 있습니다. 그런데 수십 년의 시간을 가로질러서 그때 당시의 유럽 문화가 오늘날 우리의 문화가 되었음을 부정할 수 없습니다. 오늘날 한국 사회도 사랑과 낭만을 동일시하고 있다는 말입니다.

'사랑에 빠지다'라는 표현 자체가 사랑을 낭만적인 감정으로 여기고 있음을 증명합니다. 세계화와 인터넷의 발달로 서구 문화가 전파하는 '헐리우드식의 사랑'이 급속도로 파고들면서, 특히 젊은 세대들은 마치 자신이 서양 영화 속의 주인공이 된 것처럼 '낭만에 미치고 성에 미쳐 가고' 있습니다.

---

43 더글라스 윌슨, 『결혼 개혁』(서울: 미션월드라이브러리, 2011), 81.

누군가와 사랑에 빠지게 되면 우리는 대개 그 사람을 사랑한다고 생각한다. 하지만 사실은 그렇지 않다. 그 사람이 누구인지 당신은 알 수 없다. 사람을 알아 가는 데는 긴 시간이 필요하기 때문이다. 실제로는 그 사람에 대해서 당신이 가지고 있는 생각을 사랑하는 것이다.[44]

'이상형'이라는 용어가 정확히 그것을 설명합니다. 자신이 사랑하기로 결정한 사람을 사랑하는 것에는 시간과 노력이 필요하지 않습니다. 그저 빠져들면 됩니다. 하지만 그 사람이 누구인지 알지 못하고 하는 사랑은 사랑이 아닙니다. 이미 사랑에 빠지는 것만을 사랑으로 여기는 젊은이들에게 '낭만'은 결혼의 결정적 요인이 아니며 성경이 말하는 사랑과 큰 차이가 있다는 것을 납득시키기가 참 어려운 시대입니다.

감정은 위험할 수 있다

그러나 낭만이라는 감정이 결혼 생활을 지배하면 매우 위험합니다. 이 감정이 사랑을 방해할 수도 있기 때문입니다. 무슨 소리일까요? 팀 켈러는 감정이 위험할 수 있다고 주장하면서 다음과 같이 말합니다.

감정이라는 것은 도무지 일관성이 없기 때문이다. 감정은 복잡한 신체적, 심리적, 사회적 요인들이 작용할 때마다 널을 뛰기 십상이다. 불같이 솟구쳤다가 이내 사그라진다. 갑작스럽게 짜증이 날 때도 있다. 좋아하고 싫어하는 것은 죄도 아니고 미덕도 아니다. 중요한 것은 감정을 가지고 무엇을 하느냐이다. 현대 문화가 부추기는 대로 사랑을 '좋아하는 느낌'이라고 규정한다면,

---

44 팀 켈러, 『팀 켈러, 결혼을 말하다』(서울: 두란노, 2014), 123-124.

그러니까 강렬한 느낌을 주는 행동만을 '진짜배기' 사랑으로 여긴다면 누구나 나쁜 친구, 더 나아가 끔찍한 가족이나 배우자가 될 수밖에 없다. … '사랑'을 정의할 때 남을 위하는 행동보다 애틋한 감정에 비중을 두면, 사랑하는 관계를 든든히 지키고 성장시키는 동력이 심각하게 훼손된다.[45]

이것을 이해하는 것은 매우 중요합니다. 결혼 이후에는 연애 때의 감정과는 또 다른 감정을 겪을 수 있기 때문입니다. 달달하고 상큼한 감정이 순식간에 불쾌하고 짜증나는 감정으로 변할 수 있습니다. 결혼 생활에서는 배우자의 무뚝뚝하고 지저분하고 이기적인 습성이 아주 쉽게 포착되기 때문입니다. 많은 신혼부부들이 거의 초기부터 상대를 향한 즐거운 감정을 잃어버립니다. 그럴 때면 매우 당혹스러워하면서 '혹시 내가 잘못된 결혼을 한 건 아닐까'라는 생각이 들 수 있는데, 사랑은 낭만이라는 감정에 지배당하지 않는다는 사실을 기억해야 합니다.

기분 좋은 감정이 사랑의 기초가 아니라 사랑으로 말미암아 기분 좋은 감정이 만들어집니다.

그러므로 쉽게 부서지는 감정을 따라 행동할 것이 아니라 사랑을 더 단단하게 만들어 갈 방법을 찾는 것이 현명합니다. 진정한 사랑은 시간이 필요합니다.

---

45 위의 책, 130-131.

우정이라는 이름의 사랑

낭만적인 사랑에서 눈을 돌리게 되면, 우리는 '우정'이라는 단어를 만나게 됩니다.

> 행복한 결혼 생활의 열쇠는 끈끈한 우정입니다. 여기서 우정은 서로를 존중하고 서로 함께하는 시간을 즐거워하는 것을 말합니다. 이런 부부는 서로를 잘 압니다. 상대방의 취향이며 유별난 성격과 꿈까지 모르는 것이 없습니다. 이런 부부는 늘 서로를 존경하고, 특별한 경우가 아니라도 일상 속에서 소소하게 애정을 표현하며 살아갑니다. 우정이 있는 가정에는 좀처럼 미움이 침범하지 못하기 때문에 우정은 사랑의 열쇠라고 할 수 있습니다.[46]

낭만이라는 감정을 배제하고 친구와 같은 우정을 만들어 가는 것이 행복한 부부 관계의 핵심입니다. 이것은 결혼을 다루는 가정 상담의 이론이 아닙니다. 잠언 2장 16-17절에서 전하는 있는 진리의 교훈입니다.

> 지혜가 또 너를 음녀에게서, 말로 호리는 이방 계집에게서 구원하리니 그는 젊은 시절의 짝을 버리며 그의 하나님의 언약을 잊어버린 자라 _잠언 2:16-17

여기서 사용된 단어 '짝'(히: 알루프)은 문맥상 아내를 의미하는데, 원어상의 의미는 '가장 친한 친구'입니다. NIV는 'partner'로 번역하였고, KJV은 'guide'로 번역하였습니다. 즉, 아내는 가장 친한 친구이며 동반자이고 안

---

[46] 마크 드리스콜, 그레이스 드리스콜, 『결혼은 현실이다』(서울: 두란노, 2013), 56.

내자입니다. 이것은 아내만이 아니라 남편에게도 적용됩니다. 부부는 서로에게 '친구'입니다. 아가서 5장 16절에는 다음과 같은 구절이 있습니다.

이는 내 사랑하는 자요 내 친구로다 _아가5:16

여기서는 아내가 남편을 친구로 표현합니다. 신약을 근거로 찾아보면, 남편과 아내를 그리스도와 교회로 비유한 것에서 '친구'의 의미를 찾을 수 있습니다. 요한복음 15장 14-15절에서 예수님은 제자들을 향해 '친구'라고 말씀하십니다. 남편에게 그리스도적인 사랑을, 아내에게 교회적인 순종을 요청하는 신약 성경의 의도를 볼 때, 남편과 아내는 가장 친밀한 친구 관계라고 해석할 수 있습니다.

우정이란 무엇인가?

그렇다면 우정이란 어떤 것일까요? 아우구스티누스는 고백록(4권 8장 13절)에서 우정을 이렇게 말합니다.

> 그것은 서로 말하고 웃는 것, 읽는 것, 서로 농담하거나 심각한 이야기를 하는 것, 때로는 의견을 달리하면서도 자기 자신을 대하듯 기분 나쁜 감정을 품지 않는 것, 가끔 있는 의견의 불일치를 통해 전체의 의견 일치를 자주 이루도록 하는 것, 때로는 서로 가르치고 서로 배우는 것, 그리고 친구가 없으면 무척 보고 싶어 하고 서로 만나면 즐거운 마음으로 반겨 주는 것 등이었습니다. 이처럼 사랑을 서로 주고받는 사람들의 마음에서 생기는 표현은, 얼굴의 표정, 혀, 눈, 그리고 수천 가지의 애교 있는 동작으로 나타나 우리의 혼을 함

께 불태워 여럿을 하나로 만들어 놓았습니다.[47]

C. S. 루이스는 낭만주의와 눈물 어린 희극과 '자연으로 돌아가라'는 구호와 감성 예찬의 시대가 도래하자 사람들은 점점 감정의 탐닉 속으로 빠져들기 시작하였고, 현대의 감상주의자들을 만족시킬 만한 눈물 어린 미소가 없는 우정은 그저 시시하고 매가리 없는 것으로 여기게 되었다고 말합니다. 또한 그는 "뭐, 너도? 나는 나만 그런 줄 알았었는데"라는 탄성에서 우정이 시작된다고 말합니다. 그런 의미에서 그는 '당신은 나를 사랑합니까'라는 말은 '당신도 같은 진리를 보고 있습니까' 혹은 적어도 '당신도 이 진리에 관심이 있습니까'라는 의미라고 설명합니다.[48]

아우구스티누스와 C. S. 루이스가 말하고 있는 우정을 정리해 보면, "우정이란 서로 사랑을 고백하는 두 사람이 같은 목표를 향해 나가는 가운데 차츰 깊어 가는 '하나 됨'을 가리킵니다."[49] 같은 신앙, 같은 목표, 같은 감정, 같은 영광을 바라보며 서로를 지극히 그리워하는 감정, 그것이 바로 우정입니다.

> 행복한 결혼 생활은 사랑이 있는 결혼 생활이고, 사랑이 있는 결혼 생활은 배우자들이 친구처럼 서로 애정을 느끼는 것입니다. 그들은 서로 좋아하고, 함께 즐거워하며, 서로를 잘 알고, 서로 같이 있는 것을 좋아합니다. 이런 관점

47 어거스틴, 『(성 어거스틴)의 고백론』(서울: 대한기독교서회, 2001), 131.
48 C. S. 루이스, 『네 가지 사랑』(서울: 홍성사, 2006), 108-109.
49 팀 켈러, 『팀 켈러, 결혼을 말하다』(서울: 두란노, 2014), 155.

에서 보면 우정이 없는 결혼 생활은 좋은 결혼 생활이 될 수 없습니다.[50]

부부간에 우정을 키우기 위한 방법

결혼 생활에서 부부간에 우정을 키워 나가기 위해서는 무엇을 해야 할까요? 시간을 함께 보내고 소소한 대화를 나누는 것입니다. 우정은 대단한 사건 하나로 만들어지는 것이 아니라 사소한 순간들이 쌓여서 만들어집니다. "연합과 이해와 사랑이 있는 결혼 생활을 하고자 한다면, 사소한 순간을 중심으로 접근해야 한다는 것입니다."[51]

그런 의미에서, 첫째, '시간을 함께 보내는 것'은 우정 만들기의 핵심입니다. 서로에게 시간을 투자해야 합니다. 대개 남자들은 사회생활을 중심으로 시간을 씁니다. 다양한 오락거리나 취미 활동에 사용하기도 합니다. 여자들도 마음이 맞는 친구들과 시간 보내는 것을 더 좋아할 수 있습니다. 최근에는 스마트 기기의 발달로 남녀 모두 휴대폰이나 PC, 그리고 텔레비전에 많은 시간을 써 버립니다. 이 모든 시간들이 나름의 의미가 있지만, 삶을 충만케 해 주는 본질적인 시간들은 아닙니다. 결혼 관계가 부서지면 그 어떤 것으로도 보상받을 수 없습니다. 삶의 굴곡과 흔들리는 시간을 만날 때 깊은 우정을 품고 서로를 신뢰하기 위해서는 평상시에 '함께하는 시

---

50 마거릿 킴 피터슨, 드와이트 N. 피터슨, 『결혼, 평생의 여행을 떠나기 전 알아야 할 것들』(서울: 생명의말씀사, 2014), 103.
51 폴 트립, 『6가지 사랑의 약속』(서울: 아바서원, 2015), 64.

간'을 보내야 합니다. 이를 위해 노력해야 합니다. 이 시간은 너무나도 중요하기 때문에 자녀와 보내는 시간, 부모와 보내는 시간, 친구와 보내는 시간을 줄여서라도 확보해야 합니다.

> 결혼에 있어서 목자 리더인 당신(남편)이 우선권을 확보하고 계획을 짜서 솔선수범을 보여야 합니다. 이것은 당신의 삶에서 가장 소중한 것이 바로 그녀와 함께한다는 것임을 그녀에게 보여 줌으로써 당신의 사랑을 표현하는 매우 중요한 하나의 방법입니다.[52]

둘째, '소소한 대화를 나누는 것'도 우정 만들기의 핵심입니다. 어떤 사건에 대한 자신의 감정과 생각, 그리고 생활 속에서 공유하고 있는 주제들에 대한 의견들을 그때마다 나누는 것은 정서적인 친밀도를 높입니다. 물론 상대방의 기분과 생각도 잘 들어주어야 합니다. 그 사람이 무엇을 원하는지, 나에게 어떤 것을 필요로 하는지, 무엇을 좋아하고 무엇을 싫어하는지를 알기 위해 노력해야 합니다. 소소한 대화를 통해서 배우자의 습관과 기호, 생각과 감정을 알아 가는 것 자체가 '하나 됨'을 이루는 중요한 과정입니다. 이것을 기억하십시오.

> 우리 인생의 성격과 질은 사소한 순간들로 정해집니다. 우리는 매일 우리 인생의 토대에 작은 벽돌을 얹습니다. 말의 벽돌, 행동의 벽돌, 사소한 결정의 벽돌, 사소한 생각의 벽돌, 작은 욕망의 벽돌이 다 합해져서 당신의 결혼 생

---

52 티모시 위트머, 『어떻게 사랑할 것인가』(서울: 강같은평화, 2016), 48.

활이라는 건물이 세워집니다. 부부 관계는 한순간에 나빠지지 않습니다. 부부 관계의 성격은 하나의 큰 사건으로 정해지지 않습니다. 그것은 점진적으로 달콤해지고 아름다워집니다. 부부의 사랑은 매일 행하는 어떤 일들에 의해 발전하고 깊어집니다. 이는 슬프게도 부부 관계가 퇴보하는 경우에도 마찬가지입니다.[53]

그러므로 부부간의 친밀한 우정을 위해서 '시간을 함께 보내는 것'과 '소소한 대화를 나누는 것'에 힘을 기울이지 않는다면 결혼이라는 건축물은 한꺼번에 무너질 수도 있습니다. 적당히 포기하면서 살다가 짜증이 한꺼번에 밀려오는 날에는 활화산처럼 타오르기도 하고, 사소한 잘못들을 머릿속에 기록해 놓고서는 끝없이 배우자 탓을 하며 살기도 합니다. 사소한 순간들을 중요하게 여기십시오. 결혼이라는 건축물을 위해 매일 튼튼한 벽돌을 쌓으십시오. 상대방이 더 수고해 주기를 바라지 말고 내가 쌓아야 할 매일의 벽돌을 올리십시오. 배우자와의 우정 만들기가 생활 방식이 되도록 매일 애쓰십시오. 어느 순간 배우자가 좋아하는 것을 좋아하게 될 것이고, 배우자가 말하는 것처럼 말하게 될 것이며, 배우자가 짓고 있는 표정을 똑같이 짓고 있을 것입니다. 아우구스티누스가 말한 것처럼 '서로를 열렬히 환영하는 우정'이 만들어질 것입니다.

우정은 배우자 선택을 하는 기준 중에 하나다

부부 관계의 핵심이 '우정'이라면, 배우자를 선택할 때도 우정의 요소를

---

53 폴 트립, 『6가지 사랑의 약속』(서울: 아바서원, 2015), 64-65.

반드시 고려해야 합니다. 현대 문화에서는 배우자의 선택 기준을 성적인 매력, 곧 에로틱한 사랑에 기반하는 경우가 많습니다. 어떤 이성이 에로틱한 감정을 강렬하게 주면 그것을 사랑이라 믿고 성급하게 결혼을 결정합니다. 하지만 결혼의 목표가 둘이 '하나 됨'으로 그리스도와 교회의 모습을 보이고 하나님의 영광을 드러내는 것에 있다면, 배우자를 결정할 때 '에로틱한 사랑'보다는 '우정'에 더 큰 점수를 주어야 마땅합니다. 우정이야말로 같은 길을 걷게 만드는 최고의 애정이기 때문입니다. "보통은 일차적으로 연인을 떠올리며 배우자감을 생각하지만 그리스도인은 먼저 우정을 나눌 가능성을 검색해야 합니다."[54]

부부간의 우정을 위해 정리해야 할 것

성경은 '부부를 가장 막역한 친구 사이'로 정의합니다. 여기에 기반하여 우리는 세 가지 측면에서 결혼 생활을 정리할 수 있습니다.

첫째, 결혼 전 친구들과의 관계입니다. 관계를 싹 다 정리하라는 말은 아닙니다. 결혼 후에도 여전히 청년 시절의 친구들과 우정을 나눌 수 있습니다. 그러나 우정의 질서는 재편되어야만 합니다. 배우자가 항상 최고의 친구입니다. 배우자에게 할 수 없는 말을 친구들과 공유할 수 있다는 생각을 버리십시오. 배우자는 친구들만큼 나의 말을 이해해 줄 수 없을 것이라는 생각도 버리십시오. 나와 친구들의 특별한 관계 속에 배우자는 끼어들

---

54 팀 켈러, 『팀 켈러, 결혼을 말하다』(서울: 두란노, 2014), 166.

수 없다는 생각은 잘못된 것입니다. 배우자는 내 업무의 특성을 알지 못하기 때문에 직장 동료처럼 대화할 수 없을 것이라고 생각해서도 안 됩니다. 단연코 배우자는 인생 최고의 친구가 되어야 합니다. 어떤 친구도 배우자보다 앞설 수 없습니다. 결혼 전 친구들, 직장 동료, 교회 지체, 심지어 친형제자매들과마저도 배우자보다 더 친밀해서는 안 됩니다. 나의 가장 깊은 비밀을 알아야 하는 존재는 친구들이 아니라 배우자입니다. 배우자 앞에서 할 수 없는 말을 친구들에게 하고 있다면 우정의 순서를 다시 배치해야 합니다. 다시 한 번 말씀 드립니다.

> 친밀함의 열쇠는 대화입니다. 마음으로 가는 길은 귀를 통한다는 옛말도 있지 않습니까? 우정에 관한 한 책을 보면 대화에는 사실, 의견, 감정이라는 세 가지 수준이 있습니다. 대부분의 대화는 사실로 이루어져 있습니다. 날씨가 덥거나 춥고, 피곤하고, 우리 팀이 이기고, 기름값이 비싸졌다는 식의 대화가 그런 경우입니다. 관계가 좀 더 친밀해지면 사실에서 개인적인 의견으로 넘어갑니다. 이는 자신을 살짝 열어 보이는 단계입니다. 신학이나 정치, 주변 사람들 같은 것에 대한 의견을 나누기 시작합니다. 관계가 가장 친밀한 수준까지 들어가면 감정을 나누기 시작합니다. 자신이 무엇을 하는지(사실)와 무엇을 믿는지(의견)를 넘어 자신이 누구인지(감정)를 드러냅니다.[55]

배우자와의 대화는 '사실 수준'에 불과한데 친구와의 대화는 '감정 수준'이라면 관계의 질서가 뒤바뀐 것입니다. 배우자와 '사실, 의견, 감정'을 모두 나눌 수 있는 우정 관계가 되어야 합니다. 특히 신혼 시절에는 이 관계를

---

[55] 마크 드리스콜, 그레이스 드리스콜, 『결혼은 현실이다』(서울: 두란노, 2013), 69.

우선순위에 놓고 모든 노력을 기울여야 합니다. 가능하다면 친구나 친지 등 이 관계를 방해하는 사람들과의 만남도 제한해야 합니다. 그만큼 부부 관계는 중요합니다.

둘째, 시간을 정리해야 합니다. 결혼 전에 자신이 자유롭게 사용하던 시간은 이제 '자신만의 시간'이 아니라는 점을 기억하십시오. 이 점은 '특히 자율과 독립을 중시하는 남성들'이 기억해야 합니다. 남편들은 시간을 아내와 공유하기 위해 노력해야 합니다. 취미 활동, 운동, 게임, 친구들과의 정기적인 만남, 문화 활동 등 그동안 홀로 즐겼던 시간들이 이제는 더이상 '나 혼자만의 것'이 아님을 알아야 합니다. 부부 사이에도 홀로 있는 시간이 필요한 것은 맞습니다. 그러나 그 시간도 반드시 배우자의 양해를 받아야 합니다. 부부는 '한 몸 관계'입니다. 그 누구도 자기 것을 주장할 수 없습니다. 그러므로 시간 사용에서 우선순위를 다시 정하십시오. 다음 두 개의 글을 읽어 봅시다.

> 당신(남편)의 삶에서 하나님 다음으로 아내가 가장 중요한 순위를 차지해야 한다. 그런데 많은 남자들이 아내를 얻는 과업을 성공적으로 달성한 후에는 직업이나 취미 생활과 같은 다른 과업을 향해 달려가 버린다. 그리스도인 남편으로서 당신은 절대 그래선 안 된다. 그리스도와의 관계를 제외하고는 그 어떤 것도 아내를 섬기는 일보다 우선순위가 되어서는 안 된다.[56]
>
> 한 남자가 한 여자와 만나 교제하게 될 때, 그는 마치 그 여인과 모든 면에서 공통의 관심사를 가진 것처럼 행동한다. 여자는 그의 행동을 보면서 서로가

---

[56] 루 프리올로, 『아내를 알고 사랑하는 온전한 남편』(서울: 미션월드라이브러리, 2008), 47.

같은 목표를 공유하고 있다고 생각할지도 모르나, 사실 그 남자에게 있어서 연애나 결혼은 하나의 '당면 과제'일 뿐이다. 그 여자는 결혼한 뒤 얼마 지나지 않아 남편의 변화를 감지한다. 그리고 남편에게 무슨 일이 생긴 것은 아닌지, 남편의 애정 어린 관심은 어디로 간 것인지 염려하며 의아해하게 된다. 그러나 아내를 얻는 임무를 끝마친 남자는 어리석게도 부인을 소홀히 대하면서 다른 일들에 분주해진다.[57]

두 명의 다른 저자가 관찰한 남자의 특징인데, 두 저자 모두 '남자는 결혼을 일종의 과업으로 여긴다는 점'을 지적합니다. 남자는 결혼을 나이가 차면 해결해야만 하는 숙제 정도로 여긴다는 것입니다. 이런 남자들은 결혼을 자신의 인격과 정체성의 일부로 받아들이기 때문에, 이것을 이루기 위해 수단 방법을 가리지 않고 달려듭니다. 관심과 애정을 마구 퍼부으면서 여자에게 모든 것을 다 맞춰 줍니다.

문제는 그 숙제를 마친 다음입니다. 당면 과제를 성공적으로 달성한 남자는 더 이상 이 숙제에 시간과 정성을 쏟지 않습니다. 아니, 그럴 마음이 없어집니다. 배우자를 내팽개치고 다음 과제를 향해 달려갑니다. 다음 과제는 대개 직장 생활입니다. 만약 아내가 가정과 직장 사이의 불균형 때문에 불만을 토로하고 있다면, 거의 대부분 그 말이 사실일 가능성이 높습니다. 그러므로 변명과 핑계로 상황을 모면하기 위해 애를 쓰기보다는 아내와의 대화를 통해서 어떻게 시간을 조정할지 결정하는 것이 낫습니다. 자신의 입장을 말하기보다 아내의 감정과 상태를 주의 깊게 듣도록 노력해

---

57 더글라스 윌슨, 『결혼 개혁』(서울: 미션월드라이브러리, 2011), 83.

야 합니다. 아내도 마찬가지입니다. 반드시 남편과 합의하여 '개인 시간'을 가져야 합니다. 결혼 전에는 당연히 '홀로 사용하던 시간'이 이제는 '함께 사용해야 하는 시간'이 되었음을 빨리 받아들여야 합니다.

우리는 수많은 일들에 치여서 삽니다. 바쁘고 분주한 것이 미덕이 되어 버린 사회에서 서로를 위해 시간을 내어 주는 일은 분명 쉽지 않습니다. 하지만 우정을 쌓기 위해서는 '노력'이 꼭 필요합니다. 배우자와 공유하는 시간이 많아질수록 몸과 마음이 하나 될 수 있습니다. 반대로 배우자와 공유하는 시간이 적어지면 몸과 마음도 멀어질 수밖에 없습니다. 자칫하면 몸의 불륜이나 마음의 간음이 파고들 여지가 생길 수 있습니다. 배우자에게 우선순위를 두고 시간을 사용할 때 이상한 유혹이 틈타지 않습니다. 배우자 몰래 사용하는 시간을 없애십시오. 배우자와 함께 있는 시간을 늘리십시오. 시간의 우선순위를 배우자에게 두십시오.

셋째, 즐거움을 공유해야 합니다. 전도서 9장 8-9절입니다.

하나님이 해 아래에서 네게 주신 모든 헛된 날에 네가 사랑하는 아내와 함께 즐겁게 살지어다. 그것이 네가 평생에 해 아래에서 수고하고 걷은 네 몫이니라 _전도서 9:8-9

전도자는 '사랑하는 아내와 함께 즐겁게 사는 것'이 흘러가는 인생 속에서 우리가 얻게 되는 몫이라고 말합니다. 전도서는 '해 아래의 모든 삶이 헛되다'는 것에 강조점을 두고 있는데, 그럼에도 불구하고 '아내와 함께 즐겁게 사는 것'에는 일정한 의미가 있다고 말합니다. 그만큼 부부간의 친밀함은 가치가 있습니다. 배우자는 즐거움을 함께할 가장 우선적인 존재입니다. 하나님께서 인생에게 주신 시간은 길지 않습니다. 전도서의 관점에 따르면, '한 호흡'에 불과합니다. 그 짧은 인생을 슬퍼하고 괴로워하고 염려하면서 보내는 것은 어리석습니다. 하나님은 우리에게 수많은 선물을 주셨고 그것을 누리라고 격려하십니다. 그러므로 우리는 할 수만 있다면 하나님의 선물을 누리는 인생을 살아야 합니다. 특히 배우자와 함께 즐거워해야 합니다.

결혼 전에 친구들과 함께 맛보았던 즐거움이 있다면 이제는 배우자와 공유해야 합니다. 배우자가 알지 못하는 즐거움을 다른 사람들과 공유해서는 안 됩니다. 간혹 동호회 모임에 홀로 참여하는 남편이나 아내가 있는데, 이것은 매우 바람직하지 않습니다. 등산하는 즐거움, 맛집을 다니는 즐거움, 자녀를 키우는 즐거움, 운동하는 즐거움, 책을 읽는 즐거움, 영화를 보는 즐거움, 산책하는 즐거움, 여행하는 즐거움 등, 모든 즐거움을 배우자와 함께하도록 노력해야 합니다. 인생 최고의 벗은 즐거운 일을 함께할 때 만들어집니다. 배우자는 육체적, 정서적, 신앙적 즐거움을 공유할 수 있는 유일한 존재입니다. 배우자가 즐거운 일을 공유하는 존재가 되면 어느덧 배우자 자체를 즐거워하게 됩니다. 배우자와 함께 있는 시간을 항상 기대하게 됩니다. 배우자를 열렬히 환영하게 된다는 것입니다.

이때 '즐거움'을 억지로 강제해서는 안 된다는 점은 주의해야 합니다. 처음부터 같은 즐거움을 공유할 수는 없습니다. 30여 년 동안 다른 지점에서 재미를 찾고 편안함을 누리던 사람에게 '나처럼 즐거워하라'고 강요하는 것은 일종의 폭력입니다. 활동적인 것에 행복을 느끼는 사람이 있는가 하면 정적인 것에서 편안함을 느끼는 사람도 있는 법입니다. 이것은 다름의 문제이기 때문에 '같음이라는 답'을 쓰기 전까지는 서로 기다려야 합니다. 중요한 것은 배우자의 기분과 감정을 항상 확인해야 한다는 점입니다. 즐겁고자 한 일이 오히려 기분을 망칠 수도 있기 때문입니다. 그러므로 '나의 왕국에서 즐거워하라'는 자기중심적인 사고방식에서 벗어나서 '하나님의 왕국에서 함께 즐거워하는 법'을 찾아가야 합니다.

부부 관계가 항상 우선이다

부부 관계는 하나님과의 관계를 제외하고 모든 관계보다 중요합니다. 에덴동산에서 하나님께서 세우신 최초의 관계는 부모 자녀 관계가 아닙니다. 남편과 아내의 관계였습니다. 배우자와의 관계는 부모와의 관계보다도 앞서 있고, 자녀와의 관계보다도 앞서 있습니다. 배우자보다 부모를 더 의지하고, 배우자보다 자녀를 더 사랑한다면, 하나님께서 목적하신 '가족 관계'는 틀어지고 말 것입니다.

결혼 생활은 부부가 함께 걸어가는 나그네 길

한 가지를 더 알아야 합니다. 지금까지 이야기한 결혼 생활은 한꺼번에 성취할 수 있는 것이 아닙니다. 결혼하자마자 배우자와 최고의 친구 관계가 될 수 있는 것은 아닙니다. 결혼하자마자 피차 복종할 수 있게 되고, 결혼식이 끝난 다음 날부터 드러난 결점을 덮어 줄 수 있는 사랑의 힘을 갖추게 되는 것도 아닙니다. 결혼 생활은 '그렇게 되어 가는 여행길'이며 부부는 '그 여행길의 동반자'입니다.

부부는 서로 손을 꼭 잡고 푯대가 되신 예수 그리스도를 목표로 같은 영광을 향해 걸어가면서 쓰러지지 않도록 붙들어 주고, 곁길로 가지 않도록 다그치고, 뒤로 가지 않도록 밀어 주는 최고의 동반자입니다. 성도로 부름을 받은 모든 이들은 험한 세상을 통과하는 나그네입니다. 인생에는 수많은 유혹이 있고 수많은 시련이 있습니다. 이 고단한 순례의 길을 즐겁고 단단하게 걸어가도록 도와주는 이가 바로 배우자입니다. 그런 의미에서 부부는 생활 여행자입니다. "두 사람이 함께함으로 인해, 따로 떨어져서는 절대로 될 수 없었던 사람들이 될 수 있습니다."[58] 이와 같은 사랑으로 꽁꽁 묶인 부부 앞에서 낭만이라는 감정 따위는 태양 앞의 반딧불밖에 되지 않습니다. 참된 사랑은 감정을 거슬러서 감정을 만들어 냅니다.

4, 5, 6강에서 했던 강의 내용을 정리하면 다음과 같습니다.

복음이 이끄는 결혼 생활은 피차 복종하게 만듭니다.
은혜가 이끄는 결혼 생활은 서로 용서하게 만듭니다.
사랑이 이끄는 결혼 생활은 둘이 하나 되게 만듭니다.

---

58 마거릿 킴 피터슨, 드와이트 N. 피터슨, 『결혼, 평생의 여행을 떠나기 전 알아야 할 것들』(서울: 생명의말씀사, 2014), 205.

결혼을 말하다

일곱째

일곱째,
한 몸의 토대, 남녀 구분

남자와 여자를 창조하시다

결혼은 '하나 됨'을 바라봅니다. 하나님은 남자와 여자가 서로를 향해 부단히 전진하여 한 몸을 이루기를 원하십니다. '한 몸'은 결혼의 본질이고, 과정이며, 목표입니다. 그런데 한 몸을 이루기 위한 전제가 있습니다. '둘'임을 아는 것입니다. 그것도 남자와 여자라는 서로 다른 존재로 창조되었음을 아는 것입니다. 남자와 여자는 '다르게' 창조되어 결혼 안에서 '한 몸'을 이루도록 설계되었습니다. 남자와 여자가 다르다는 것은 그들의 몸을 잠시 살펴보는 것으로 충분합니다. 남자는 남자의 신체적 특징을 가지고 있고, 여자는 여자의 신체적 특징을 가지고 있기 때문입니다. 성경은 여자를 더 연약한 그릇이라고 표현하여(벧전 3:7) 남자의 육체가 더 강인하다고 말합니다. 창세기 1장 27절은 남자와 여자의 창조를 이렇게 말하고 있습니다.

> 하나님이 자기 형상 곧 하나님의 형상대로 사람을 창조하시되 남자와 여자를
> 창조하시고 _ 창세기 1:27

성경의 표현은 명확합니다. 사람을 창조하시되 남자와 여자를 구분하여 창조하셨습니다. 먼저 하나님은 남자와 여자를 '하나님의 형상을 따라' 사람이라는 공통분모를 가진 존재로 만드셨습니다. 그러므로 남자는 여자를 보며, 그리고 여자는 남자를 보며 하나님의 형상을 발견하여 서로 존중해야 합니다. 남녀를 차별해서는 안 된다는 것입니다. 존 맥아더는 다음과 같이 말합니다.

> 남자와 여자는 둘 다 하나님처럼 이성을 가지고 있습니다. 남자와 여자는 둘 다 지성과 감성과 의지를 소유하고 있습니다. 그들은 그것을 통해 사고하고 느끼고 선택하고 결정합니다.[59]

그러나 남자와 여자가 완전히 같은 것도 아닙니다. 하나님은 사람을 자기 형상대로 창조하시되 남자는 남자대로 여자는 여자대로 만드셨습니다.

현대 사회의 왜곡된 남녀평등
이것을 강조하는 이유가 있습니다. 오늘날에는 남자와 여자를 구분하

---

59 존 맥아더, 『하나님의 완벽한 디자인』(서울: 베드로서원. 2007), 23.

는 행위를 혐오하기 때문입니다. 최근에는 여성 혐오와 남성 혐오가 극렬히 대치하고 있습니다. 여성 혐오 범죄가 끊이지 않고 발생하면서 그 극단적 형태로 남성 혐오라는 새로운 분위기가 형성되었습니다. '성차별 혹은 성 혐오'가 사회 문제가 된 것입니다. 남녀 차별 문제는 교회 안에서도 예민한 주제로 부각되었습니다. 진보적인 시각을 가지고 있는 학자들은 한국 교회의 가부장적 신학을 지적하며 교회 내 남녀평등을 실현하라고 요구하고 있습니다. 기독교 페미니즘도 유행입니다. 여성주의에 기초하여 성경을 재해석함으로 전통적인 기독교 용어와 예배 의식, 직분론 등을 수정하려는 움직임이 곳곳에서 일어나고 있습니다. 여성 신학에 물든 사람들은 주로 '개혁주의 신학'을 남녀 차별의 원흉으로 지목합니다. 개혁주의 신학은 교회와 가정에서 남자와 여자의 구분을 중요하게 취급하기 때문입니다.

남자와 여자는 다르게 창조되었다

성경에 따르면, 남자와 여자의 역할 구분은 타락으로 말미암아 생겨나지 않았습니다. 즉, "타락 때문에 성의 역할이 부패한 것이지 타락 때문에 다른 성이 만들어진 것이 아닙니다. 그것은 원래 하나님이 창조하신 것이기 때문입니다."[60] 이것을 이해하는 것이 왜 중요할까요? 하나님께서 남자는 남자대로, 여자는 여자대로 '성을 구분하여 창조하셨다면', 거기에는

---

60 존 파이퍼, 『남자와 여자, 무엇이 다른가?』(서울: 부흥과개혁사, 2005), 21.

특별한 목적이 있기 때문입니다. 즉 '성'(性)은 정체성 그 자체입니다. 정체성이란 존재를 형성하는 온 세계이며 그의 삶을 통제하는 기반입니다. 남자가 남자다움을 이해하는 것은 남자로의 삶을 주장하며, 여자가 여자다움을 이해하는 것은 여자로의 삶을 제대로 영위할 수 있도록 한다는 것입니다. 이것은 차별의 문제가 아니라 구분의 문제이며, 문화에 따라 규정할 문제가 아니라 창조의 섭리로 해석해야 하는 문제입니다.

죄가 남자와 여자의 구분을 파괴하였다

남녀 사이의 구분이 파괴된 것은 죄 때문입니다. 창세기 3장 16절, "너는 남편을 원하고 남편은 너를 다스릴 것이니라"는 말씀을 『ESV 스터디 바이블』의 도움을 받아서 해석해 봅시다.

이 말은 결혼 관계에서 남편과 아내 사이에 주도권을 행사하는 것과 관련하여 끊임없는 갈등이 있게 된다는 것을 넌지시 알려 준다. 인간이 타락하기 이전에, 하나님은 남편에게 가장의 역할을 부여하셨다. 또한 남편과 아내가 서로 돕고 보완하는 관계를 이루게 하셨다. 하지만 죄로 말미암아, 이제 이 질서는 몹시 뒤틀어지고 깨어지게 되었다. 여자는 남자에게 무질서한 욕망을 품을 것이다. 반면에 남자는 여자를 지배하려고 할 것이다. … 하나님을 거스른 아담과 하와의 원죄로 말미암아, 그들의 관계에는 불행한 결과가 지속적으로 미칠 것이다. 하와는 아담을 거스르고자 하는 잘못된 욕망을 품고, 그를 지배하려고 할 것이다.

이것은 결혼과 관련하여, 하나님이 계획하시고 아담에게 부여하신 지도자의 지위를 뒤바꾸려고 하는 것이다. 또한 아담도 타락 이전에 하나님이 주신 지도자의 역할을 포기할 것이다. 아담은 그의 아내를 이끌고 돌보며 보호하는 역할을 부여받았다. 하지만 이제부터 아담은 자신의 잘못되고 뒤틀어진 욕망으로 하와를 지배하려고 할 것이다. 이와 같이 아담과 하와가 하나님을 거슬러서 나타나는 가장 비극적인 결과 가운데 하나는 결혼 생활에서 남편과 아내 사이에 서로에게 해가 되는 갈등과 싸움이 지속적으로 일어난다는 것이다. 이것은 죄로 오염된 성품에서 비롯되는 행위로 말미암아, 하나님이 그들 각자에게 주신 역할과 책임을 제대로 이행하지 않기 때문이다.[61]

"이렇게 죄는 오늘까지도 존재하는, 관계의 새 위계질서를 들여왔습니다. 타락 이래 남자들과 여자들은 '주도권'을 두고 싸워 왔습니다. 죄는 남녀 사이의 창조적인 균형을 비뚤어지게 만들었습니다. 죄는 인간관계에 긴장을 초래하였으며, 그 결과 줄곧 고통과 낙담과 소외를 낳아 왔습니다."[62]

남자와 여자를 창조하신 목적

남자와 여자는 하나님께서 부여하신 위치에서 각각의 역할을 통해 서로를 섬기도록 지음 받았습니다. 아담과 하와는 서로의 다름을 경외하였습니다. 즉 서로의 다름을 눈부시게 바라봄으로 '하나 됨'을 즐거워하는 것이 하나님께서 목적하신 바입니다. 물론 남자와 여자 사이에 '다름'만 있는 것은 아닙니다. 그들은 '같음'을 공유하고 있는 존재입니다. 남자와 여자는 모두 하나님의 형상대로 지음을 받았고 하나님께서 주신 사명을 함께 받았으며 하나님께서 원하시는 공통의 목적을 위해 살아가야 하는 존재입니다. 다시 말해 하나님은 남자와 여자를 각기 다른 잣대로 평가하

---

61 크로스웨이 ESV 스터디 바이블 편찬팀, 『ESV 스터디 바이블』(서울: 부흥과개혁사, 2014), 74.
62 노옴 웨이크필드, 조디 브롤즈마, 『이스라엘에서 온 남자, 모압에서 온 여자』(서울: IVP, 2001), 13.

시지 않습니다. 하나님 앞에서 남자와 여자는 모두 하나님의 법에 따라 판단을 받고 하나님의 은혜로 말미암아 구원을 받습니다.

그러므로 우리가 알아야 할 것은 이것입니다. '다름'을 인정하되 지나치게 강조하지 않고 '같음'을 향해 부지런히 노력해야 한다는 것입니다. 남자는 남자가 어떻게 창조되었으며 어떤 역할을 부여받았는지 배워야 합니다. 여자는 여자가 어떻게 창조되었으며 어떤 역할을 부여받았는지 배워야 합니다. 남자와 여자 사이에는 왜 신체와 정서와 생각의 차이가 있는지 알아야 합니다. 하지만 차이점을 자신의 권리로 삼고 상대방의 몰이해를 정죄해서는 안 됩니다. '남자는 본래 이런 존재야. 여자는 본래 이런 존재야'라는 말로 '다름' 뒤에 숨어서 '같음'을 포기해서는 안 된다는 것입니다. 남녀 간의 차이는 감탄과 경외의 대상입니다. 다르다는 것은 놀라운 것입니다. 더 놀라운 것은 그 다름 안에서 '하나 됨'을 경외해야 한다는 것입니다. 다름을 권리로 여기고 상대방을 조종하여 만족을 얻는 수단으로 삼아서는 안 됩니다.

현대 사회에서 남성다움과 여성다움을 회복해야 하는 이유

현대 문화는 '다름'을 인정하지 않습니다. '다름'에 대한 논의 자체를 차별이라고 주장합니다. 지난 세월 동안 사회 구조 안에서 억압당한 여성들의 위치를 생각하면 맞는 부분도 있습니다. 그러나 여성들이 억압당한 이유는 '다름'을 강조했기 때문이 아니라 '다름'을 제대로 정의하지 못했기 때문입니다. 남녀 간의 '다름'을 누가 왜 만들었는지 올바로 이해하지 못했기에 차이가 차별이 되어 버린 것입니다.

잘못된 진단은 잘못된 대안을 만들어 냈습니다. 미국을 보십시오. 수십 년 전에 페미니즘이 등장하고 여성 신학이 위세를 떨쳤지만 성 산업과 이성에 대한 혐오 현상이 더욱 발전하였습니다. 교회도 마찬가지입니다. 교회는 무질서해졌고 가정의 붕괴는 더욱 심화되었습니다. 남자와 여자의 다름을 부정하고 그 위치와 역할을 섞을수록 '하나 됨'은 오히려 파괴되었습니다. "사탄의 목표는 처음부터 하나님의 디자인을 망가뜨리는 데 있었습니다."[63]

> 사탄은 가정이 흔들리면 사회도 흔들리는 것을 경험적으로 알고 있다. 그 이유는 모든 인간관계의 중심이 가정이기 때문이다. 가정이라는 제도는 남자들과 여자들이 생산적인, 의미 있는, 행복한 삶을 살도록 서로를 돕는 데 가장 필요하다. 그러나 거룩한 창조 질서에 대적함으로 말미암아 사람들은 자기 자신에게 열중하고 자기 자신을 섬기는 삶에서 인생의 의미와 행복을 찾으려고 하게 되었다.[64]

남자와 여자의 다름이 제대로 구분되지 않으면 참된 '하나 됨'은 이룰 수 없습니다. 그러므로 교회는 올바른 결혼 생활을 위해 남성다움과 여성다움을 반드시 회복해야 합니다.

---

63 존 맥아더, 『하나님의 완벽한 디자인』(서울: 베드로서원, 2007), 21.
64 위의 책, 33.

결혼을 말하다

여덟째

여덟째,
한 몸을 위한 여성다움의 회복 (1)

남녀평등의 왜곡된 개념

요즘 사용하는 말들 중에서 우리의 어리석음을 가장 잘 드러내는 것이 있다
면, 그것은 '모든 것이 평등해야 한다'라는 말일 것입니다. 하지만 세상이 말
하는 '평등'은 하나님께서 세상을 창조하신 방식과 전혀 다릅니다. 모든 것이
평등해야 한다는 말은 오히려 우리의 시기심을 보여 주는 것입니다. 하나님
께서 만드신 소위 '불평등'이 무엇인지를 이해한다면, 우리가 평등의 문제를
어떻게 다루어야 할지 분명한 방향을 잡을 수 있을 것입니다.[65]

남녀평등은 세상이 왜곡시킨 가장 대표적인 개념입니다. 세상은 남녀 사
이에는 아무런 구분도 없어야 한다고 당당히 말합니다.

---

65 더글라스 윌슨, 『결혼 개혁』(서울: 미션월드라이브러리, 2011), 49.

왜곡된 여성다움

특히 현대 문화는 '여성다움'과 관련하여 많은 거짓말을 뿌려 놓았습니다. "현대 여성 운동가들은 남자와 여자가 모든 점에서 같다고 주장합니다."[66] 그 결과로 여성들은 무엇이 '여성다운 것인지'를 잊어버렸습니다. 그녀들은 남자처럼 행동하다가 갑작스럽게 여자처럼 행동하고, 극히 독립적이었다가 극히 의존적이고, 신경질적이었다가 대범해집니다. '자유'를 갈망했지만 더욱 '의존적'인 존재가 되어 버린 것입니다.

여성다움과 관련한 왜곡된 견해, 특히 결혼과 관련하여 뒤틀어진 생각을 살펴봅시다.

일과 관련된 견해가 왜곡되었습니다

여성의 사회 생활은 가능하다

우리 시대의 문화는 여성들에게 사회에 진출하여 '자아를 실현하는 것'이 진정한 자유라고 부추깁니다. 가정에 머물러 있는 여성들을 '구시대 여성'인 것처럼 묘사합니다. 심지어 그녀들을 '해방되어야 하는 억압된 여성'으로 규정하기도 합니다. '일'하지 않는 여성을 잘못된 여성으로 몰아세우는 것입니다. 반면 '일'하는 여성을 잘못된 여성으로 보는 시선도 있습니

---

66 마틴 로이드 존스, 『그리스도인의 결혼 생활』(서울: 생명의말씀사, 2012), 32.

다. 대개 종교적 극단주의자들이 그러한데, 이 중에는 일부 기독교 분파도 속해 있습니다. 항상 그러하듯이, '여성의 일'과 관련해서도 우리는 문화적인 영향력을 제거하고 성경이 무엇이라고 말하는지를 확인해야 합니다.

성경에 등장하는 사회적 여성들

성경은 여성의 사회 진출이나 직업적 소명을 부정하지 않습니다. 성경에는 하나님께 쓰임 받은 '사회적 여성'들이 등장합니다. 드보라는 구약에 등장하는 사회적 여성의 대표입니다.

> 그때에 랍비돗의 아내 여선지자 드보라가 이스라엘의 사사가 되었는데 그는 에브라임 산지 라마와 벧엘 사이 드보라의 종려나무 아래에 거주하였고 이스라엘 자손은 그에게 나아가 재판을 받더라 _사사기 4:4-6

'사사'는 단순한 재판관이 아닙니다. 신정 국가였던 이스라엘을 통치하는 지도자의 역할까지 함께 감당했던 직책이었습니다. 그런데 이 구절에서 주목할 부분은 따로 있습니다. 드보라를 설명할 때, 성경이 '랍비돗의 아내'임을 가장 먼저 강조했다는 것입니다. 비록 이스라엘의 사사가 되어 사회적 소명을 감당하는 위치에 있었지만, 드보라를 설명하는 가장 우선적인 표현은 '아내'였습니다.[67]

---

67 개혁주의자 중에 드보라가 사사를 맡았다는 것 자체를 사사 시대의 불경건함을 보여 주는 시대적 증거라고 말하는 사람도 있습니다. 대표적으로 김홍전 목사가 그렇습니다. 여자가 이스라엘의 최고 통치자가 된 것을 하나님의 질서를 깨뜨린 것으로 해석한 것입니다. 가능한 해석이지만, 문맥적으로 정확한 증거를 찾기는 힘듭니다.

신약에서는 루디아가 직업을 가진 대표적인 인물로 소개됩니다.

> 두아디라 시에 있는 자색 옷감 장사로서 하나님을 섬기는 루디아라 하는 한
> 여자가 말을 듣고 있을 때 주께서 그 마음을 열어 바울의 말을 따르게 하신지
> 라 _사도행전 16:14

루디아는 두아디라 출신의 여성 상인이었습니다. 당시에 염색 기술은 꽤 고급스러운 기술이었고, 두아디라는 값비싼 염료를 생산하는 지역으로 유명했습니다. 루디아는 빌립보에서 자주색 옷감을 팔아서 큰돈을 벌었던 것 같습니다. 그녀가 결혼을 했는지와 관련해서는 정확히 알 수 없지만, 적어도 그녀가 직업을 갖고 사회생활을 했음은 틀림이 없습니다.

사도행전 18장에도 직업을 가진 여성이 나옵니다. '브리스길라'입니다.

> 아굴라라 하는 본도에서 난 유대인 한 사람을 만나니 글라우디오가 모든 유
> 대인을 명하여 로마에서 떠나라 한 고로 그가 그 아내 브리스길라와 함께 이
> 달리야로부터 새로 온지라 바울이 그들에게 가매 생업이 같으므로 함께 살며
> 일을 하니 그 생업은 천막을 만드는 것이더라 _사도행전 18:2-3

아굴라와 그의 아내 브리스길라는 천막을 만드는 사람이었습니다. 3절에서 바울의 직업을 언급할 때 "he was a tentmaker as they were"라고 표현했는데, 천막 만드는 일을 아굴라와 그의 아내 브리스길라가 함께했음을 명확히 보여 줍니다. 이처럼 성경은 종종 여성들이 직업을 통해 하나님의 일을 수행하는 모습을 그리고 있습니다.

또한 한 가지 더 생각할 것이 있습니다. 성경 시대에는 가사와 노동이 거의 구분되지 않았다는 점입니다. 목축과 농사가 주요 직업이었던 그 시대에는 여성들이 가정을 돌보면서 동시에 밭에 나가서 일을 하기도 하고, 양과 염소를 치기도 했습니다. 예를 들어, 창세기 29장에는 라반의 딸 라헬이 양을 몰고 왔다가 야곱을 만나는 장면이 나옵니다. 또한 룻기 2장에는 밭에서 일하는 소녀들이 나옵니다. 무엇보다 잠언 31장에 등장하는 현숙한 여인은 가사와 노동을 함께합니다.

> 그는 양털과 삼을 구하여 부지런히 손으로 일하며 상인의 배와 같아서 먼 데서 양식을 가져오며 밤이 새기 전에 일어나서 자기 집안사람들에게 음식을 나누어 주며 여종들에게 일을 정하여 맡기며 밭을 살펴보고 사며 자기의 손으로 번 것을 가지고 포도원을 일구며 힘 있게 허리를 묶으며 자기의 팔을 강하게 하며 자기의 장사가 잘 되는 줄을 깨닫고 밤에 등불을 끄지 아니하며 손으로 솜뭉치를 들고 손가락으로 가락을 잡으며 그는 곤고한 자에게 손을 펴며 궁핍한 자를 위하여 손을 내밀며 자기 집 사람들은 다 홍색 옷을 입었으므로 눈이 와도 그는 자기 집 사람들을 위하여 염려하지 아니하며 그는 자기를 위하여 아름다운 이불을 지으며 세마포와 자색 옷을 입으며 그의 남편은 그 땅의 장로들과 함께 성문에 앉으며 사람들의 인정을 받으며 그는 베로 옷을 지어 팔며 띠를 만들어 상인들에게 맡기며 능력과 존귀로 옷을 삼고 후일을 웃으며 입을 열어 지혜를 베풀며 그의 혀로 인애의 법을 말하며 자기의 집안일을 보살피고 게을리 얻은 양식을 먹지 아니하나니 그의 자식들은 일어나 감사하며 그의 남편은 칭찬하기를 덕행 있는 여자가 많으나 그대는 모든 여자보다 뛰어나다 하느니라 고운 것도 거짓되고 아름다운 것도 헛되나 오직 여호와를 경외하는 여자는 칭찬을 받을 것이라 _잠언 31:13-30

현숙한 여인은 "가난하고 도움이 필요한 사람들을 도와주었고, 이곳저곳을 다니면서 양식을 가져왔으며, 밭을 사고 포도나무를 심고, 옷을 짓고 띠를 만들어 상인들에게 팔았습니다."[68]

성경은 여성의 사회생활을 부정하지 않습니다. 그리스도인 여성도 사회생활을 할 수 있고, 자신의 재능에 맞는 직업을 가질 수 있습니다.

여성의 우선순위는 가정이다

그리스도인 여성은 사회생활을 할 수 있습니다. 하지만 사회생활을 지향해서는 안 됩니다. '할 수 있다'와 '해야 한다'의 차이를 주목해 봅시다. '할 수 있다'는 소극적이고 선택적입니다. 반면에 '해야 한다'는 적극적이고 의무적입니다. 그러므로 '할 수 있다'는 말은 필요와 조건에 따라 사회생활을 선택할 수 있다는 뜻이고, '해야 한다'는 말은 필요와 조건에 상관없이 '하지 않으면 안 된다'는 뜻입니다. 즉, '할 수 있다'는 말은 여성의 사회생활이 특정한 기준에 부합할 때에 가능하다는 뜻입니다. 예를 들어, 남편이 급작스레 실직하여 궁핍할 때, 자녀 양육과 가정을 돌보는 일에 영향을 미치지 않는 시간과 조건이 잘 맞는 직업이 있을 때, 이와 같은 조건 속에서 남편의 허락을 받았을 때 등등입니다. '해야 한다'는 말은 말 그대로 '무조건' 직업을 가져야 한다는 말과 같습니다. 그러나 성경에 근거한 답변은 이렇습니다.

---

68 캐롤린 매허니, 『여자, 그리스도인으로 살아가기』(서울: 지평서원, 2013), 167.

우리 시대의 문화는 이와 같은 성경의 입장을 혐오합니다. '여성 혐오, 여성 착취, 여성 비하'에 해당하는 입장이라고 보기 때문입니다. 역사적으로 볼 때, 이런 비판에는 일부 근거가 있습니다. 실제로 경제적인 능력을 갖춘 남성들이 경제적인 능력이 없는 여성들을 착취했던 사례가 얼마나 많은지 모릅니다. 우리나라만 하더라도 '경제적 능력의 유무'는 아버지 세대가 보여 준 폭력과 부도덕 앞에서 어머니들이 참고 견디게 만든 이유였습니다. 그리스도인이 이런 현실에 눈을 감아서는 안 됩니다. 하지만 그리스도인이 현실 속에서 '신학'을 찾아서는 안 됩니다. 오직 성경 속에서 '신학'을 찾아야 하는데, '결혼에 관한 신학'도 그렇게 해야 합니다. 경제적 능력의 유무를 가지고 남성들이 여성들을 억압한 것은 '경제적 능력의 유무'에 원인이 있는 것이 아니라 '경제적 능력을 이용해서 여성들을 억압한 남성들의 죄'에 원인이 있습니다. 그러므로 우리가 비난할 것은 '남성의 죄'이지 '성경이 말하고 있는 여성다움'이 아닙니다.

따라서 결혼한 여성도 사회생활을 최우선으로 해야 한다는 주장은 성경적인 견해가 아닙니다. 우리 시대의 문화가 주입하고 있는 치명적인 거짓말입니다. 하나님은 여성을 '여성으로' 부르셨습니다.

한 하나님의 목적과 사명은 무엇일까?' 하나님의 말씀은 모든 세대와 문화의 여성들에게 그들이 창조된 목적과 주된 역할과 부르심에 대한 진리를 제공해 주고 있습니다. 창세기 2:18에 의하면, 하나님께서는 여성을 창조하사 남성의 돕는 배필이 되게 하셨습니다. 여성의 삶은 남성의 삶에 중심을 두어야 합니다. 여성은 남성으로부터, 남성을 위해, 남성에 대한 하나님의 선물로 지음 받았습니다. 남편과의 관계는 여성이 힘쓰고 섬겨야 할 주된 영역입니다.[69]

다시 한 번 말하지만, 여성은 결코 직업을 가져서는 안 된다는 의미가 아닙니다. '아내와 어머니'도 조건과 필요에 따라서 직장 생활을 할 수 있습니다. 그러나 "집안일을 돌보는 것은 여성들이 항상 가장 먼저 관심을 기울여야 할 사안"[70]임을 기억해야 합니다.

'현숙한 여인'에게 배우는 우선순위

잠언 31장이 묘사하는 현숙한 여인을 보십시오. 그녀는 부지런히 일합니다. 힘써 노동하고 장사하여 가정 경제를 튼튼하게 만듭니다. 하지만 그것이 그녀의 우선순위는 아니었습니다. 현숙한 여인이 일하는 궁극적인 목적은 가정을 돌보는 것에 있습니다. 이 여인은 충실한 가정생활을 기반으로 '일'을 합니다. 그녀는 집안일을 돌보는 일과 남편과 자녀를 섬기는 일에 결코 게으르지 않습니다. 그녀에게 가장 중요한 일터는 '가정'이고, 가장 중요한 직위는 '아내와 어머니'입니다.

---

69 낸시 레이 드모스, 『여자들이 믿고 있는 새빨간 거짓말』(서울: 좋은씨앗, 2005), 141.
70 캐롤린 매허니, 『여자, 그리스도인으로 살아가기』(서울: 지평서원, 2013), 168.

여성 창조의 순서와 이유

창세기 1장은 하나님께서 사람을 창조하시되 남자와 여자로 만드셨다고 합니다. 한편, 창세기 2장 14절 이하는 사람 창조를 구체적으로 다루는데, 남자를 먼저 창조하시고 이후에 여자를 창조하셨다고 합니다. 그 이유는 다음과 같습니다.

> 여호와 하나님이 이르시되 사람이 혼자 사는 것이 좋지 아니하니 내가 그를 위하여 돕는 배필을 지으리라 _창세기 2:18

하나님은 남자를 먼저 창조하신 후에 그의 홀로 됨을 안 좋게 보시고 '돕는 배필'로 여자를 창조하셨습니다. 이것이 여자의 창조 목적입니다. 우리 시대의 문화는 이와 같은 성경적 관점을 극렬히 미워하지만, 그리스도인 여성들은 '여성으로의 부르심'이 있다는 사실을 명심해야 합니다.

이 교훈은 특히 결혼하지 않은 여성에게 의미하는 바가 큽니다. 현대 사회에서 대부분의 미혼 여성은 직장 생활을 합니다. 앞서 말한 것처럼, 여성이 직업을 가지고 돈을 번다는 것은 전혀 잘못된 일이 아닙니다. 남자와 여자 모두 '일하도록' 부르심을 받았기 때문입니다. 창세기 1장 28-29절의 '문화 명령 혹은 노동 명령'은 남자에게만 주어진 것이 아니고 '사람'에게 주어진 것입니다. 그러므로 남녀노소 누구나 일을 해야 합니다.

그러나 여성에게 주어진 가장 중요한 소명이 '가정'에 있음을 기억해야 합니다. (독신의 은사를 받은 여성을 제외하고) 모든 미혼 여성들은 '아내가 되고 어머니가 되는 것'을 가장 우선적으로 생각해야 합니다. 그리고 이를 위한 삶을 준비해야 합니다. 몸과 마음을 정결하게 해야 하고, '성경이 말하는 아내와 어머니'는 어떠해야 하는지를 미리 공부해야 합니다.

'여성으로 창조되었다'는 사실 자체가 소명입니다.

하나님의 창조 섭리와 그분의 모든 작정이 선함을 믿는다면, '여성으로 창조되었다'는 사실에서부터 인생의 목적을 발견해야 합니다.

여성에 대한 현대 문화의 거짓말

아마도 오늘날의 많은 여성들은 이런 주장이 매우 낯설게 느껴질 것입니다. 우리 시대의 문화는 '자아실현과 성공에 대한 열망'을 과대 포장시켜서 여성들을 현혹하고 있기 때문입니다(이것은 남성들에게도 똑같이 적용되는 유혹입니다). 현대 문화는 다음과 같이 거짓말을 합니다.

아내와 엄마로만 살지 말고 뭔가 가치 있는 일을 해라.
전업주부는 그저 인생을 소모하는 것일 뿐이다.
만약의 경우(이혼)를 대비하여 경제 활동을 지속하라.
자아실현이 가장 중요하다. 남을 섬기는 것은 그 다음이다.

거짓말이 잘 먹히는 순간은 '욕망과 두려움이 극대화되었을 때'입니다. 사탄은 그것을 잘 이용하여 여성들을 가정에서 분리시켜 버립니다. '자기만족, 자기 충족, 자기실현'이라는 욕망을 계속해서 부풀립니다. 이것을 하

지 못하면 인생의 실패자가 될 수 있다는 공포감을 조성합니다. 가정을 돌
보는 일에 우선 가치를 두고 사는 삶은 경쟁 사회에서 낙오하는 것이요, 가
치 없는 일로 인생을 소모하는 것에 불과하다는 생각을 심어 줍니다. 욕망
은 부풀리고 두려움은 극대화시켜서 가정보다 '자기 자신'을 먼저 생각하
게 만듭니다. 이것이 가정에서 여성을 분리시키는 사탄의 전략입니다. 이
런 거짓말들의 결과는 무엇인가요? 다음과 같은 것들이 아닐까요?

> 빈집에서 홀로 TV와 게임기에 중독되어 가는 아이들.
> 냉동식품과 패스트푸드로 연명하는 가족들.
> 거의 함께 앉아 식사하지 못하는 식구들.
> 최선의 에너지와 시간을 남편과 아이들이 아닌, 다른 이들을 위해 쓰는 엄마
> 들, 그러다 결국 지치고 초조해지는 엄마들.[71]

남편을 향해, 그리고 가정을 향해 서 있던 여성들이 삶의 우선순위를 '사
회'로 바꾸었을 때 어떤 일들이 벌어질까요? 최근 몇 십 년 동안 서구 사회
에서 벌어진 일이 그 결과를 증명합니다. '가족의 파괴'입니다. 이것은 서
구 신학자들이 한결같이 경고하는 바입니다.

> 지난 수년 간 나는 여성 운동이 많은 그리스도인들의 사고를 오염시키는 것
> 을 걱정과 불안 속에서 주시해 왔다. 나는 이 상황이 대부분의 사람들이 생각
> 하는 것보다 훨씬 더 위험하다고 생각한다. 그래서 (나는 매우 심각한 상황이라고 보
> 지만 나처럼 생각하는 사람은 그리 많지 않은 것 같다) 내가 할 수 있는 모든 방법을 동원

---

71 낸시 레이 드모스, 『여자들이 믿고 있는 새빨간 거짓말』(서울: 좋은씨앗, 2005), 140.

해서 경고하려고 애썼다.[72]

돕는 배필의 의미

여성들의 우선순위를 바꾸어 놓은 '현대의 여성 운동'이 과연 여성들을
더욱 행복하게 만들었을까요? 적극적인 사회 진출을 통해 자아를 실현한
여성들이 더 많은 행복을 누리고 있을까요? 남편과의 관계 단절과 자녀의
정신적 문제 앞에서 고통을 호소하는 아내들이 점점 늘어나는 것을 볼 때,
그 답변은 꽤 부정적입니다. 문제가 생겼을 때, 그리스도인이 할 수 있는
최선의 방법은 성경으로 돌아가는 것입니다. 가족 붕괴의 현실 속에서 우
리는 성경의 진단과 처방을 받고, 그것을 적용하기 위해 노력해야 합니다.
성경은 여성 창조의 목적을 '돕는 배필'로 명시합니다.

> 여호와 하나님이 이르시되 사람이 혼자 사는 것이 좋지 아니하니 내가 그를
> 위하여 돕는 배필을 지으리라 하시니라 _창세기 2:18
>
> 또 남자가 여자를 위하여 지음을 받지 아니하고 여자가 남자를 위하여 지음
> 을 받은 것이니 _고린도전서 11:9

이 두 가지 구절을 정확히 해석하기 위해서는 몇 가지 논의가 더 깊이 진
행되어야 합니다. 하지만 기본적인 해석은 명확합니다. '아내는 남편을 위

---

72 존 파이퍼의 『남자와 여자, 무엇이 다른가?』 7페이지에 있는 엘리자베스 엘리엇의 추천사를 인
  용하였습니다.

해 지음을 받았다'는 것입니다. 아내는 남편을 돕는 역할을 부여받았습니다. 성경이 이처럼 명확한 어조로 반복하고 있음에도 현대 사회에서 이 문장이 괄시당하는 이유는 '돕다'는 단어가 가지고 있는 부정적인 어감 때문입니다. '돕는 사람'에 대한 현대 사회의 독법은, '열등한 사람, 주체적이지 못한 사람, 한 단계 아래인 사람'입니다. 그렇기에 '아내는 남편을 돕는 배필'이라는 성경의 정의를 남녀 차별적인 문장으로 받아들입니다. 하지만 성경의 용법은 그렇지 않습니다. 구약 성경에서 '에제르'(돕다)[73]는 주로 하나님의 도우심을 표현합니다.

> 주께서는 보셨나이다 주는 재앙과 원한을 감찰하시고 주의 손으로 갚으려 하시오니 외로운 자가 주를 의지하나이다 주는 벌써부터 고아를 "도우시는" 이시니이다 _시편 10:14
>
> 우리를 "도와" 대적을 치게 하소서 사람의 구원은 헛됨이니이다 _시편 60:11

'돕는 것'은 열등한 존재가 할 수 있는 행위가 아닙니다. 돕는 것은 부족한 것을 채워서 완전하도록 만드는 적극적인 행위입니다. 그러므로 '여자가 남자를 위하여, 곧 돕는 배필로 지음을 받았다'는 것은 남녀 차별적인 문장일 수 없습니다. 오히려 여성의 존엄성을 인정하고 그 가치와 능력을 높여

---

73 래리 크랩은 '에제르'(돕다)라는 단어를 다음과 같이 설명합니다. "에제르라는 단어가 윗사람을 섬기는 아랫사람을 가리켜 쓰인 적은 한 번도 없다. … 구약 성경의 헬라어 역본에서 에제르는 보에토스로 옮겨졌다. 이 단어는 문자적으로 '강한 자가 베푸는 도움'이라는 뜻이다." 래리 크랩, 『에덴 남녀』(서울: 복있는사람, 2014), 70.

서 평가하는 문장입니다.

'돕다'는 단어의 신약에서의 사용법도 의미심장합니다. 신약 성경은 성령 하나님을 도우시는 분으로 표현합니다.

> 이것이 너희의 간구와 예수 그리스도의 "성령의 도우심"으로 나를 구원에 이르게 할 줄 아는 고로 _빌립보서 1:19

> 이와 같이 "성령도 우리의 연약함을 도우시나니" 우리는 마땅히 기도할 바를 알지 못하나 오직 성령이 말할 수 없는 탄식으로 우리를 위하여 친히 간구하시느니라 _로마서 8:26

예수님은 성령 하나님을 '보혜사'(요 14:26)라고 말씀하시는데, 원문 "파라클레토스"를 직역하면, '옆에서 도우시는 분'이라고 할 수 있습니다. 이처럼 신약의 문맥에서도 '돕다'라는 단어는 매우 긍정적이고 능동적이며 주체적인 용도로 사용되었습니다. 그러므로 우리는 이 단어, 곧 '돕다'라는 단어를 현대 문화가 읽어 내는 의미가 아니라 성경이 보여 주는 의미로 읽어 내야 합니다. 성경은 '돕는 자'를 열등한 존재로 표현하지 않습니다. 능력과 의지와 마음을 지닌 존재만이 도울 수 있습니다. 레이 오틀런드의 이야기를 들어 봅시다.

> 돕는 배필이라는 단어는 열등함을 내포하지 않는다. 하나님 자신이 우리의 돕는 자이시기 때문이다. "하나님은 나를 돕는 이시며 주께서는 내 생명을 붙드시는 분이시니이다"(시 54:4). 또한 돕는 배필은 의존이나 종속을 의미하지도 않는다. 남자와 여자는 확실히 상호의존적이기 때문이다. 그러나 돕는 배필은 하나님이 남자를 위해 여자를 창조하신 사실과 조화를 이룬다. … 여자

는 남자를 보완하고 도우며 이 땅에서 하나님을 위한 노력을 강화하기 위해 지으심을 받았다.[74]

남녀 사이의 질서와 삼위 하나님 사이의 질서

따라서 '여자가 남자를 위하여 지음 받았다. 아내는 남편을 돕는 배필이다'는 성경 말씀은 차별적 문장이 아닙니다. 단지 성경이 교훈하는 남녀 사이의 질서를 표현하고 있을 뿐입니다. 더 정확히 말하면 역할입니다. 하나님은 남성을 위해 여성을 창조하실 때, '남편을 돕는 역할'을 부여하셔서 창조하신 것입니다. 이것은 존재론적인 순서가 아닙니다.

삼위 하나님 사이를 생각해 봅시다. 성부와 성자와 성령 하나님은 모두 동등한 영광과 권능을 지니고 계십니다. 삼위 하나님은 본질상 동등하십니다. 하지만 삼위 하나님은 각각의 역할 안에서 협력하여 사역하셨습니다. 특히 성자께서는 동등 됨을 취하지 않으시고 낮은 자리로 내려오셨습니다.

> 그는 근본 하나님의 본체시나 하나님과 동등 됨을 취할 것으로 여기지 아니하시고 오히려 자기를 비워 종의 형체를 가지사 사람들과 같이 되셨고 사람의 모양으로 나타나사 자기를 낮추시고 죽기까지 복종하셨으니 곧 십자가에 죽으심이라 _빌립보서 2:6-8

---

74 레이 오틀런드, 『결혼과 복음의 신비』(서울: 부흥과개혁사, 2017), 26.

성자 예수님은 성부 하나님께 복종하는 질서를 따르셨습니다. 그분께서 열등하기 때문에 그렇게 결정하신 것이 아닙니다. 이것은 영광을 드러내시는 삼위 하나님의 신비로운 섭리입니다. 성자는 성부께 죽기까지 복종하심으로 삼위 하나님의 영광을 온 땅에 알리셨습니다.

마찬가지로 아내가 남편보다 열등하기 때문에 '돕는 배필'로 결정된 것이 아닙니다. 여성이 남성보다 못한 존재이기 때문에 '여성은 남자를 위하는 것'이 아닙니다.

> 이것은 영광을 드러내시는 삼위 하나님의 신비로운 섭리입니다. 남편과 아내는 하나님께서 부여하신 역할을 성실하게 감당함으로 삼위 하나님의 영광을 온 땅에 알려야 합니다.

남편은 가족을 부양합니다. 아내는 가족을 돌봅니다. 여기에 존재론적인 우선순위가 있는 것이 아닙니다. 각자의 역할을 충성스럽게 수행하여 하나님께서 의도하신 '가족 공동체'를 만들어 나갈 때 하나님께서 영광을 받으십니다. 존 맥아더는 가정과 사회생활 사이에 서 있는 여성에 관해 다음과 같이 균형 있게 말합니다.

> 가정에서의 역할을 잘 감당하기만 한다면 여자가 일을 해서는 안 된다고 구체적으로 금하고 있는 성경 구절은 없다. 그러나 여자가 가정 밖에서 일을 하건 하지 않건 여자들에 대한 하나님의 우선적인 부르심은 가정을 돌보는 일에 있다. 가정이 아내를 위한 가장 최상의 장소이다. 현대 여성들을 일터로 불러내는 장본인은 세상이지 하나님이 아니다. 하나님의 말씀은 가정 일에 몰두하는 것을 여성의 역할로 보여 주고 있다. 이 역할은 여자가 집 밖에서

할 수 있는 그 어떤 일보다 고귀한 부르심이다. 일을 할 것인지 아닌지에 대한 최종적인 결정은 남편의 권위에 복종하면서 각 여자가 내려야 할 개인적인 선택이다. 결혼하지 않은 여성은 당연히 가정 밖에서 일을 할 자유가 있다. 그러나 성경이 말하는 남녀의 기본적인 책임은, 남성에게는 가족 부양(딤 5:8)을, 여성에게는 가족 돌봄(딛 2:5)을 요청한다는 것을 잊지 말아야 한다.[75]

남편이 직장 생활을 강요할 때

최근에는 남편들이 '일하는 아내'를 원한다고 합니다. 가정의 재정을 홀로 짊어지는 것에 부담을 느끼는 남편들이 많아지고 있습니다. 이처럼 가정 형편을 핑계로 아내에게 직장 생활을 강요할 때는 어떻게 대처해야 할까요? 두 가지 경우가 있습니다. 첫째로 정말 가정 형편이 어려울 때와 둘째로 굳이 아내가 일하지 않아도 될 때입니다.

첫째, 정말 가정 형편이 어려울 때는 어떻게 해야 할까요? 이럴 때는 남편과 머리를 맞대고 가정 경제를 위한 계획을 세워야 합니다. '왜 일해야 하는지, 언제까지 일해야 하는지, 가정은 어떻게 돌볼 것인지, 자녀 양육은 어떻게 할 것인지'를 꼼꼼하게 잘 따져 봐야 합니다. 경제적인 문제 때문에 맞벌이를 하는 것은 가능한 일이지만, 그 어떤 경우에도 '가정을 든든히 세우기 위한 목적'에서 벗어나서는 안 됩니다. 야근이 너무 잦거나 지나치게 시간을 많이 사용하는 직장에 들어가지 않도록 조심해야 합니다. 가정을 돌볼 수 있는 충분한 시간을 제공하는 직장을 얻기 위해 노력

---

[75] 존 맥아더, 『하나님의 방식으로 자녀 키우기』(서울: 디모데, 2001), 265.

해야 합니다. 이것이 하나님의 선한 질서이기 때문에 간절히 소망하는 자에게 하나님께서 길을 열어 주실 것입니다.

둘째, 굳이 아내가 일하지 않아도 될 때는 어떻게 해야 할까요? 좀 더 넉넉하고 풍족한 생활을 위해서 남편이 아내를 직장으로 내모는 경우에는 지혜가 필요합니다. 제일 먼저 해야 할 일은 남편과 함께 의논하는 것입니다. 남편의 뜻을 충분히 존중하되 자신에게 가정을 돌보는 일과 자녀를 양육하는 일이 얼마나 가치 있는 일인지를 차분하게 설명해야 합니다. 가정의 경제 형편을 구체적으로 분석해서 '지금 상황에서도' 큰 어려움이 없음을 증명할 수 있습니다. 예컨대, 가계부를 작성하여 보여 주거나 향후 사용할 돈을 미리 계획한 표를 보여 주는 것입니다.

정리하자면, 성경은 여성의 사회 진출을 막지 않습니다. 여성도 자신의 재능을 사용하여 돈을 벌 수 있습니다. 하지만 결혼 후에는 무엇이 우선순위에 있는지를 명심해야 합니다. 여성은 '가정이라는 일터로 부르심'을 받았습니다. 하나님께서 여성을 '돕는 배필'로 창조하셨기 때문입니다.

결혼을 말하다

아홉째

아홉째,
한 몸을 위한 여성다움의 회복 (2)

여성성에 관하여

현대 문화는 여성성을 심하게 비틀고 있습니다. 그렇다고 하여 과거의 여성성이 옳다고 말하는 것은 아닙니다. 우리가 원하는 것은 '경건한 아내의 모습'을 시대의 풍조가 아닌 성경을 통해 밝히는 것입니다.

> 그리스도인 아내를 향한 하나님의 뜻은 남편을 돕는 일입니다. 아내에게 있어서 예수님을 제외하고 남편과의 관계보다 더 큰 비중을 차지하는 것은 없습니다. 남편은 아내가 하루 일과를 마치고 남아 있는 힘을 쏟는 대상이 아니라 시간과 노력을 우선적으로 쏟아부어야 할 대상입니다. … 하나님은 이 진리를 매우 중요하게 여기시기 때문에 그분의 말씀인 성경에 온전하고 확실하게 계시하셨습니다.[76]

---

[76] 마르다 피스, 『나는 현숙한 아내이고 싶다』(서울: 생명의말씀사, 2011), 17.

특히, 잠언 31장이 그것을 잘 보여 줍니다. 현숙한 여인은 하나님께서 자신을 '여자'로 불러 주셨다는 사실에 주목합니다. 그리고 '아내'라는 직분을 성경 속에서 이해하려고 노력합니다. 시대의 풍조에 휩쓸리지 않습니다.

그런 의미에서 앞 장에 이어 이번 장에서도 '여성다움에 대한 왜곡된 견해'를 계속하여 살펴보겠습니다.

주도권에 대한 견해가 왜곡되었습니다

사탄은 역순을 좋아한다

사탄은 복잡하게 만드는 것을 좋아합니다. 대놓고 나쁜 것을 하자고 유혹하지 않습니다. 좋은 것, 덜 좋은 것, 더 좋은 것을 마구 뒤섞어서 순서에 상관없이 이것저것을 하게 만듭니다. 하나님은 질서를 중요하게 여기시지만, 사탄은 혼란을 좋아합니다.

고린도교회의 예배를 떠올려 봅시다. 고린도교회는 성령의 은사를 많이 받았습니다. 이것은 하나님의 선물이었습니다. 하나님께서 주신 선물을 갖고 예배를 드리는 교회가 얼마나 아름답습니까? 하지만 사탄은 이 좋은 선물을 어떻게 망가뜨릴 수 있는지 잘 알고 있었습니다. 질서를 파괴한 것입니다. 고린도교회 안에는 성령의 은사를 받은 자들이 많이 있었습니다. 그런데 그들은 예배의 순서를 중요하게 생각하지 않았습니다. 아무 때나 예언을 하고 방언을 했습니다. 결국 예배는 혼잡해졌고, 이로 말미암아 교회는 심한 분열을 겪었습니다. 이것이 '좋은 것'을 통해 '악한 결과'를 만드는 사탄의 전략입니다. 그렇기에 바울은 "모든 것을 품위 있게 하고 질서 있게 하라"(고전 14:40)고 명령한 것입니다.

질서를 파괴하는 사탄의 전략은 에덴동산에서부터 시작되었습니다. 창세기 2장 16-17절을 보면, 하나님은 아담에게 먼저 말씀을 주셨습니다. 따라서 아담은 이 말씀을 아내에게 전해야 할 책임을 지닙니다. 아내뿐만 아니라 후에 만들어지는 가족 전체에 하나님의 말씀을 전해야 하는 역할을 부여받은 것입니다. 이렇게 아담은 가정을 지도할 책임을 갖게 되었습니다.

그런데 사탄의 교활한 전략을 보십시오. 사탄은 아담이 아닌 하와에게 접근합니다. 스스로 주도권을 쥐라고 부추깁니다. 사탄의 유혹에 넘어간 하와는 아담에게 묻지 않고 '혼자 결정하고 행동'합니다. 심지어 아담에게 선악을 알게 하는 나무의 실과를 주어 먹게 만듭니다. 이 중요한 문제와 관련하여 하와가 주도권을 쥐고 행사했습니다. 이로 말미암아 에덴동산에 세워져 있던 질서가 파괴되었습니다. 하나님께서 세우신 질서는 이렇습니다.

하나님 - **아담** - **하와**

최종 권위는 하나님께 있습니다. 하나님만이 주도권을 쥐고 결정하실 수 있습니다. 그런데 하나님은 그 권위를 남편 아담에게 위임해 주셨습니다. 권위를 맡기신 것입니다. 따라서 아담은 가정의 결정권자가 되어서 가족 전체가 하나님의 뜻대로 살아가도록 지도해야 할 책임을 짊어지게 되었습니다. 하와는 남편의 주도권을 따르면서 동시에 돕는 배필의 역할을 수행하도록 부르심을 받았습니다. 즉, 아담이 주도하고 하와가 도와서 이 땅에 '하나님의 뜻'이 이루어지도록 하는 것이 이 부부의 사명이었습니다. 여기서 중요한 것은 '권위의 순서'입니다. 하나님은 당신이 정하신 질서를 따라 모든 것이 이루어지기를 원하십니다. 하나님은 목표 달성을 향해 사람들을 몰아붙이는 '회사 CEO'가 아니십니다. 하나님은 자녀들이 하나님을 전적으로 신뢰하고 사랑해서 모든 것을 하나님의 뜻대로 하기를 원하시는 '전능하신 아버지'이십니다. 하나님은 우리에게 사명을 주셨고, 그 사명을 이루는 방법도 주셨습니다. 다시 말해서, '사명을 이루는 방법 그 자체도 사명'입니다.

죄로 말미암아 찾아온 부부간의 주도권 싸움

그러나 사탄은 목적과 과정을 뒤섞고, 사명과 방법을 분리시켜 버렸습니다. 하나님께서 결정하신 목적을 이루어 드리기 위해서 사람이 얼마든지 자율적으로 방법을 결정할 수 있다고 주장했습니다. 즉, 하나님께서 명령하신 가정을 만들어야 하는데, 남편이 시원찮으면 아내가 대신하여 주도권을 행사해도 된다는 것입니다. 하지만 이것은 사탄의 유혹이며 죄악의 발현일 뿐입니다. 에덴에서 벌어진 불순종 사건으로부터 찾아온 죄의 결과 중에는 다음과 같은 것이 있습니다.

너는 남편을 원하고 남편은 너를 다스릴 것이니라 _창세기 3:16

『ESV 스터디 바이블』처럼 『개혁주의 스터디 바이블』도 이 구절을 주도권에 관한 문제로 해석합니다.

> '너를 다스릴 것이니라'라는 어구와 4:7의 병행 구절은 여자가 지배하고 싶어 한다는 것을 암시한다. 결혼 조례가 계속되지만, 남자와 여자라는 성 사이의 싸움으로 망가진다. 죄가 타락 전의 결혼 관계의 조화, 친밀함, 상호 보완성을 부패시키고, 지배와 강제적인 복종이 부부 관계를 망가뜨린다.[77]

죄인 여성의 특징

죄는 모든 것을 자아 중심으로 빨아들입니다. 자유도, 권리도, 재산도, 명예도, 관계도 모조리 자기 안에 가두어 놓고 싶어 합니다. 이것이 죄의 특징입니다. 결혼 관계 안에서 여성에게 발현되는 죄는 명확합니다. 창세기 3장 16절이 증언하는 것처럼, 지배권을 자기 안에 두고 싶어 하는 것입니다. '죄인 여성'은 가정을 자기 손아귀에 넣고 주도권을 행사하고자 합니다. 현대 문화는 이것을 더욱 부추기는데, 특히 남편을 자기 입맛대로 바꾸는 것이 '아내의 당연한 권리'인 양 말합니다. '쓸데없는 잔소리'가 합리화되고, 교묘히 '조종하고 통제하는 것'을 지혜라고 높여 줍니다. 한때 '간 큰 남자 시리즈'가 유행했는데, 이것은 가정을 완전히 장악한 아내의

---

77 리고니어 미니스트리 출판부, 『개혁주의 스터디 바이블』(서울: 부흥과개혁사, 2017), 44.

권력을 희화화한 우스개 이야기로 '주도권이 완전히 뒤집어진 현대 사회'를 잘 보여 준 사례입니다.

친구들과 함께 남편에 관한 험담을 나누면서 웃는 문화의 뒤편에는 '남편 리더십'에 대한 근본적인 불신이 있습니다. 험담을 즐기는 대부분의 아내들은 남편이 주도권을 행사하기에는 능력이 부족하기 때문에 자신이 가정을 지배해야 한다고 생각합니다. 그들은 가정에 대한 '지도력'이 남편에게 있다는 성경 말씀도 받아들이지 않습니다. 대신에 '형편없는 남편과 같이 살고 있다면 당신이 가정에서 주도권을 행사해야 한다'는 현대 문화의 음성에 적극적으로 반응합니다. 그렇게 자기 자신을 '돕는 배필'에서 '주도해야 할 권위자'로 인식한 후에 남편을 통제하고, 가정을 지배하며, 모든 것에 주도권을 쥐고자 싸움을 벌이게 됩니다. 다음과 같은 모습을 보입니다.

> 남편의 잘못을 폭로하는 것을 즐깁니다.
> 남편을 뜯어 고치는 것에 혈안이 됩니다.
> 마음에 들지 않는 부분을 즉시 말합니다.
> 불행의 원인을 모조리 남편 탓으로 돌립니다.
> 끝없는 잔소리를 늘어놓습니다.
> 남편의 의견에 공개적으로 반대를 합니다.

결국에는 남편을 질리게 만들어서 가정과 관련한 모든 일에서 손을 떼게 만들어 버립니다. 그리고는 자신이 '가정의 주도권'을 움켜잡고 마음대로 흔들면서 흐뭇해합니다. 하지만 이것은 가정불화를 넘어서서 가정 파괴로 나아가는 지름길입니다. 아합과 이세벨의 관계를 생각해 보십시오. 아합은 무능력한 왕이요 남편이었습니다. 덕분에 '아내 이세벨'은 손쉽게 주도권을 움켜잡았습니다. 이세벨은 '남편 아합'을 지배하여 온갖 악행을 행하게 만들었고, 이스라엘 전역에 바알 신전을 세우게 만들었습니다. 나봇의 포도원을 탐냈지만 '얻어 내지는 못했던' 아합을 위해 악한 지혜를 제공하기도 했습니다. '아내 이세벨'의 주도하에 '남편 아합'의 가문은 철저히 망했을 뿐만 아니라 이스라엘 전체가 초토화되어 버렸습니다.

남편이 어떠하든 그에게 주도권을 주어야 한다

> '남편이 형편없다고 느낄지라도' 그리스도인 아내는 가정의 주도권을 남편에게 주어야 합니다.

성격적으로 수동적인 남편이 있습니다. 은사와 능력이 아내에게 못 미치는 남편이 있을 수도 있습니다. 정신적으로, 신앙적으로 충분히 성장하지 못한 남편도 있습니다. 그럼에도 불구하고 그리스도인 아내는 자신이 주도권을 행사하려고 노력하기보다는 '남편의 지도력'을 성장시키기 위해 노력해야 합니다. 성경은 심지어 그리스도인 아내들에게 불신자 남편일지라도 그의 주도권을 인정할 것을 명령합니다(벧전 3:1). 마음에 차지 않는 남편에게서 주도권을 빼앗아 스스로 가정을 지배하는 것이 아니라, 부족하다 할지라도 남편의 주도권을 인정함으로 남편이 가정 안에서 지도력을 행사하도록 하는 것, 그것이 성경이 말하는 아내의 '돕는 사역'입니다. 남편의 주도권 행사와 아내의 돕는 사역이 무너지고, 남편과 아내가 서로 주도권 싸움을 벌일 때 어떤 일이 벌어질까요? 낸시 레이 드모스는 다음과 같이 말합니다.

> 대부분 남성들은 문제가 일어나는 것 자체를 싫어한다. 그들은 혼란과 무질서를 경멸한다. 그들은 집에서 가능한 오래도록 평화를 유지하고 싶어 한다. 그들은 여성들과 논쟁하고 싸우기보다는 차라리 그녀가 마음대로 하도록 내버려 둔다.[78]

건강하지 못한 남편에게서 주도권을 빼앗는 것은 아무런 유익이 없습니다. 무능력한 남편을 무관심한 남편으로 만들 뿐입니다.

하나님의 뜻은 목표만이 아니라 방법과 질서에도 있다

부족한 남편을 충만한 남편으로 바꾸기 위해서 하나님은 '돕는 배필'을 만드셨습니다. 아내로 세움을 받은 이유는 '주도권'을 행사하기 위한 것이 아닙니다. 가정에서의 주도권을 올바로 행사하기에는 다소 부족한 남편을 돕기 위한 것입니다. 그러므로 모든 아내들은 가정 안에서 남편의 주도권을 인정하기 위해 힘쓰십시오. 남편의 지도력을 성장시키기 위해 노력하십시오. 남편이 올바로 권위를 사용할 수 있도록 '돕는 사역'을 지속하십시오. 하나님의 뜻은 목표만이 아니라 방법과 질서에도 있습니다. 마음속에서 지배력을 행사하고 싶은 욕구를 억제하고 하나님을 의지하며 '돕

---

78 낸시 레이 드모스, 『여자들이 믿고 있는 새빨간 거짓말』(서울: 좋은씨앗, 2005), 174.

는 사역'에 힘쓰는 아내에게 성령의 '돕는 사역'이 함께할 것입니다.

섬김에 대한 견해가 왜곡되었습니다

나는 하나님의 뜻을 따르는 아내인가

남편 때문에 결혼 생활에 위기가 찾아왔다고 생각하는 아내는 남편을 문제의 근원으로 몰아가기 전에 먼저 스스로에게 물어봐야 합니다.

"나는 남편을 돕는 배필인가?"

물론 '엉망진창 남편' 탓에 부부 관계에 치명적인 문제가 발생하는 경우는 꽤 있습니다. 남편의 '불성실, 부정직, 결정 장애, 일중독, 게임 중독, 무관심, 불신앙' 등으로 고통을 호소하는 아내들이 많습니다. 아마도 그녀들은 '자기 남편에게 섬김을 받을 만한 자격'이 있는지 의심스러울 것입니다. '이토록 형편없고, 이렇게 이기적인 그를 내가 왜 섬겨야 하는가?'라는 생각이 들 법한 남편들이 분명히 있습니다. 하지만 하나님은 '남편이 완전하기 때문에' 도우라고 말씀하신 것이 아닙니다. 남편 때문에 그를 도우라고 말씀하신 것이 아니라 아내로 부르심을 받았기 때문에 그를 도우라고 말씀하신 것입니다. 세상이 복음을 받을 만하기 때문에 복음을 전하는 것이 아닌 것처럼, 내가 구원을 받을 만하기 때문에 구원을 받은 것이 아닌 것처럼, 남편도 섬김을 받을 만하기 때문에 섬기는 것이 아닙니다. 생명과 진리를 수여하신 하나님께서 '당신을 아내로 부르셨기' 때문에 남편에게 순종하는 것입니다.

> 당신이 피해나 상처를 입을 때 축복으로 반응하면 당신의 남편이 변화될 거라고 나는 장담할 수 없다. 당신에게 행복한 삶과 개인적 만족을 장담할 수 없다. 그러나 당신이 그리스도인으로서 자신의 목적과 소명대로 살고 있다는 것만은 장담할 수 있다. 당신은 하나님의 뜻에 순종하고 있으며 순종에는 평안이 있다. 당신이 그런 식으로 반응해야 할 첫 번째 이유는, 바라던 남편의 변화를 얻어 내기 위해서가 아니라 하나님이 당신에게 그런 반응을 원하시기 때문이다.[79]

"나는 남편을 돕는 배필인가?" 이 질문을 통해 복잡하고 혼란스러운 결혼 생활을 단숨에 정돈할 수 있습니다. '엉망진창 남편'을 바로잡을 수는 없지만, '엉망진창 아내인 나'는 바로잡을 수 있기 때문입니다. 원래 창조 받은 대로, 처음 부르심을 받은 대로 살아갈 수 있도록 '정신을 바짝 차리게' 만듭니다.

현대 문화는 성경적인 아내를 불신하게 만든다

반면에 현대 문화는 정신을 혼미하게 합니다. '성경적 아내'에 관해 불신과 불만을 끊임없이 불러일으킵니다.

---

79 게리 토마스, 『부부 학교』(서울: CUP, 2011), 147.

> 우리의 대중문화는 다음과 같은 생각들을 부추긴다. '나의 필요는 무엇인가? 어떻게 하면 내가 행복해질 수 있을까? 이것은 나에게 어떤 영향을 미치는 가? 즉효 약은 무엇인가?' 많은 여자들은 자신을 우선시하라는 세상의 거짓 말을 받아들이고, 그렇게 하지 않으면 남편에게 이용당할 것처럼 생각했다. 그러나 나는 이러한 그릇된 생각과 행동들이 아무 도움이 되지 않는다고 단 언한다.[80]

낭만으로 무장한 대중문화는 섬김의 주체를 바꾸어 놓았습니다. 상업적인 목적으로 만들어진 대중문화는 소비의 주체가 되는 여자들을 공략하기 위해 '여자들은 마땅히 공주처럼 대접받아야 한다'는 생각을 확산시키고 있습니다. 멋진 남자들이 여자를 위해 헌신하는 드라마나 영화가 유행하고, 아내를 여왕처럼 떠받들고 산다는 남자 연예인들의 이야기가 방송을 타면서 '아내들의 생각'이 대중문화 쪽으로 기울어졌습니다. 현대 대중문화에서 만들어 내는 '남자와 여자의 관계'를 한마디로 정리하자면 이렇습니다.

남자는 여자를 섬기기 위해 존재한다.

"아내는 남편을 돕는 배필"이라는 성경의 진리와 얼마나 다릅니까? 커피 전문점에 모여 앉은 여성들의 대화를 우연히 들은 적이 있습니다. 그녀들은 '남자 친구가 무엇을 해 줬다, 얼마짜리 선물을 받았다, 남편과 함께 유럽을 다녀왔다, 남편이 생일에 감동스런 이벤트를 해 줬다'는 등의 이야기

---

80 멜라니 치우드, 『나는 하나님이 허락하신 아내다』(서울: 생명의말씀사, 2011), 13.

를 하고 있었습니다. 남편 혹은 남자 친구가 자기를 얼마나 열심히 섬겨 주는지를 말하면서 자랑하기도 하고 부러워하기도 했습니다. 그녀들의 대화를 듣고 있자니, 마치 여자들의 행복은 남자의 섬김에 달려 있는 듯했습니다. 남자가 자기를 얼마나 잘 섬겨 주는지를 논하던 여자들의 대화는 우리 시대가 성경의 가치관에 역행하고 있음을 잘 보여 줍니다.

죄로 말미암아 파괴된 성경적인 여성관

사실 이것은 독특한 현상이 아닙니다. 에덴의 타락 이후 생겨난 보편적 현상입니다. 다시 말해서, 죄의 결과로 만들어진 성 질서의 혼잡과 역할 파괴인 것입니다.

> 하나님은 남편을 돕는 배필로서 하와의 창조적 역할이 이제 아담을 지배하려는 욕심으로 왜곡되었음을 보여 주신다. 유혹의 과정에서 하와는 남편의 머리 역할을 대신하려 했으며 이제 이 순간적 욕망은 광범위한 전형이 될 것이다.[81]

레이 오틀런드는 창세기 3장 16절 "너는 남편을 원하고 남편은 너를 다스릴 것이니라"는 말씀을 해석하면서, 여자가 남자를 지배하고자 하는 욕망이 광범위한 전형, 곧 보편적 현상이 될 것이라고 말합니다. 이 구절을 증명하는 것은 어렵지 않습니다. 주변에 있는 부부들을 슬쩍 관찰하기만 해

---

81 레이 오틀런드, 『결혼과 복음의 신비』(서울: 부흥과개혁사, 2017), 62.

도 알 수 있는 일입니다. 죄로 말미암아 왜곡된 세속적 문화는 그리스도인 여성에게도 큰 영향을 미쳤습니다. 미혼 여성 중에 상당수는 남자 친구가 그리스도께 온전히 헌신한 사람이 아님에도 불구하고 자신을 행복하게 해 줄 것 같다는 이유로 그와 결혼을 합니다. 그리스도보다 자존감을 더욱 중요하게 생각하고, 신앙보다 행복을 더욱 갈망하기 때문에 벌어지는 일입니다. 무엇보다 잘못된 '여성관과 남성관'에 따른 것인데, 그리스도를 믿는다고 자처하는 여자들조차 자신의 행복은 남자에게 달려 있다고 생각하는 경향이 있기 때문입니다. 만약에 자신이 행복하지 않다면 남편이 행복하게 해 주지 않았기 때문이며, 남편이 자신을 온전히 섬겨 주지 않았기 때문이라고 생각한다는 것입니다.

피차 섬기되 우선적으로 섬기라

그러나 성경에 따르면, 이런 생각은 완전히 틀렸습니다. 남편과 아내 사이에 놓여진 '섬김'의 일차적 원리는 "피차 섬김"입니다. 즉, 남편과 아내 모두 섬김을 받으려 하지 말고 먼저 섬기려고 해야 한다는 것입니다. 섬김의 방향은 '내'가 아니라 '너'여야 합니다. 그럴 때 '나와 너'가 온전히 하나가 되어 '우리'가 될 수 있습니다. 이차적 원리는 "아내의 우선적 섬김"입니다. 성경은 명백한 어조로 '하나님께서 아내를 남편을 위해 돕는 배필'로 지으셨다고 말합니다. 앞에서부터 계속 강조하는 것처럼 '돕는다'는 말은 열등함과 전혀 상관이 없습니다. 오히려 도움을 받는 존재가 부족한 것입니다. 하나님은 남자를 창조하신 후에 '그가 홀로 있는 것이 좋지 않다'고 말씀하셨습니다. 무엇인가 부족했다는 뜻입니다. 그렇기에 여자를 만들어서 그 부족함을 채워서 완전하게 만드시고자 하셨습니다. 그러므로 아내가 남편을 섬기는 것은 '둘의 완전함, 혹은 둘의 하나 됨'을 위해 꼭 필요한 사역입니다.

오늘날 가장 많이 회자되는 말 중에 '가사 분담'이 있습니다. 남편과 아내가 가사를 정확히 절반으로 나눠서 각각 분담해야 한다는 것입니다. 여성주의자들의 말에 따르면, '남편이 가사를 돕는다'는 표현조차도 잘못되었습니다. 이 주장의 근거는 남자와 여자는 완전히 평등하기에 '가사와 자녀 양육과 경제적 부담' 등을 양분하는 것이 마땅하다는 것입니다. 소위 말하는 우리 사회의 지식인들이 TV에 나와서 이런 주장을 펼치고, 대중문화는 그 주장을 보편적 현상으로 포장하면서 "당연한 가치"로 만들어 버렸습니다. 여기서 말하고자 하는 것은 남자는 가사를 하나도 하지 않아야 하고 여자가 다 해야 한다는 것이 아닙니다. 남편도 가사를 할 수 있습니다. 아내의 고생과 수고에 감사하고 사랑하는 마음으로 남편이 가사를 돌볼 수 있습니다. 하지만 위에서 말하는 것처럼, 그것이 "당연한 가치"는 아닙니다. 가정을 돌보는 일은 하나님께서 아내에게 맡기신 사명입니다. 아내는 하나님께서 주신 사명을 따라 가정을 돌봄으로 남편을 돕습니다. 가정의 공급자인 남편이 그 사명을 잘 감당할 수 있도록 가정의 양육자인 아내가 자기 사명을 잘 감당할 때, 하나님의 통치가 있는 가정 공동체가 세워지는 것입니다.

하나님께서 규정하신 것은 늘 선하다

그런 의미에서 아내들은 문화적 영향력을 멀리하고 성경의 교훈을 듣기 위해 힘써야 합니다. 이 시대의 문화는 정확히 성경의 교훈과 반대 방향으로 가고 있기 때문입니다. 시대의 풍조를 분별하고 주님의 뜻대로 사는 것은 모든 그리스도인의 마땅한 의무입니다. 성경은 분명히 남편이 아내의 조력자가 아니라 아내가 남편의 조력자라고 말합니다.

> 남자가 여자에게서 난 것이 아니요 여자가 남자에게서 났으며 또 남자가 여자를 위하여 지음을 받지 아니하고 여자가 남자를 위하여 지음을 받은 것이니 _고린도전서 11:8-9

이 구절은 존재적인 우열을 의미하지 않습니다. '직분'을 의미합니다. 하나님은 부부라는 팀이 온전한 기능을 발휘할 수 있도록 남자에게는 남편이라는 직분을, 여자에게는 아내라는 직분을 수여하신 것입니다. 폴 투르니에는 "여성은 결코 어떤 것을 위해 일하지 않고 항상 누군가를 위해 일하게 마련이다"[82]라고 말하면서 성경이 규정하고 있는 여성다움의 특징을 설명합니다.

위 구절을 이해하기 위해서 우리에게 가장 필요한 것은 '선하신 하나님을 향한 신뢰'입니다.

---

82 폴 투르니에, 『여성, 그대의 사명은』(서울: IVP, 1991), 116.

선하신 하나님께서 규정하신 것은 늘 선합니다.

시대의 풍조는 남녀 구분을 차별로 몰아가지만 성경의 교훈은 남녀 구분을 선한 것이라고 말합니다. 특히 남자와 여자가 가정 안에서 각각 남편이라는 직분과 아내라는 직분을 맡아 하나님의 가정을 세우는 것은 아름답고 선한 것입니다. 사실 이것은 아주 일반적인 원리입니다. 소방관들이 불을 끌 때는 항상 팀을 짜서 각자의 역할을 따라서 일을 합니다. 어떤 소방관은 최전방에서 소화기를 들고 불을 끄고, 어떤 소방관은 후방에서 물을 공급합니다. 소방대장은 사건 현장을 총지휘함으로 팀을 이끕니다. 모든 사람들은 이것을 아름답고 선한 것으로 여깁니다. 만약에 누군가가 '왜 소방대장만 지휘권을 갖냐'면서 이것이 차별이라고 비난한다면, 사람들은 그를 제정신이 아니라고 여길 것입니다. 마찬가지입니다. 하나님은 자신의 구속 작업을 이루시기 위해 가정을 사용하십니다. 또한 이것을 위해 가정 안에 남편이라는 직분과 아내라는 직분을 세우셨습니다. 그러므로 남편으로 부름 받은 사람은 그 사명을 잘 감당하고, 아내로 부름 받은 사람은 그 사명을 잘 감당하는 것이 아름답고 선합니다.

돕는 사역은 참으로 귀하다

특별히 아내들은 자신들에게 맡겨진 '돕는 사역'이 얼마나 귀한지를 깨달아야 합니다. 다음을 읽어 보십시오.

> 만일 약속이 그리스도에게서 절정을 이룬다고 한다면, 뱀에 대한 승리가 남
> 자의 후손이 아닌 여자의 후손에게 약속되었다는 사실은 보다 깊은 중요성을
> 가지고 있는데, 이것은 여자를 통하여 마귀의 술책이 죄와 죽음을 세상에 가
> 져다주었던 것같이 여자를 통하여 하나님의 은혜는 타락한 인류로 하여금 죄
> 와 죽음, 마귀를 이길 수 있는 정복자가 되게 하실 것이라는 것이다.[83]

하나님은 실패자를 일으켜 세우시는 분입니다. 비록 최초의 죄가 뱀에게 유혹을 받은 여자로부터 시작되었지만, 하나님은 영광의 면류관이 여자로부터 시작될 수 있도록 은혜를 베푸셨습니다. 그런 의미에서 여자는 위대합니다. 더 정확히 말하면, '여성다움'은 위대합니다. 그러므로 모든 아내들은 '여성다움'과 '돕는 사역'을 깊이 공부해야 합니다. 시대의 풍조가 권하는 '이기적인 여성상'이 아니라 말씀이 권하는 '섬기는 여성상'을 연습해야 합니다.

특수한 상황에서도 가정의 주도권은 남편에게 있다

이와 같은 원리는 특수한 상황에서도 적용되어야 합니다. 예를 들어, 아내가 직장을 다니면서 가정 경제를 책임져야만 하는 상황 같은 경우입니다. 보통은 남편이 공부를 하거나, 병이 들었거나, 특별한 일을 준비할 때 이런 경우가 일어날 수 있습니다. 그럴 때는 아무래도 남편이 가정을 돌보게 되고 아내가 밖에서 일을 할 수밖에 없습니다. 하지만 이와 같은 특수한 상황에서도 '가정의 직분론'은 근본적으로 동일하게 적용되어야만

---

83 카일-델리취, 『구약 주석: 창세기』(서울: 기독교문화사, 1988), 108.

합니다. 당연히 외형적인 업무는 "일시적으로" 뒤바뀔 수 있습니다. 남편이 가사를 하게 되고, 아내가 경제 활동을 할 수밖에 없다는 것입니다. 그럼에도 불구하고 아내가 가정을 주도하고 남편이 아내를 섬기는 형태가 되어서는 안 됩니다. 아내는 자신감을 잃어버릴 수 있는 특수 상황에 놓인 남편을 위해 성경이 말하는 '돕는 사역'에 더욱 집중해야 합니다. 남편을 위로하고 격려하며 그가 여전히 가정의 머리임을 일깨워 주고 가정을 세심하게 돌보는 사역을 멈추지 말아야 합니다. 그리고 이 특수한 상황이 빨리 지나갈 수 있도록 함께 노력해야 합니다.

결혼을 말하다

열째

열째,
한 몸을 위한 여성다움의 회복 ⑶

여성다움을 더 많이 다루는 이유

남성다움의 회복보다 여성다움의 회복을 더욱 많이 다루는 이유가 있습니다. 여성다움과 교회다움이 가지고 있는 유사성 때문입니다. 우리는 이 땅에서의 결혼이 마지막 날에 완전히 이루어질 '그리스도와 교회의 혼인' 모형임을 이미 배웠습니다. 그러므로 교회는 항상 신랑 되신 그리스도께 주도권을 드리고 그분을 섬기고 그분께 순종해야 합니다. 이것은 여성다움에서 발견할 수 있는 경건입니다. 그러므로 교회 안에 있는 여성들이 '여성다움'을 회복할 때 교회는 훨씬 더 교회다워질 수 있습니다. 여성다움의 회복은 가정과 교회를 일으키는 데 매우 중요합니다.

계속해서 여성다움의 회복이라는 측면을 살펴보겠습니다.

순종에 대한 견해가 왜곡되었습니다

논쟁적인 단어, 순종

오늘날 '순종'만큼 논쟁적인 단어는 없습니다. '순종'이란 말은 듣기만 해도 언짢은 말이 되어 버렸습니다.

> 그 단어는 우리의 반감을 사고, 우리를 화나게 만들 수 있습니다. 우리의 문화는 독립, 스스로 행하는 것, 나 중심적인 생각을 권장합니다. 그러나 순종은 그런 개념과 전혀 어울리지 않습니다.[84]

그렇기에 현대인들은 '순종'을 매우 부정적인 행위로 이해합니다. 순종이라는 단어를 '억압, 열등, 강제' 등의 단어와 '같은 의미'로 해석하는 것입니다.

순종은 하나님의 생각에서 나왔다

그러나 순종은 권력에 집착하는 남자들이 여자들과 사회적 약자들을 마음대로 조종하기 위해 만들어 낸 단어가 아닙니다. 순종은 하나님의 생각에서 나왔습니다.

> 첫째, 순종은 하나님의 성품에서 나왔으며, 둘째, 하나님께서 세상을 다스리기 위해 의도하신 질서입니다.

---

84 멜라니 치우드, 『나는 하나님이 허락하신 아내다』(서울: 생명의말씀사, 2011), 91.

순종이 하나님의 성품에서 나왔다는 것은 무슨 뜻일까요? 한 분 하나님은 삼위로 존재하십니다. 성부와 성자와 성령입니다. 삼위 하나님은 영원 속에서 '구원의 계획'을 작정하셨는데, 그 계획은 성자 하나님께서 성부 하나님께 순종하여 드러나도록 설계되었습니다. 성자 하나님은 아버지의 뜻에 온전히 순종하심으로 '삼위 하나님'의 영광을 나타내셨습니다.

순종이 세상을 다스리기 위한 하나님의 의도라는 것은 무슨 뜻일까요? 하나님은 모든 것에 권위를 세우시고, 그 권위를 따라 질서 있게 운행되도록 하셨습니다. 모든 것을 창조하신 후에 그 위에 사람을 세우셨고, 남자와 여자를 만드신 후에 남자를 여자의 머리로 삼으셨으며, 국가를 세우신 후에는 위정자에게 권위를 허락하셨습니다. 이 땅에 존재하는 모든 권위는 하나님께서 친히 세우신 것이기에 하나님의 통치를 존중하는 사람은 모든 권위에 순종해야 합니다.

그러므로 순종은 사회적 맥락에서 탄생한 것이 아니라 하나님의 생각에서 비롯된 것입니다. 특히 순종의 명령을 받은 아내들은 이 사실을 깊이 묵상해야 합니다. 실제로 많은 아내들이 순종을 꺼려하는데, 너무 많은 희생을 치를까 봐 두렵기 때문입니다. 여기서 '너무 많은 희생'이란 더 이상 자기 마음대로 행동할 수 없게 되는 것을 의미합니다. 결국 이 말은 자기 멋대로 행하고 싶은 '죄의 본성' 안에서 허우적거리기 원함을 뜻합니다. 그러므로 순종과 관련하여 배우고 싶은 아내는 가장 먼저 '성령께서 마음을 주장하시기를 간구'해야 합니다. 주님의 뜻을 행하고자 하는 마음이 충만하지 않으면, 그 누구도 순종할 수 없기 때문입니다.

성경적인 순종이란 무엇인가

이제 성경적인 순종이 무엇인지를 살펴보겠습니다. 첫째, 성경적인 순종의 기초는 '섬기고자 하는 자발적인 마음'입니다. 큰 피해를 받을까 봐 공포에 떨면서 하는 것은 성경적인 순종이 아닙니다. 혹은 상대를 통해 무엇인가를 얻고자 계산적인 마음으로 하는 것도 성경적인 순종이 아닙니다. 성경적인 순종은 오직 '자발적인 마음'에서 나옵니다. 그렇다면 어떻게 자발적으로 순종할 수 있을까요? 마음의 변화를 받아야 합니다. 어떻게 마음의 변화를 받을 수 있을까요? 그리스도의 복음으로 말미암아 거듭난 사람만이 마음의 변화를 받을 수 있습니다. 그러므로 거듭난 그리스도인만이 성경이 말하는 순종을 행할 수 있는 것입니다. 그런 의미에서 세상이 기독교의 순종을 제대로 이해하지 못하는 것은 당연합니다. 죄의 본성을 지닌 사람들은 '자발적인 순종'이 무엇인지를 알 수 없기 때문입니다.

> 자유의 복음은 자랑과 자기주장이 아닌 겸손을 만들어 냅니다. … 따라서 기독교 공동체가 지속해야 할 태도는 그리스도처럼 섬기는 태도입니다. 즉 자신을 상대의 눈높이까지 낮추어 섬기되 손해와 희생을 감수해야 한다는 것입니다.[85]

그리스도께서 행하셨던 이 일을, 그리고 모든 그리스도인들이 행해야 할 이 일을, 하나님은 특별히 아내들에게 허락하셨습니다. '아내에게 주어진

---

85 레이 오틀런드, 『결혼과 복음의 신비』(서울: 부흥과개혁사, 2017), 117.

순종이라는 이 '사명'은 그리스도처럼 행할 수 있는 하나님의 영광스러운 부르심입니다. 그러므로 '순종'을 문화적 맥락이나 사회적 맥락에서 해석해서는 안 됩니다. 순종은 그리스도의 복음으로 말미암아 본성이 변한 사람, 그중에서도 특히 아내를 위해 하나님께서 '디자인'하신 '하나님의 계획'입니다. 이것을 깊이 묵상하십시오.

당신을 규정짓는 것은 하나님이지 당신의 결혼 여부나 결혼 상태가 아닙니다.[86]

그러므로 자발적인 순종을 위해서 아내인 당신이 묵상해야 하는 것은 "남편의 됨됨이"가 아닙니다. "남편의 됨됨이"에는 순종할 이유보다 순종하지 않아도 될 이유가 넘쳐 날 것입니다. "남편의 됨됨이"가 당신을 규정짓지 못하도록 하십시오. 아내로 부름 받은 당신이 묵상해야 할 것은 "하나님의 됨됨이"입니다. 하나님 아버지의 한없는 사랑과 자비하심, 그리고 그 무한한 은혜를 묵상할 때, 비로소 당신은 '하나님을 위해' 남편에게 순종할 수 있게 됩니다. 하나님의 자비로 마음이 녹은 아내는 기꺼이, 그리고 즐겁게 남편에게 순종합니다. 그녀의 일차적 목표는 '자기의 행복'이 아니라 '하나님의 영광'이기 때문입니다.

그러므로 순종하는 아내는 '강한 여자'입니다. 사람의 본성은 항상 자기 행복을 향하게 되어 있습니다. 하지만 순종은 그 본성의 방향을 거스르는

---

86 게리 토마스, 『부부 학교』(서울: CUP, 2011), 35.

행위이기 때문에 순종하는 아내야말로 본성에 저항할 수 있는 강한 능력을 지니고 있는 것입니다. 현대 문화는 순종하는 여성상을 대단히 유약하고 덜 계몽된 존재로 묘사하지만, 성경은 순종하는 아내를 참으로 자유로운 존재로 표현합니다. 죄의 본성에서 해방된 사람만이 순종할 수 있기 때문입니다. 순종하는 아내는 마음이 은혜로 말미암아 장악된 '성령 충만한 존재'입니다.

둘째, 성경적인 순종은 아무 의견도 표할 수 없다는 뜻이 아닙니다. 성경은 그런 식의 순종을 말한 적이 없습니다. 예컨대, 부도덕한 일을 시키는 남편에게 무조건 순종할 수는 없는 노릇입니다. 불신앙적인 일을 강요하는 남편에게도 덮어 놓고 순종할 수는 없습니다. 남편의 독선과 폭력 앞에서 쥐 죽은 듯이 엎드려 지내는 것은 '성경적인 순종'이 아닙니다. 김홍전은 성경적인 순종의 특징을 이렇게 말합니다.

우리가 예수 그리스도께 순종할 때 자기의 의식을 다 버린 채 무감각한 기계가 되어서 '이렇게 하라' 하면 '예', '저렇게 하라' 하면 '예', 그렇게 순종하는 것입니까? 그렇지 않으면 내 자신이 그리스도의 거룩하신 뜻을 더욱 궁구하고 살피고, 그 선하시고 온전하시고 기뻐하시는 뜻이 무엇인지를 인식하고 식별하여, 우리가 알았을 때는 자진해서 즐겁게 성신님을 의지하여 순종해 나가는 것입니까? 물론 그것은 그렇게 자기가 인식하고 각성하여 자기가 확신하고, 그 다음에 자기 성신님을 의지하여 자진해서 순종하고 나가는 것입니다. 즉, 자기가 판단하는 것입니다. 이것이 순종입니다. 그렇지 않은 것은 기계적인 굴종일 뿐입니다. 성경이 아내에게 가르치는 것은 자기 남편에게 굴종하라는 것이 아니라 순종하라는 것입니다. 순종하되 교회가 그리스도께

순종하듯이 순종하라고 합니다.[87]

성경적인 순종에는 분명한 목적과 동기와 방법과 방향이 있습니다. 하나님의 영광을 위해야 하고 하나님의 거룩함에서 벗어나서는 안 되며 하나님의 법과 나라를 향해야 합니다. 다시 말해서, "하나님은 여자를 여시되 무엇이든 그분의 목적을 진척시키는 것만 받아들이게 하셨"[88]습니다. 또한 성경은 '피차 권면할 것'을 명령합니다. 남편도 아내를 권면할 수 있고 아내도 남편을 권면할 수 있습니다. 남편이 아내를 책망할 수 있는 것처럼 아내도 남편을 책망할 수 있습니다. 순종은 아무것도 반대하지 않고 아무 의견도 내지 않은 채, 분을 속으로 삭이며 불만을 쌓아가는 것이 아닙니다. 순종은 거룩한 분별력을 가지고 지혜로운 말과 태도로 남편을 존중하는 것입니다.

> "아내들아, 휘포타소(순종)하라." 베드로전서 3:1에 "순종하라"로 번역된 헬라어 단어가 바로 그것이다. 아무 생각 없이 남편이 시키는 대로 해서는 안 된다. 더 큰 계획과 더 크고 아름다운 이야기가 있다. 당신은 그 아래에 서야 한다. 복종에 필요한 것은 반사적 순종이 아니라 지혜로운 분별력이다.[89]

래리 크랩은 성경적 순종의 뜻을 '더 큰 계획 아래 선다'로 이해합니다. 즉, 순종이란 더 큰 계획 아래에 서서 남편의 언행을 지혜롭게 분별하여 그에

---

87 김홍전, 『혼인, 가정과 교회』(전주: 성약, 1994), 23.
88 래리 크랩, 『에덴 남녀』(서울: 복있는사람, 2014), 82.
89 위의 책, 83.

맞게 말하고 행동하는 것입니다.

셋째, 그런 의미에서 성경적 순종은 '태도에 관한 것'입니다. 순종은 남편의 개별적인 언행 모두를 수용하는 것이 아닙니다. 무슨 말을 해도 꿀먹은 벙어리처럼 입을 다물고 있거나 무슨 짓을 해도 눈감아 주는 것은 성경이 말하는 순종과 거리가 멉니다. 성경적 순종은 그와 같이 개별적 언행을 모조리 참아 주는 것이 아니라 '남편이라는 직분의 권위를 인정해 주는 태도'입니다. 즉 남편을 머리로 인정하는 태도, 남편의 지도력과 판단을 신뢰하는 태도가 순종입니다. 마음속에는 남편에 대한 불만이 가득하면서 겉으로만 억지로 순종하는 것은 '성경적 순종'이 아닙니다. 성경적 순종은 반대 의견을 말할 때나 지혜로운 충고를 더할 때조차도 남편을 존중하는 자세를 잃지 않는 것입니다. "아내는 자기 남편을 존중"(엡 5:33)해야 하기 때문입니다.

> 복종하는 마음의 반대는 지나친 요구와 말꼬투리를 잡는 반대 및 끊임없는 짜증입니다.[90]

아내들은 자기 마음에 무엇이 들어 있는지를 점검해 보십시오. 남편에 대한 냉소, 분노, 불만, 비난, 포기, 무시 등이 마음에 있다면, 반드시 그에 해당하는 언어가 입을 거쳐서 나오고 있을 것입니다. 어떤 아내들은 이렇게 반문할 수 있습니다.

---

90 레이 오틀런드, 『결혼과 복음의 신비』(서울: 부흥과개혁사, 2017), 117.

이론에 불과할 뿐이에요. 우리 남편은 도저히 못 봐줄 정도입니다. 정말 형편이 없어요. 내가 잔소리를 하고 싶어서 하는 게 아닙니다. 그냥 보고만 있어도 화딱지가 나고, 하나도 믿을 게 없단 말이죠.

이 말을 정확히 자기 자신에게 적용해 보십시오. 그렇지 않다고요? 그렇다면 하나님께서 당신을 보실 때 어떻게 보실지를 생각해 보십시오. 하나님 편에서 보면 '우리야말로 정말 형편없고, 보기만 해도 한심하고, 도저히 못 봐줄 정도'가 아닌지요. 그런데 하나님은 이런 우리를 어떻게 대해 주셨습니까? 앞에서 말한 것처럼, 순종의 문제는 '남편'의 문제가 아니라 '복음'의 문제입니다. 복음이 나를 온전히 장악했는지, 아니면 여전히 내가 나를 장악하고 있는지의 문제가 핵심입니다. 남편에게 성격적인 결함이 있을 수 있습니다. 천성적으로 게으르거나 다른 이들보다 무능력할 수 있습니다. 분명히 "대다수의 남편이 삶의 변화가 필요한 상태입니다. 하지만 성경은 하나님께 대한 아내의 순종이 남편의 행동에 달려 있다고 가르치지 않습니다."[91] 그러므로 아내들은 남편을 향한 자신의 태도를 점검해 보십시오. 자신의 신앙이 어느 정도인지 확인할 수 있습니다. 마르다 피스의 이야기를 들어 보십시오.

하나님은 남편에 대한 아내의 순종을 하나님과 동행하고, 그분의 뜻을 이해하고, 성령으로 충만함을 입은 결과로 간주하실 정도로 중요하게 생각하신다.[92]

---

91 마르다 피스, 『나는 현숙한 아내이고 싶다』(서울: 생명의말씀사, 2011), 149.
92 위의 책, 149.

넷째, 순종과 '남편 의존적인 성격'은 같은 말이 아닙니다. 지금까지 계속해서 말한 것처럼, 순종은 마음의 변화를 받은 아내만이 할 수 있는 '복음의 능력'입니다. 치열한 고민과 격렬한 의지의 다툼이 내면에서 일어날 수밖에 없습니다. 순종하기에는 형편없는 남편과 순종하기에 합당한 하나님 사이에서 실존적인 갈등에 휩싸일 수밖에 없다는 것입니다. 그러나 하나님을 향한 사랑으로 내 자존심을 향한 아집을 꺾고 남편에게 순종하는 것, 그것이 바로 성경적인 순종입니다. 그러므로 순종은 '누군가에게 자기 권한을 주어 버리는 것을 편안하게 여기는 성격'과는 전혀 다릅니다. 의존적 성격의 소유자는 마땅히 자기가 해야 할 것을 남에게 던져 버립니다. 자신이 수고롭게 일해서 얻어야 할 것조차도 남에게 책임을 전가해 버리는 것입니다. 예컨대, 의존적인 성격을 지닌 아내는 '하나님과의 관계'도 남편에게 의존해 버립니다. 성경 읽기와 기도하기, 경건 서적 읽기와 설교 적용 등을 하나님 앞에서 스스로 힘쓰지 않고, 남편이 한 것을 자기 것처럼 여겨 버린다는 것입니다. 이것은 순종이 아니라 게으름의 합리화이며 의존적 성격의 폐해일 뿐입니다.

순종하는 아내는 하나님께 더욱 매달립니다. 온 힘을 다해 능력의 원천이 되시는 그분께 의지합니다. '돕는 배필'로 지으신 그분만이 '돕는 능력'을 주실 수 있기 때문입니다. 하나님을 통해 은혜와 신앙과 인격을 공급받은 아내가 남편을 온전히 도울 수 있습니다. 그러므로 순종하는 아내는 말씀을 공급받기 위해 애를 쓰고 기도의 자리를 힘써 사모하며 하나님을 예배하는 일에 더 깊이 뛰어듭니다. 순종하는 아내와 남편에게 의존하는 아내는 같은 말이 아닙니다.

다섯째, 성경은 순종의 범위도 정해 놓고 있습니다. 바울은 다음과 같이 말합니다.

아내들도 범사에 자기 남편에게 순종할지니라 _에베소서 5:24

우리가 깜빡 잊는, 혹은 일부러 놓치는 단어가 있습니다. "범사에"라는 말입니다. 성경은 아내가 남편에게 순종해야 하는 영역을 아주 작게 말하지 않습니다. 범사, 곧 '모든 일'에 순종하라고 말합니다.

> 이는 경제적인 부분, 집 단장, 머리 모양, 저녁 식사, 자녀 훈계 등 삶의 모든 영역을 아우릅니다. 예를 들어 순종하는 아내는 남편이 새로 산 소파가 별로 마음에 들지 않으니 당장 도로 갖다 주라고 말하며 화를 낼 경우 죄를 지으라는 요구가 아닌 이상 그의 말에 기꺼이 따라야 합니다. 다시 말해 죄를 지으라고 요구하지만 않는다면 아내는 남편에게 온전히 순종해야 합니다[93]

굉장히 거북스러운 주장이지만, '범사에 남편에게 순종하라'는 말씀을 다른 의미로 해석할 여지는 없어 보입니다. 모든 일에 순종해야 합니다. 여기에는 불법과 불신앙을 제외한 모든 것이 포함됩니다. 다소 지혜롭지 못한 일이라고 해도 아내는 남편에게 순종해야 합니다. 범사에 속한 일이기 때문입니다. 상당히 사적인 일이라고 해도 아내는 남편에게 순종해야 합

---

93 위의 책, 161.

니다. 범사에 속한 일이기 때문입니다. 취향의 문제라고 해도 아내는 남편에게 순종해야 합니다. 범사에 속한 일이기 때문입니다. 사적인 영역은 신성불가침이 되어 가고 있는 이 시대에 정말 거북스러운 주장이 아닐 수 없습니다. 그렇지만 성경은 이것을 명하고 있습니다. 극단적인 개인주의를 강조하는 우리 시대는 결혼 이후에도 남편과 아내에게 사적인 영역을 분리하라고 가르칩니다. 이것은 정확히 성경의 가르침과 반대입니다. 성경은 남편과 아내가 하나로 연합된 존재라고 가르칩니다. 그러므로 남편과 아내에게는 사적인 영역이 있을 수 없습니다. 모든 영역은 남편과 아내 두 사람이 함께하는 공적인 영역입니다. 그리고 이 영역의 머리는 남편입니다. 따라서 '아내는 범사에 남편에게 순종하라'는 성경의 명령은 당연한 것입니다. 마음에 드는 것만 순종해서도 안 되고, 커다란 부분만 순종해서도 안 되며, 공적인 일만 순종해서도 안 됩니다. 범사에 순종해야 합니다.

여섯째, 성경은 모든 남성들에게 순종하라고 명령하지 않습니다. 성경의 명령은 '아내와 남편의 관계'에만 해당합니다. 예컨대, 사회생활을 하는 여성들이 그곳에서 만난 모든 남성에게 복종해야 하는 것은 아닙니다. 여성이 사회생활에서 남성들을 통제할 수 있는 지도자의 위치에 올라서면 안 되는 것도 아닙니다.

성경은 모든 남성에 대한 모든 여성의 순종에 대해 말하지 않습니다. 실제로, 남성이 여성에게 순종해야만 하는 상황도 있습니다. 예를 들어, 아들들은 그들의 어머니에게 순종하도록 부름 받았습니다. 회사에서 여성 간부의 수가 점점 늘어나고 있습니다. 그중 한 사람이 당신의 상사라면 당신은 그녀에게 복종해야만 합니다. 우리는 선거에 당선된 여성들을 당연히 존경해야 합니다. 여성 경찰도 있습니다. 여성 경찰이 차를 한쪽으로 대라고 한다면, 그녀가 대표하는 그 행정 당국의 권위에 순종하고 존경을 보여 주기를 당신에게 권합니다. 바울이 말하는 순종은 결혼의 헌신이라는 배경에 놓여 있습니다.[94]

감정에 대한 견해가 왜곡되었습니다

감정은 하나님께서 주신 선물이다

여성들이 가장 쉽게, 그리고 가장 많이 속아 넘어가는 것 중에 하나가 바로 "감정"과 관련된 부분입니다. 감정적으로 취약한 부분이 있다는 것입니다. 하나님은 사람들에게 감정을 주셨습니다. 하나님도 감정적인 존재이시기에, 하나님을 닮은 사람도 감정적인 존재입니다. 그러므로 감정 그 자체는 결코 나쁜 것이 아닙니다. 우리는 좋은 날씨에 좋은 기분을 느낍니다. 아름다운 음악에 감동을 합니다. 슬픈 일에 슬퍼하고 아픈 일에 아파합니다. 사람은 감정의 존재이고, 감정은 하나님께서 주신 선물입니다. 그러나 우리가 반드시 기억해야 할 것이 있습니다. 다음과 같습니다.

감정은 반응이지 원리가 아니다.

---

[94] 티모시 위트머, 『어떻게 사랑할 것인가』(서울: 강같은평화, 2016), 110.

감정은 무엇인가에 대한 반응이다

감정은 '무엇인가'에 대한 반응입니다. 하나님은 창조하신 세상을 보시고 '기분 좋은 감정'(창 1:3)을 느끼셨습니다. 이 감정은 창조하신 세상에 대한 반응입니다. 또한 하나님은 타락한 세상을 보시고 '한탄'(창 6:6)하기도 하셨습니다. 이 감정은 타락한 세상에 대한 반응입니다. 사람도 마찬가지입니다. 사람의 감정도 항상 '무엇인가'에 반응해서 나옵니다. 예컨대, 좋아하는 감정도 누군가에 대한 반응입니다. 질투하는 감정도 누군가에 대한 반응입니다. 미워하는 감정도 누군가에 대한 반응입니다. 분노하는 감정은 '무엇인가'와 '누군가'에 대한 반응입니다. 감정은 진공 상태에서 발생하지 않습니다. 항상 무엇인가와 더불어서 일어납니다.

감정은 무엇인가를 결정하는 원리가 아니다

반면에 감정은 무엇인가를 결정하는 원리가 아닙니다. 기준이 아닙니다. 감정을 따라서 섣불리 결정했다가는 큰 낭패를 볼 수 있습니다. 집을 계약한다고 해 봅시다. 집을 계약하기 위해서는 '원리를 따라' 잘 결정해야 합니다. 내게 어느 정도의 돈이 있는지도 확인해야 하고, 집 자체가 청결한지도 점검해야 하며, 직장이나 교회와의 거리도 따져 봐야 합니다. 재정과 거리와 상태를 확인하지 않은 채 '예쁜 집'이라고 덜컥 계약하게 되면, 어떤 일이 일어날까요? 대출을 갚기 위해 하루 종일 일하느라 그 예쁜 집을 별로 누리지 못할 것이고, 두 시간씩 걸리는 출퇴근 탓에 집에 오면 곯아떨어질 것입니다.

감정 자체를 과도하게 죄악시하지 말라

감정은 원리가 아니라 반응임을 잘 알아야 합니다. 왜냐하면 우리 삶에는 사건들이 끊임없이 일어나고, 우리는 그 사건들에 항상 감정적인 반응을 하며 살기 때문입니다. 날씨부터 시작하여, 음식, 체중, 월급, 사소한 말 한마디까지 이 모든 것에 우리는 감정적인 반응을 합니다. 우리의 감정이 왔다 갔다 한다는 것입니다. 그럴 수 있습니다. 우리는 완전한 존재가 아닙니다. 죄가 여전히 우리 마음에 영향을 미치고 있기에 여러 가지 일로 말미암아 우리 속에는 수많은 감정들이 들끓을 수 있습니다. 감정이 생겨났다는 것, 특히 부정적인 감정이 생겨났다는 것 자체로 자기 자신을 과도하게 비난해서는 안 됩니다. 바울은 분노의 감정과 관련하여 다음과 같이 교훈합니다.

분을 내어도 죄를 짓지 말며 해가 지도록 분을 품지 말고 _에베소서 4:26

바울이 교훈하는 바는 명확합니다. 분노로 말미암아 죄를 짓지 말 것과 빠른 시간 안에 그 분노를 다스릴 것을 말합니다. 그런데 여기에 아주 중요한 교훈이 숨어 있습니다. 바울은 그 어디에서도 '분노라는 감정이 발생하지 않도록 힘쓰라'고 명령하지 않습니다. 오히려 분노라는 감정을 전제하고 위와 같은 교훈을 주고 있습니다. 정리하자면, 분노라는 부정적 감정의 발생은 일어날 수 있지만, 그 감정으로 말미암아 죄를 지어서는 안 된다는 것이 바울의 교훈입니다.

감정의 발생보다 감정 이후의 행동이 중요하다

부정적인 감정이 발생했다는 사실에 초점을 맞추는 것은 문제를 해결하는 데 큰 도움이 되지 않습니다. 감정의 발생보다 중요한 것은 '내가 붙들고 있는 원리'입니다. 예를 들어, 어떤 아내가 위와 같은 교훈, 곧 "분을 내어도 죄를 짓지 말며 해가 지도록 분을 품지 말고"라는 말씀을 삶의 원리로 강하게 붙들고 있다고 가정해 봅시다. 그러던 어느 날, 남편이 아내가 가장 싫어하는 행동을 합니다. 당연히 그 아내는 감정이 상합니다. 불쾌감을 느끼고 더 나아가서 분노까지 일어납니다. 버럭 화를 내고 한참 퍼붓고 싶은 마음이 굴뚝같습니다. 그러나 말씀을 삶의 원리로 붙든 아내는 자기감정을 통제하기 시작합니다. 분노하여 말씀을 배척하지 않고 계속해서 화를 다스립니다. 래리 크랩은 이것을 다음과 같이 설명합니다.

> 우리는 느낍니다. 사건이 긍정적이고 친절한 것이면 기분 좋고, 사건이 위협적이고 잔인한 것이면 기분 나쁩니다. 기분의 좋고 나쁨은 전적으로 사건의 성질로 결정됩니다. … 아무리 자신의 인격적 필요를 채우실 분으로 하나님을 의지하고 또 배우자를 섬기기로 굳게 다짐해도 불쾌한 사건은 일어납니다. 남편의 신랄한 비난에 불쾌감을 느끼는 아내가 그런 기분에 죄책감을 느낄 필요는 없습니다. … 이런 일차 감정은 전혀 우리 책임이 아닙니다. … (다만), 성경은 배우자를 용납하라고 말합니다. 이는 하나님께서 우리가 유쾌감을 느낄 수 없는 배우자도 수용할 수 있다고 보신다는 뜻입니다. 상대의 행동이 유쾌한 것이든 불쾌한 것이든 나는 배우자를 수용할 수 있습니다.[95]

---

95 래리 크랩, 『결혼 건축가』(서울: 두란노, 2001), 196-198.

래리 크랩은 일차 감정은 전혀 우리 책임이 아니라고 주장합니다. 올바른 판단입니다. 하지만 성경이 말하는 내용을 충분하게 담고 있지는 않습니다.

감정 자체도 변할 수 있다

성경은 '마음의 기울기' 곧 감정도 얼마든지 변할 수 있다고 말합니다. 죄를 사랑하던 사람이 죄를 미워하게 되는 경우가 대표적입니다. 조나단 에드워즈는 사람의 영혼에 두 가지 기능이 있다고 말합니다. 첫째는 지성입니다. 분별하고 살피고 판단하는 기능입니다. 둘째는 의지인데, 여기에 감정이 함께 있다고 말합니다. 즉, 지성을 통해서 분별하고 살피고 판단한 것들에 대해 '싫어하든지 좋아하든지, 즐거워하든지 불쾌해하든지, 찬동하든지 거부하든지 하게 된다'고 주장합니다. 그리고 감정을 다음과 같이 정의합니다.

> 정서란 영혼의 성향과 의지의 더욱 활발하고도 두드러진 발동이다.[96]

쉽게 말하면, 감정이란 우리의 의지를 끌고 나가는 원천이 된다는 뜻입니다. 사람들은 싫은 것은 하지 않습니다. 말로는 싫다고 하지만 결국에는 그 일을 하고 있다면, 사실 그 사람은 그 일을 좋아하는 것입니다. 사람들은 불쾌한 것을 억지로 하는 경우가 없다는 말입니다. 남편을 불쾌하게 여

---

[96] 조나단 에드워즈, 『신앙과 정서』(서울: 지평서원, 2000), 35.

기면서 억지로 말씀의 교훈을 따라 행하는 것은 율법주의에 불과합니다. 불쾌한 남편의 면모마저도 긍휼과 사랑과 용서 안에서 기쁘게 받아 줄 수 있을 때, 비로소 참된 관계를 맺을 수 있게 되는 것입니다.

감정은 통제될 수 있다

말하고자 하는 바는 이것입니다.

감정은 통제될 수 있다.

감정적인 부분에 취약한 많은 여성들은 감정은 결코 통제할 수 없다는 착각 속에 삽니다. 그러나 성경은 그렇게 말하지 않습니다.

첫째, 성경은 감정의 통제 이전에 행동의 통제를 먼저 요구합니다. 앞서 말한 것처럼 분노라는 부정적인 감정이 통제되지 않은 채 발생할 수 있습니다. 그러나 분노에 따라서 행동하는 것은 죄를 짓는 것입니다. 그것은 가인의 길을 따르는 것입니다. 하나님은 가인에게 '죄가 너를 원하나 너는 죄를 다스리라'(창 4:7)고 말씀하셨습니다. 그럼에도 가인은 자기 안에 발생한 감정을 따라 죄를 행하였습니다. "인간의 감정, 특히 파괴적인 감정은 제대로 제어하지 않으면 우리 내면을 지배하는 힘을 갖게 됩니다."[97] 파괴적인 감정이 내면을 지배하게 되면, 곧장 파괴적인 언행으로 이어지게

---

97 찰스 스탠리, 『크리스챤 감정 수업』(서울: 아드폰테스, 2015), 13.

됩니다. 부정적이고 적대적인 언어와 죄로 가득한 행동이 발생한다는 것입니다. 그러므로 마음속에 발생한 감정을 따라 행동하지 않도록 조심하십시오. 부정적인 감정이 차오르면 자기 행동을 통제하기 위해 더욱 노력하십시오. 성령께서 감정을 다스리시고 행동을 인도하시길 간구하십시오.

성령께서는 우리의 감정을 도우신다

둘째, 성경은 감정 자체도 통제할 수 있다고 말합니다. 그러나 많은 여성들은 감정을 통제할 수 없는 괴물이라고 생각합니다.

> 아무 징후도 없이 갑자기 우울하고 비관적인 기분에 휩싸이기도 합니다. 이런 급작스럽고 강렬한 변화는 본인과 다른 사람 모두를 충격에 빠뜨립니다. 불안, 죄책감, 염려, 분노, 외로움, 아니면 다른 파괴적 감정이 언제 갑자기 그 추한 머리를 내밀고 치명적인 흔적을 남길지 알 수 없습니다. 더 큰 문제는 이런 감정을 어떻게 조절해야 하는지 혹은 어떻게 제거해야 하는지 방법을 모른다는 사실입니다. … 파괴적인 감정을 자제하고 긍정적인 감정으로 삶의 질을 향상시키는 선택이 (정말) 자기 의지로 가능할까요?[98]

자기 의지로는 불가능하지만 성령의 도우심으로는 가능합니다. 이것은 성경이 일관적으로 말하고 있는 바입니다. 바울은 고단한 현실 속에서도 '기쁨의 감정'을 유지하라고 권면합니다(빌 2:18). 다윗은 자기 영혼을 향해 낙심한 감정에서 벗어나라고 명령합니다.

---

[98] 위의 책, 13-14.

내 영혼아 네가 어찌하여 낙심하며 어찌하여 내 속에서 불안해하는가 너는
하나님께 소망을 두라 그가 나타나 도우심으로 말미암아 내가 여전히 찬송하
리로다 _시편 42:5

다윗은 자기 상태를 직면합니다. 삶과 관련해 낙심하여 불안한 감정이 내
면을 다스리고 있음을 깨달은 것입니다. 이때 다윗은 이 감정들을 통제할
수 없는 괴물이라고 생각하지 않았습니다. 부정적인 감정 앞에서 다윗이
선택한 것은 생각의 전환이었습니다. 하나님께서 나타나셔서 도우실 것을
묵상했고, 그것에 소망을 두었고, 이로 말미암아 찬양할 수 있는 감정의
변화를 추구했습니다. 감정을 통제할 수 없다는 생각은 사탄의 유혹일 뿐
입니다.[99]

성령은 특별한 시기에도 우리의 감정을 도우신다

특히 여성들에게는 감정의 변화가 심하게 일어나는 특정 시기가 있습

---

[99] 찰스 스탠리는 『크리스챤 감정 수업』 31-37페이지에서 "상한 감정을 다루기 위한 다섯 단계"
를 소개합니다. 첫째, 거듭나는 것입니다. 하나님과의 관계가 회복되지 않으면 감정의 노예로
살 수밖에 없습니다. 둘째, 거짓된 사고방식을 점검하는 것입니다. 우리 감정에 실제로 영향을
미치는 것은 대부분 자기 자신과 세상에 대한 굴절된 시선입니다. 이와 같은 거짓된 사고방식
이 우리 안에 부정적인 감정을 계속해서 불러일으킵니다. 셋째, 성경을 읽는 것입니다. 감정을
지배하는 거짓된 사고방식이 무엇인지 드러나면 경건한 사고방식으로 대체해야 합니다. 물론
쉽게 되는 것은 아니지만, 꾸준한 성경 읽기를 통해 하나님의 사고방식에 익숙해져야 합니다.
하나님의 사고방식은 우리의 상한 감정을 충분히 치유합니다. 넷째, 기도하는 것입니다. 하나
님께 소망을 두고 그분의 능력을 간구하는 자는 모두 크신 도움을 받게 됩니다. 이것은 진리입
니다. 기도하는 자마다 하나님의 도우심을 얻습니다. 다섯째, 당장 변화가 없더라도 견디는 것
입니다. 성화는 점진적으로 일어납니다. 자신을 직면하고 거짓을 도려내며 새로운 것을 심는
작업은 괴로운 일입니다. 외면하고 싶고 도망가고 싶고 아니라고 부정하고 싶은 마음이 일어
날 수 있습니다. 그러니 무슨 일이 있더라도 견뎌야 합니다. 감정은 일시적입니다. 감정에 휘
둘리지 않는 능력을 길러야 합니다.

니다. 호르몬 변화가 일어나는 시기인데, '월경기, 임신기, 폐경기' 등입니다. 호르몬 변화는 생체적인 것이기에 이 시기에 민감해지고 날카로워지고 우울해지고 불편해지는 것은, 어찌 보면 당연합니다. 그래서 많은 여성들이 '어쩔 수 없다'는 자기 합리화를 통해 주변인들을 괴롭히기도 합니다. 온갖 짜증과 험한 말을 내뱉고, 기분을 따라서 자기 멋대로 행동하여 남편을 힘들게 하기도 합니다(물론 남편들은 이런 시기에 아내를 더욱 섬세히 돌볼 의무가 있습니다). 그러나 '호르몬 변화를 따라 감정의 기복이 심해지는 것'과 '감정의 기복을 따라 제멋대로 행동하는 것'은 구분해야 합니다. 성경은 '오래 참고 온유하고 절제하며 친절하고 선하게 대하는 사랑의 실천'을 명령하면서 "단, 호르몬 변화를 겪고 있는 여성은 제외한다"고 말하지 않습니다. 성경의 명령은 거듭난 모든 사람들에게 동일하게 주어졌습니다. 그리스도의 은혜는 호르몬 변화보다 앞서고, 성령의 도우심이 부정적 감정보다 강하기 때문입니다. 낸시 레이 드모스의 말에 귀를 기울여 봅시다.

> 하나님께서 우리 몸을 창조하지 않으셨던가? 그분은 우리 몸이 어떻게 작용하는지 다 알고 계시지 않겠는가? 월경 주기나 호르몬, 임신, 폐경과 같은 문제에서는 그분을 제외시켜야 한다고 생각하는가? … 그분은 인생의 각 시기마다 당신의 몸에서 어떤 변화가 일어나는지 정확하게 이해하고 계신다. … 그분은 우리가 인생의 각 단계와 관련된 도전과 어려움을 이겨 내도록 모든 필요를 채우시고 은혜를 베푸시겠다고 약속하셨다.[100]

---

100 낸시 레이 드모스, 『여자들이 믿고 있는 새빨간 거짓말』(서울: 좋은씨앗, 2005), 227.

남편은 아내를 돌봐야 한다

한 가지만 더 짚고 넘어가겠습니다. 호르몬 변화를 그리스도의 은혜에 의지하여 이겨 낼 것은 여성들에게 주어진 명령입니다. 남편들은 이 글을 이용하여 아내를 핍박해서는 안 됩니다. "너는 왜 신앙으로 이겨 내지 못하느냐"고 다그쳐서는 안 된다는 것입니다. 아내는 더 연약한 그릇입니다. 모든 남편들은 민감한 시기를 통과하는 아내를 세심하게 돌봐야 합니다.

감정 왜곡에 대한 요약

감정은 쉽게 길들일 수 없습니다. 억눌린 내면의 상처는 신호도 없이 습관처럼 찾아오기도 합니다. 어떤 여성들은 감정 통제의 실패로 말미암아 '나는 왜 이럴까' 하며 더욱 크게 좌절하기도 합니다. 그러나 기억하십시오. 첫째, 불쾌하고 부정적인 감정은 수시로 찾아올 수 있습니다. 그것 자체는 죄가 아닙니다. 둘째, 성령께서 도우시면 부정적인 감정을 긍정적인 감정으로 변화시킬 수 있습니다. 모든 일에 하나님의 시선을 회복하고 그리스도의 마음을 품은 사람의 감정은 성령의 지도를 따라 변화됩니다. 쉽지 않지만 할 수 없는 것은 아닙니다. 하나님은 남성보다 여성에게 더욱 풍부한 감수성을 주셨습니다. 더 많이 공감하고, 더 많이 안아 주고, 더 많이 긍정해 주라는 의미입니다. 죄 탓에 감정의 영역도 오염되어 있기는 하지만, 참된 (여)성도는 올바른 감정을 회복해서 남편이 할 수 없는 일을 해냅니다. 감정에 대한 왜곡된 견해를 바로잡으십시오.

결혼을 말하다

열한째

한 몸을 위한 남성다움의 회복 (1)

강요된 남성다움

현대 문화가 비틀어 놓은 것은 '여성다움'만이 아닙니다. '남성다움'도 철저하게 망가뜨렸습니다. 토니 포터는 『맨박스: 남자다움에 갇힌 남자들』 2장에서 '강요된 남자다움의 십계명'을 다음과 같이 말합니다.

- 남자는 울지 않는다.
- 남자는 분노 이외의 감정을 드러내지 않는다.
- 남자는 졸지 않는다.
- 남자는 모든 것을 지배하고 통제한다.
- 남자는 약한 것들을 보호한다.
- 남자는 강하고 여자는 약하다
- 남자는 여자처럼 굴지 않는다.
- 남자는 게이처럼 굴지 않는다.

- 남자는 여자를 소유한다.
- 남자는 남자다워야 한다.[101]

모든 것에 동의하는 것은 아니지만, 몇 가지는 확실히 '강요된 남성다움'입니다. 예를 들어, 남자는 공격적이며 거칠고 호방해야 한다는 생각, 남자는 지배적이며 완벽하고 항상 강해야 한다는 생각, 그리고 남자는 감정 표현을 절대로 해서는 안 된다는 생각 등입니다. 남자에게 이런 면모가 있는 것은 사실이지만, 그것 자체가 남성다움을 대표하는 것은 아닙니다. 이것은 변형된 남성다움, 강요된 남성다움일 뿐입니다.

에덴의 타락 이후 남자와 여자 모두 그 속성이 변질되어 갔습니다. 특히, 강압하고 독재하는 속성이 남자들 안에 확산되었습니다. 타락한 문화 속에서 죄로 오염된 남자들은 늘 완전한 통제를 꿈꾸었고, 그것을 가장 쉽게 성취하는 방법으로 여자를 이용하였습니다. 여자를 강압적으로 지배하고 여자 위에 군림하는 형태로 남성다움을 과시한 것입니다.

남성의 여성화

최근 남성다움은 또 한 번의 변형을 겪게 됩니다. 소위 말하는 남자의 '여성화'입니다. 여성주의적 관점에서는 '여성화'라는 말 자체가 차별적일 수 있겠지만, 남녀 사이를 선명하게 구분하는 성경적 관점에서는 남자의 '여성화'는 타락의 결과입니다.

101　토니 포터의 『맨박스: 남자다움에 갇힌 남자들』 2장을 참고하였습니다.

오늘날 참된 남성성이 사라진 주된 원인으로는 세상의 문화적 현상을 꼽을 수 있습니다. 많은 젊은이들이 아버지가 없거나 자녀들과 올바른 관계를 형성하지 못한 아버지 밑에서 성장하고 있습니다. 이런 현상은 남성성에 관한 혼란을 일으키기 마련입니다. 또한 대중 매체가 엉터리 여성성과 남성성을 부추기는 이미지나 본보기를 제시하여 사람들을 혼란스럽게 만듭니다. 그러는 동안, 복음주의 교회 안에서도 강하고 경건한 남성성이 여성화된 영성에 밀려 갈수록 쇠퇴하고 있습니다.[102]

'여성화된 영성'은 교회 안에서 매우 두드러지게 나타나고 있습니다. 오늘날에는 교회 안의 남자들이 점점 '섬세하고 수다스러우며 의존적이고 감정적인, 그리고 상처가 많은 존재'로 변형되고 있습니다. 당연히 가정 안에서도 남자의 '여성화'가 진행되고 있습니다.

그렇다면 어떤 부분에서 남자다움이 왜곡되었는지를 구체적으로 살펴보겠습니다.

결정권에 대한 견해가 왜곡되었습니다

성경이 말하는 여성의 위치는 회복되어야 한다

변형된 남성다움으로 말미암아 억압받았던 여성들의 위치와 권한이 반드시 회복되어야 합니다. 이것은 성경의 관점과도 일치합니다. 하나님은

---

102 리처드 필립스, 『남자의 소명』(서울: 지평서원, 2013), 11.

남자와 여자를 동등한 존재로 창조하셨습니다. 가정의 질서를 위해서 남자를 머리로 세우시기는 했지만, 여자에게도 돕는 자의 책임과 능력을 주셔서 남자 옆에 서도록 하셨습니다. 여자는 그 자체로 주체적이기에 자기 남편에게 항상 자발적으로 순종하는 존재입니다. 성경은 당대 문화 속에서 고작해야 '소유물'에 불과했던 여자들에게 도덕적인 의무를 명령합니다. 그것은 여자들을 주체적인 존재로 인정하는 파격적인 선언입니다. 그러므로 여자를 지배의 대상으로 여기고 강요와 억압과 독재로 짓누르는 것은 반성경적인 행위입니다. 타락한 세상에서 남성 중심적인 문화가 자연스럽게 형성되었고, 이로 말미암아 남녀 불평등은 오랫동안 심화되었습니다. 그러므로 가정과 사회 속에서 여자들이 성경적으로 정당한 위치와 권한을 회복하는 것은 꼭 필요합니다.

여기서 중요한 것은 '성경적으로 정당한 위치와 권한'입니다. 성경은 남녀의 동등성을 강하게 주장하지만, 가정 안에서 남자와 여자가 맡은 역할이 구분되었다는 것도 강하게 주장합니다. 하지만 현대 여성주의자들은 남자와 여자가 맡은 역할이 구분되었다는 주장을 차별로 봅니다. 그와 같은 인식이 남자 중심적인 문화를 만들었고 남녀 불평등의 이론이 되었다고 보는 것입니다. 따라서 여성주의자들은 남자의 역할을 얼마간 끌어와서 여자에게 주고, 여자의 역할을 얼마간 끌어와서 남자에게 주고자 합니다. 이것을 '평등한 분담'이라고 말합니다.

남녀 간의 평등도 중요하고 구분도 중요하다

남녀 간의 평등은 중요합니다. 그리스도인은 남자와 여자를 구분하지 말고 항상 공정하게 대해야 합니다. 모두를 존중해야 합니다. 그러나 남녀 간의 구분도 중요합니다. 특히 성경적 입장을 따라 가정 안에서의 남녀 간 역할 구분은 항상 선명해야 합니다. 여성주의자들이 아무리 '완전 평등'을 외친다 해도 결코 바꿀 수 없는 것은 남녀 간의 신체 차이입니다. 남자는 아이를 낳을 수 없고, 여자는 남자의 힘을 뛰어넘을 수 없습니다. 하나님 께서 남자와 여자의 신체를 이와 같이 구분하여 창조하셨다면, 남자와 여자에게 주어진 역할도 다를 수밖에 없습니다. 여성주의자들이 주장하는 것처럼, 모든 일에서 '완전한 평등과 분담'은 불가능하다는 것입니다. 불가능할 뿐만 아니라 성경적이지도 않습니다.

남편과 아내는 역할이 구분되어 있다

성경은 가정 안에서 남편과 아내의 역할이 구분되어 있음을 명확히 합니다.

> 이는 남편이 아내의 머리 됨이 그리스도께서 교회의 머리 됨과 같음이니 그가 바로 몸의 구주시니라 _에베소서 5:23
>
> 그러나 나는 너희가 알기를 원하노니 각 남자의 머리는 그리스도요 여자의 머리는 남자요 그리스도의 머리는 하나님이시라 _고린도전서 11:3

남편은 아내의 머리입니다. 『ESV 스터디 바이블』은 "머리"의 의미를 다음과 같이 설명합니다(고전 11:3).

> 어떤 이들은 때때로 이 말(헬. '케팔레)은 '원천'을 의미한다고 말하지만 고대 헬
> 라 문헌에서 발견되는 "갑이라는 사람은 을이라는 사람의 머리다"라는 표현
> 의 50회가 넘는 예들에서는 모든 경우에 갑이라는 사람이 을이라는 사람에
> 대해 권위를 갖고 있다. 따라서 여기서의 '머리'('케팔레)는 비유적으로 '권위'를
> 가리키는 것으로 이해하는 것이 가장 바람직하다.[103]

위 주석에 따르면, "가정 안에서 권위를 위임받은 존재는 남편"입니다. 아내가 아닙니다. 이것은 가정 안에서 일어나는 모든 일들의 최종적인 결정권이 남편에게 있다는 의미입니다. 결정권이 있다는 말은 모든 것을 자기 멋대로 결정할 수 있다는 뜻이 아닙니다. 모든 것과 관련하여 최종적인 책임이 있다는 뜻입니다. 교회의 머리가 되시는 그리스도는 모든 권한을 소유하고 계신 결정권자입니다. 그분은 자기 멋대로 교회를 좌지우지하시지 않습니다. 그분은 자기 생명으로 교회를 책임지십니다. 마찬가지입니다. 남편이 가정의 머리가 된다는 말은 '권한을 갖고 결정을 하되 자기의 모든 것을 걸고 책임을 진다'는 뜻입니다. 즉, "가족이 나를 위해 존재하는 것이 아니라 내가 가족을 위해 존재하는 것입니다."[104]

---

103 크로스웨이 ESV 스터디 바이블 편찬팀, 『ESV 스터디 바이블』(서울: 부흥과개혁사, 2014), 2252-2253.
104 노옴 웨이크필드, 『남자들을 위한 지혜』(성남: 홈앤에듀, 2015), 279.

남편에게 주어진 책임

남편은 항상 마땅히 책임을 다하여 가족들이, 특히 아내가 기꺼운 마음으로 순종할 수 있게 해야 합니다. 남편에게 주어진 책임은 다음과 같습니다.

- 아내에게 일어나는 모든 일에 책임이 있다.
- 자녀에게 일어나는 모든 일에 책임이 있다.
- 가정에서 일어나는 모든 일에 책임이 있다.

첫째, 남편은 아내의 머리로서 아내에게 일어나는 모든 일에 책임이 있습니다. 먼저 아내의 신앙에 책임이 있습니다. 남편은 아내에게 건강한 생명의 양식을 공급할 책임이 있습니다. 교회를 결정할 책임이 있고, 가정 예배를 인도할 책임이 있으며, 경건 생활을 돌볼 책임이 있습니다. 이 모든 것에 결정권을 가지고 책임을 다해야 합니다. 그러므로 아내에게 영적인 침체가 찾아왔다면, 그 책임은 최종적으로 남편에게 있습니다. 아내를 다그칠 문제가 아닙니다. 자신이 제대로 된 역할을 하지 못한 것입니다. 예컨대, 행동은 없고 말만 살아 있는 위선적인 신앙으로 일관한 것은 아닌지 자신을 먼저 돌아봐야 합니다. 또한 사랑과 온유로 권면하지 않고 비난과 정죄를 앞세워서 경건 활동을 명령한 것은 아닌지 자신을 먼저 돌아봐야 합니다. 말씀의 능력과 기도의 힘을 전혀 맛보지 않은 채 딱딱하게 굳은 교리로 아내를 인도하고 있는 것은 아닌지도 살펴보십시오. 남편은 아내의 신앙에 책임이 있습니다.

또한 아내의 정서적인 문제에도 책임이 있습니다. 여자들은 감정적인 부분에서 탁월한 장점이 있는 동시에 취약한 점도 있습니다. 남자보다 훨씬 더 섬세하고 예민하기 때문입니다. 이런저런 일로 말미암아 우울함에 빠져들거나 불안과 공포가 증폭되기도 합니다. 또한 호르몬 변화로 말미암아 찾아오는 감정적인 기복도 있습니다. 남편은 아내의 이런 부분들을 잘 파악해서 '목자와 같이 그녀를 돌봐 주어야' 합니다. '너는 왜 그 모양이냐고' 비난해서는 안 됩니다. 부정적인 감정이 아내의 마음을 지배하지 않도록 보호하십시오. 정서적인 즐거움을 맛볼 수 있도록 시간을 내서 아내가 좋아하는 일을 하십시오. 이것이 하나님께서 남편을 아내의 머리로 세우신 이유입니다.

또한 아내의 건강과 인간관계에도 남편에게 무한한 책임이 있습니다. 남편은 아내의 신체적인 건강이 유지될 수 있도록 관심을 가져야 합니다. 적당한 운동과 식습관을 권면해야 합니다. 그러기 위해서는 자신부터 그와 같은 모습을 보여야 합니다. 무엇보다 아내가 맺고 있는 관계에 대해서도 책임감을 갖고 살펴야 합니다. 신앙적으로 악영향을 미치고 있는 친구는 없는지, 음흉한 마음을 품고 접근하는 남자는 없는지, 정서와 신체를 위협하는 이웃은 없는지를 두 눈 부릅뜨고 주의해서 관찰해야 합니다. 특히 아내가 사회생활을 할 때는 더욱 관심을 기울여야 합니다. 물론 이것이 잔소리가 되지 않도록 항상 '사랑'을 듬뿍 담아 대화해야 합니다. 잔소리나 감시나 집착으로 느끼지 않도록 주의하면서 아내를 잘 돌보십시오.

둘째, 남편은 자녀에게 일어나는 모든 일에 책임이 있습니다. 많은 남편들이 자녀 양육의 전권을 아내에게 맡겨 버립니다. 한 발 뒤로 물러나서 평가자가 되거나 비판자가 되는 것이 고작일 때가 많습니다. 하지만 이것은 잘못된 행동입니다. 남편과 아버지로 부르심을 받았다는 것은 책임감을 갖고 결정권을 행사하라는 의미입니다. 자녀 양육에서 최종적인 책임은 항상 남편에게 있습니다. 아내가 아닙니다. 예컨대, 자녀가 성장하면서 이런저런 문제가 발생했을 때, 남편이 아내에게 흔히 하는 말이 있습니다. "너는 도대체 아이를 어떻게 키운 거냐"는 말입니다. 이 말은 자녀 양육의 책임을 아내에게 모조리 전가시켜 버리는 것인데, 결코 성경적인 발언이라고 할 수 없습니다. 당연히 자녀 양육의 책임은 남편과 아내 모두에게 있습니다. 하지만 위에서 말한 바와 같이, 최종적인 책임은 남편에게 있습니다. 하나님께서 남편을 가정의 머리로 세우셨기 때문입니다. 세세하고 실질적인 부분은 아내가 감당할 수 있겠지만, 보다 근본적이고 중요한 부분은 항상 남편이 결정해야 합니다. 자녀 양육의 짐을 아내 홀로 짊어지게 두어서는 안 됩니다. 같이 고민하되 최종적으로 결정하는 것은 남편이 해야 할 일입니다.

셋째, 남편은 가정의 머리이기에 가정에서 일어나는 모든 일에 책임이 있습니다. 특히, 남편은 신앙의 공급자이면서 동시에 물질의 공급자이기도 합니다. 가정 경제에 대해 책임을 져야 한다는 것입니다. 물론 실질적인 소비와 지출은 아내가 담당할 수 있습니다.[105] 그럼에도 불구하고 남편

---

[105] 잠언 31장에 따르면, 아내는 가정의 내무부 장관 같은 존재입니다. 실제적으로 가정을 돌보는 일을 하고 있기에 당연히 아내가 가정 경제의 전권을 가지고 소비와 지출을 하는 것이 맞습니다. 모든 가정이 가능하면 이렇게 할 것을 권면합니다.

은 가정 경제를 돌보는 최종적인 결정권자입니다. 재정 계획을 짜고 소비와 지출 상태를 확인하면서 가족 모두가 돈과 관련해 올바른 인식을 갖도록 신경을 써야 합니다. 지나치게 절약하여 가족들이 쪼들리게 해서도 안 되고, 과도하게 사치하여 가정 경제가 파탄 나게 해서도 안 됩니다. 남편은 모든 가족 구성원이 돈과 관련하여 성경적 가치관을 갖고 즐겁고 여유 있는 생활을 영위할 수 있도록 가르쳐야 합니다. 이미 말한 것처럼, 이와 같은 행동이 잔소리가 되거나 감시 활동이 되지 않도록 항상 주의해야 합니다. 남편은 아내의 재정 관리를 감독하는 사람이 아니라 돌보고 지키는 사람임을 잊지 마십시오. 남편은 평가자가 아니라 목자입니다. 바울은 다음과 같이 말합니다.

> 누구든지 자기 친족 특히 자기 가족을 돌보지 아니하면 믿음을 배반한 자요 불신자보다 더 악한 자니라 _디모데전서 5:8

남편은 자기 가족을 돌봐야 합니다. 하나님께서 남편에게 결정권을 주신 이유입니다. 물론 이것을 오해해서는 안 됩니다.

결정권을 소유한 성숙한 남편

결정권을 소유했다는 말은 '독재해도 괜찮다'는 말이 아닙니다. 아내와 상의하지 않고 일방적으로 결정하는 것이 성경적이라는 의미도 아닙니다. 오히려 반성경적입니다. 아내는 남편과 하나로 묶여 있는 존재입니다. 신앙적으로 성숙한 남편은 자기와 묶여 있는 아내를 항상 존중합니다.

관련된 모든 일들을 물어봅니다. 의견을 경청합니다. 아내의 지혜를 반영하기 위해 노력합니다. 가정의 실무자인 아내의 생각을 신뢰합니다. 그리고 모든 책임은 자신에게 돌립니다. 아내 탓을 하지 않습니다. 이것이 결정권을 가지고 있는 '그리스도인 남편'이 해야 할 일입니다. 다음 글을 읽어 봅시다.

> 에덴동산에서 아담과 하와가 죄를 지어 하나님께서 그들을 책망하러 오셨을 때, 하와가 먼저 죄를 지었다는 사실은 중요하지 않았습니다. 하나님은 "[아담아], 네가 어디 있느냐?"고 말씀하셨습니다. 이것이 오늘날 하나님께서 가정을 향해 하시는 말씀입니다. "아담아, 남편아, 아버지야, 네가 어디 있느냐?" 저희 집안에 뭔가 문제가 있어 예수님께서 오셔서 문을 두드리셨다면, 그분은 아내에게 다루실 문제가 있으실 수 있습니다. 그러나 아내가 문을 열어 드리는 순간 예수님께서 가장 먼저 하실 말씀은 "이 집의 가장이 집에 있느냐?"입니다. 인류 최초의 결혼에서도 그랬고, 지금 우리의 결혼에서도 그럴 것입니다. 남편이 하나님께서 부여하신 책임을 기쁨으로 감당할 때, 저는 그런 남자와 결혼한 것을 후회하는 아내를 한 번도 만나 본 적이 없습니다. 왜냐하면 하나님께서 어떤 것을 계획하실 때, 그분은 당신의 영광과 우리의 유익을 위해 그것을 계획하시기 때문입니다.[106]

존 파이퍼는 하와가 "먼저" 지은 죄에 대해 하나님께서 아담을 "먼저" 찾으셨다는 것에 주목합니다. 둘은 하나로 묶인 존재이며 아담은 하와의 머리가 되기 때문입니다. 즉, 가정 안에서 일어난 모든 문제에 대해 남편은 무한 책임을 진다는 것입니다. 그러므로 남편은 결정권을 행사할 때 항상 신

---

[106] 존 파이퍼, 『결혼 신학』(서울: 부흥과개혁사, 2010), 118.

중해야 하며, 이후에는 기쁨으로 그 책임을 감당해야 합니다.

아내에게 책임을 물을 때, 가정이 파괴될 때

가정의 파괴는 남편이 결정권을 행사하지 않고, 그렇기에 책임도 감당하지 않으려고 할 때 서서히 일어납니다. 대개 남편이 결정권을 행사하지 않으려고 하는 이유는 두 가지인데, 표면적인 이유는 괜한 갈등을 일으키고 싶지 않기 때문이고, 본질적인 이유는 책임을 회피하기 위해서입니다. 이처럼 오염된 남자다움은 남자들을 무책임한 존재로 전락시켜 버렸습니다. 책임을 지기 싫어하는 남편은 아내에게 결정권을 내어 줍니다. 아내가 멋대로 가정 일을 결정하도록 방치합니다. 마치 아내가 가정의 머리인 것처럼, 무엇이든 결정하도록 내버려 둔다는 것입니다. 이것은 아주 편리한 방법인데, 세세한 가사에서 해방될 뿐만 아니라 훗날 문제가 발생했을 때는 모든 책임을 아내에게 떠넘길 수 있기 때문입니다. 아담의 발언을 기억해 보십시오. 책임을 묻는 하나님께 아담은 이렇게 말합니다.

> 하나님이 주셔서 나와 함께 있게 하신 여자 그가 그 나무 열매를 내게 주므로 내가 먹었나이다 _창세기 3:12

아내에게 책임을 묻는 것은 타락한 남자다움의 전형입니다. 반면에 둘째 아담이신 예수님은 어떻게 하셨습니까? 그분은 신부인 교회를 위해 생명을 걸고 책임을 지셨습니다. 그러므로 그리스도께 속한 남편은 첫째 아담처럼 아내에게 책임을 묻지 않습니다. 둘째 아담이신 그리스도처럼 자신이 모든 책임을 짊어집니다. 결정권을 양보하지 마십시오. 결정권을 행사하여 아내와 가족을 보호하고 모든 책임을 즐겁게 감당하십시오. 이것이 남편이 해야 할 마땅한 의무입니다.

리더십에 대한 견해가 왜곡되었습니다

리더십의 타락

남편은 리더로 부르심을 받았습니다. 남편은 아내와 가족을 인도하는 리더입니다. 어디로 인도할까요? 가정의 본래 목적, 곧 하나님의 영광을 위한 목적으로 인도합니다. 그러므로 가족을 인도하는 남편의 리더십은 철저히 하나님께로부터 나옵니다.

그러나 타락 이후 왜곡된 남자다움은 다른 것에서 리더십을 얻고자 했습니다. 죄인은 하나님의 영광에 이를 수 없습니다. 그렇기에 거듭나지 않은 남편은 가정의 본래 목적으로 가족들을 인도할 수 없습니다. 그는 맹목적으로 리더십을 얻고자 할 뿐입니다. 리더십을 통해 자기 욕구를 충족시킬 수 있기 때문입니다. 가인은 아벨을 죽임으로 리더십을 얻으려고 했고, 라멕은 두 아내를 얻음으로 리더십을 얻으려고 했습니다. 노아 시대의 남자들은 힘과 명성과 권력으로 리더십을 얻고자 했고, 바벨탑의 남자들은 거대한 업적을 성취함으로 리더십을 얻고자 했습니다. 맹목적이고 이기적인 리더십은 이 세상에서 다양한 '악'을 만들어 냈습니다. 히틀러와 같은 거국적인 광기에서부터 가정 폭력 같은 생활형 광기에까지 타락한 남자의 리더십은 악을 행사하는 것에 사용되었습니다.

남편이 리더다

이와 같이 타락한 남자다움 탓에 남편의 리더십을 의심하는 사람들이 많습니다. 과연 남편에게 리더십을 주는 것이 맞는지를 묻는 것입니다. 그러나 성경은 이 부분에 대해 명확하게 답변합니다.

> 집사들은 한 아내의 남편이 되어 자녀와 자기 집을 잘 다스리는 자일지니 _디모데전서 3:12

> 남편들아 아내 사랑하기를 그리스도께서 교회를 사랑하시고 그 교회를 위하여 자신을 주심같이 하라 _에베소서 5:25

바울은 교회를 섬기는 직분자로 자기 집을 잘 다스리는 남편을 꼽습니다. 다시 말해서, 자기 집을 잘 다스리는 남편이 '온전한 남편'이며 온전한 남편이 '교회의 직분자'로 합당하다는 것입니다. 여기서 다스린다는 말은 '인도한다'는 말과 같습니다. 그런 의미에서 이 구절은 남편의 리더십을 전제로 쓰인 것임을 알 수 있습니다. 또한 바울은 아내를 향한 남편의 사랑이 교회를 향한 그리스도의 사랑과 같아야 한다고 말합니다. 그리스도는 교회의 목자이십니다. 즉, 교회의 진정한 리더이십니다. 따라서 이 구절도 남편의 리더십을 전제로 하고 있습니다.

남편의 리더십, 그리스도처럼

그러므로 리더십이 누구에게 있어야 하는지는 문제의 핵심이 아닙니다. 성경은 남편이 가정 안에서 리더십을 행사해야 한다고 단언합니다. 문제의 핵심은 그 '리더십이 어떠해야 하는지'입니다. 즉, 남편은 가정 안에서 "어떠한 리더십을 보여 주어야" 할까요? 앞서 살펴본 에베소서 5장 25절은 좋은 답을 주고 있습니다. 한 번 더 살펴봅시다.

> 남편들아 아내 사랑하기를 그리스도께서 교회를 사랑하시고 그 교회를 위하여 자신을 주심같이 하라 _에베소서 5:25

바울은 가정을 인도하는 남편의 리더십이 "그리스도와 같아야 한다"고 말합니다. 그리스도께서 교회를 사랑하시듯 남편은 아내를 사랑하고, 그리스도께서 교회를 위하여 자신을 주신 것처럼 남편은 아내를 위해 자신을 주어야 한다는 것입니다. 그럴 때 비로소 교회가 그리스도를 머리로 삼고 즐겁게 따르듯이 아내가 남편을 머리로 삼고 기쁘게 따를 수 있기 때문입니다. 그렇다면 이제 그리스도와 같은 남편의 리더십이 어떤 것인지 구체적으로 살펴보겠습니다.

사랑의 리더십

첫째, 그리스도께서 교회를 사랑하시듯 남편은 아내를 사랑함으로 리더십을 보여 주어야 합니다. 그리스도의 리더십은 사랑의 리더십입니다. 사랑의 리더십은 감정을 뛰어넘는 리더십입니다. 조건적이고 감정적이지 않습니다. 그리스도는 우리를 왜 사랑하실까요? 우리의 죄가 혐오스럽지 않거나 우리가 제법 괜찮은 사람이기 때문일까요? 아닙니다. 거룩하신 그리스도는 여전히 우리의 죄를 미워하십니다. 죄로 오염된 우리는 여전히 악에 기울어진 인생입니다. 우리가 가지고 있는 그 어떤 것도 그리스도의 사랑을 받기에 합당하지 않습니다. 그럼에도 불구하고 그리스도는 우리를 사랑하셨습니다. 그리고 그 사랑 덕분에 우리는 그리스도께 기꺼이 복종하는 것입니다.

마찬가지입니다. 남편은 아내를 조건에 따라 사랑해서는 안 됩니다. 남편은 아내의 감독자가 아닙니다. 남편은 아내를 무조건적으로 사랑해야 합니다. 무엇인가를 '했거나, 할 가능성이 있거나, 할 수 있는 조짐이 보일 때' 사랑하는 것은 그리스도의 사랑이 아닙니다. 아내를 조건적으로 대하는 남편은 아내의 자발적인 순종을 얻을 수 없습니다. 또한 남편은 아내를 감정이 동할 때만 사랑해서는 안 됩니다. 기분이 좋고, 좋아하는 마음이 생기고, 사랑스러운 감정이 들 때만 사랑하는 것은 누구든지 할 수 있습니다. 그런 여자를 사랑하는 것은 남편이 아니라 다른 남자도 할 수 있는 일입니다. 사랑할 만한 여자를 사랑하는 것을 누가 못하겠습니까? 예수님은 다음과 같이 말씀하십니다.

> 너희가 너희를 사랑하는 자를 사랑하면 무슨 상이 있으리요 세리도 이같이 아니하느냐 또 너희가 너희 형제에게만 문안하면 남보다 더하는 것이 무엇이냐 이방인들도 이같이 아니하느냐 _마태복음 5:46-47

조건적이며 감정적인 사랑은 누구나 할 수 있습니다. 이방인들도 할 수 있습니다. 사랑스러운 아내를 사랑하는 것은 누구나 할 수 있습니다. 옆집 남자도 할 수 있습니다. 이와 같은 사랑은 그리스도의 사랑이 아닙니다. 그리스도와 같이 사랑하지 않는다면, 아내의 자발적인 순종도 얻을 수 없습니다. 그리스도를 따르는 남편은 아내를 무조건적으로 사랑합니다. 이것이 남편 리더십의 핵심입니다. 성경적인 리더십은 힘과 권력과 크기에서 오지 않고, 오직 사랑에서 온다는 사실을 꼭 기억하십시오. C. S. 루이스의 말을 들어 봅시다.

> 사랑은 단순한 감정이 아니다. 사랑은 깊은 연대다. 그 연대는 자발적 의지로 유지되고 습성을 통해 의도적으로 강화된다. 그 연대는 두 파트너가 간구해 하나님께 받는 은혜로 인해 (기독교 결혼 가운데) 더욱 단단해진다. 심지어 부부는 서로를 좋아하지 않는 순간에도 서로를 위해 이 사랑을 가질 수 있다. 당신이 당신 자신을 좋아하지 않을 때조차도 당신을 사랑하듯이.[107]

그리스도를 통해 주어지는 하나님의 은혜가 무엇인지 이해하고 있는 남편은 조건이나 감정과 상관없이 아내를 사랑하는 법을 압니다. 자신이 그와 같은 사랑을 받았기 때문입니다. 만약에 "당신이 미묘하게 (아니면 대놓고) 그날그날 그녀의 외모나 당신에 대한 동의 여부, 집을 지키고 있는지, 당신의 성공에 어떻게 반응을 보이는지 등에 기초한 당신의 감정이 담긴 메

---

107   C. S. 루이스, 『순전한 기독교』(서울: 홍성사, 2001), 110.

시지를 보낼 때 그녀가 얼마나 확신을 하지 못할지 생각해 봅시다."[108] 또한 당신의 부모님께 하는 행동이나 자녀를 돌보는 일을 갖고 칭찬 혹은 불만을 표할 때 아내가 어떤 심정을 품을지 생각해 봅시다.

조건적인 사랑은 아내를 불안하게 만듭니다. 불안한 아내는 남편의 사랑에 반응하지 않고, 남편의 평가에 반응합니다. 남편의 평가에 반응하는 아내는 남편을 사랑의 리더로 이해하지 않습니다. 단지 평가자요 감독자로 이해할 뿐입니다. 평가자 남편을 마음을 다해 따를 아내는 없습니다. 실수하지 않기 위해 눈치를 보며 따르고, 인정받고자 독기를 품고 따릅니다. 조건적인 사랑은 남편의 리더십을 갉아먹고 아내와의 틈을 조금씩 넓힙니다. 그러므로 그리스도의 사랑을 묵상하고 그 사랑에 걸맞은 언행을 하십시오. 그것이 가정 안에서 남편의 리더십을 세우는 유일한 방법입니다.

희생의 리더십

둘째, 그리스도께서 교회를 위하여 자신을 주신 것처럼 남편은 아내를 위해 자신을 내어 줌으로 리더십을 보여 주어야 합니다. 그리스도는 교회를 위해 자신을 내어 주셨습니다. 자신의 피를 흘리심으로 교회를 거룩하게 하셨고, 자신의 말씀을 내어 주셔서 교회를 가르치셨으며, 자신의 능력을 주셔서 교회를 보호하셨습니다. 그리스도는 자신의 모든 것을 내어 주셔서 교회를 사랑하셨습니다.

---

108 티모시 위트머, 『어떻게 사랑할 것인가』(서울: 강같은평화, 2016), 115.

남편은 아내를 위해 항상 자신의 모든 것을 내어 줌으로 사랑해야 합니다. 그리스도께서 교회를 돌보시고 성장시키시며 보호하신 것처럼, 남편도 아내에게 그렇게 해야 합니다. 아내를 부양하고, 아내의 안전을 지키며, 아내가 즐겁도록 필요한 것들을 공급해야 합니다. 남편은 아내를 세심하게 살펴서 모든 방면에서 지금보다 더 성장할 수 있도록 인도해야 합니다. 마치 정원에 핀 꽃을 정성을 다해 돌보는 것처럼 항상 물을 주고 햇볕을 쬐어 주고 가지를 치며 그녀의 삶에 아름다운 열매가 맺히도록 지원할 수 있어야 합니다. 특히, 다음과 같이 인도해야 합니다.

> 신앙적인 필요를 위해 무엇이든 '내어 줌'으로 인도한다.
> 정서적인 필요를 위해 무엇이든 '내어 줌'으로 인도한다.
> 물질적인 필요를 위해 무엇이든 '내어 줌'으로 인도한다.

아내의 신앙을 위해 희생하는 리더십

첫째, 남편은 아내의 신앙적인 필요를 위해 '무엇이든' 내어 줌으로 인도해야 합니다. 하나님은 아담을 창조하신 후에 그에게 '말씀'을 주셨습니다(창 2:15-17). 그 후 하와를 창조하셨습니다. 이 순서를 볼 때, 아담은 하와에게 하나님의 말씀을 채워 주어야 했습니다. 아담은 하와의 신앙적인 필요를 위해 시간과 열정과 정성을 쏟아야 했습니다. 하와가 뱀의 꾐에 넘어가지 않도록 신앙적인 돌봄을 계속했어야 한다는 것입니다. 다시 말해서, 아내가 하나님의 말씀 안에서 성장할 수 있게 하는 것은 남편의 몫입니다.

먼저 남편은 잘못된 신학의 위험에서 아내를 지켜야 합니다. 그러기 위해서는 당연히 자신이 먼저 올바른 신학을 꾸준히 공부할 수 있어야 합니다. 남편의 신학이 무너지면 아내의 신학이 무너지고 가정의 신학이 무너짐을 알고, 책임감을 갖고 신학 공부를 해야 합니다. 단지 신학을 공부하는 수준에서 끝나지 말고 경건한 생활을 유지하도록 노력해야 합니다. 말은 행동에 근거해서 권위를 얻습니다. 운전대를 잡기만 하면 욕지거리를 하는 남편이 전하는 신학을 신뢰할 아내는 없습니다. 분별력 있는 신학과 뜨거운 경건이 조화될 수 있도록 남편은 항상 '하나님 앞에서 살아야' 합니다.

또한 남편은 구체적으로 아내의 거룩을 위해 노력해야 합니다. 바울은 그리스도께서 우리를 위해 이와 같이 하신다고 말합니다.

> 이는 곧 물로 씻어 말씀으로 깨끗하게 하사 거룩하게 하시고 자기 앞에 영광스러운 교회로 세우사 티나 주름 잡힌 것이나 이런 것들이 없이 거룩하고 흠이 없게 하려 하심이라 _에베소서 5:26-27

앞선 구절, 곧 25절에서 바울은 그리스도께서 교회를 사랑하시듯 남편은 아내를 사랑하라고 명령합니다. 그리고 곧장 그리스도께서 교회를 어떻게 사랑하시는지를 가르칩니다. 그리스도는 '교회를 거룩하고 흠이 없게 세우심'으로 사랑하십니다. 그러므로 남편도 아내를 이렇게 사랑해야 합니다. 남편은 (제한적이라는 조건하에서) 어느 정도 아내에 대해 그리스도의 역할을 감당합니다. 함께 가정 예배를 드리고, 함께 설교를 나누고, 함께 성경을 공부하고, 함께 경건 서적을 읽습니다. 함께 기도하고, 함께 토론하고, 함께 고민합니다. 이처럼 남편은 아내에게 말씀을 끊임없이 공급해야 합니다. 단순한 지식의 공급이 아니라 아내가 실질적으로 거룩해질 수 있도록 경건한 지식을 공급해야 합니다.

이쯤에서 한 가지 오해를 살펴보겠습니다. 아내들은 오직 남편을 통해서만 신앙적인 필요를 채워야 할까요? 하나님 앞에 직접 나아가 그 필요를 채울 수는 없을까요? 당연히 하나님께 직접 나아감으로 채울 수 있습니다. 정확히 말하면, 하나님께 직접 나아감으로 채워야 합니다. 뿐만 아니라 남편 외에 다른 방법을 통해서도 경건한 지식을 얻을 수 있습니다. 여기서는 남편과 아내의 관계 안에서 주어진 역할을 말하는 것입니다. 남편은 아내, 그리고 가정의 영적 목자입니다. 그러므로 가정 안에서 남편은 아내의 신앙과 관련하여 무한한 책임을 집니다. 그런데 오늘날에는 이와 같은 남편들이 드뭅니다. 더글라스 윌슨은 그 이유를 다음과 같이 말합니다.

자신의 책임에서 도피하는 영적인 내시(윌슨은 생물학적인 면에서는 남성이지만, 영적인 면에서는 남자 구실을 하지 못하는 사람을 이렇게 부른다)들은 거의 언제나 '멋진 남자'라는 사실이다. 남편이 영적으로 태만할 때 그 증상은 남편보다는 그 아내에게서 나타나기 때문에, 세상은 이런 여자들을 바라보면서 "도대체 저 여자 뭐가 문제야? 어쩌다가 저렇게 된 거야?" 하는 식의 의문을 갖기 쉽다. 그 결과 그녀는 더 큰 좌절과 분노를 가지게 된다. 이러한 현상을 가리켜 '멋진 남자 신드롬'이라고 부르면 잘 어울릴 것이다. … 그리스도인 남자들을 남편으로 둔 아내들 가운데 많은 이들이 계속 좌절에 빠지는 이유는 무엇인가? 아내들의 좌절이 심해지면 심해질수록, 남편들은 더 멋있게 보이려고 애를 쓰는 이유는 또 무엇인가? 불행하게도 이 멋짐(niceness)은 성경이 말하고 있는 온유함도 아니고 사랑도 아니다. 그것은 도피하는 것이며, 포기하는 것이다. 물론 그는 자신의 잘못에 대해 사과도 하겠지만, 그보다는 오히려 아내의 좌절을 보며 화를 내고 아내를 몰아붙인다. 자신의 리더십을 발휘하여 그녀를 사랑하는 대신 아내의 마음대로 하도록 내버려 둠으로써 가정을 파멸로 몰아간다.[109]

"대부분의 남자는 앞장서기를 좋아하지만 다른 사람을 이끌 줄은 모릅니다. 이런 사람은 실패할까 봐 두려워서 그냥 팔짱 끼고 보고만 있거나 아니면 스스로 권리를 포기하고 맙니다."[110] 더글라스 윌슨이 말하듯이, 많은 남편들이 자신이 마땅히 해야 할 일을 하기보다는 '멋져 보이는 것'을 택합니다. 소위 말하는 '멋진 남편 콤플렉스, 혹은 착한 남자 콤플렉스'입니다. 예컨대, 남편은 아내의 생활 속에 신앙이 스며 나오도록 돌봐야 합니다. 소비 생활, 여가 생활, 자녀 양육, 관계에 이르기까지 모든 분야를 세심하게 챙겨야 합니다. 그러나 '멋져 보이기를 원하는 남편'은 책임을 도외시하고 방종을 허용합니다. "과소비를 즐기는 아내를 '쿨(cool)하게' 내버려 두는 멋진 남편, 신앙을 등한시하는 아내를 '마음 편하도록' 내버려 두는 착한 남편, 민주적인 이미지를 대외적으로 보여 주기 위해 '아무런 훈계도 하지 않는' 남편" 등이 그들입니다. 말이 좋아서 멋진 남편이지, 사실 그들은 영적 리더십을 공개적으로 내던진 것에 불과합니다. 좀 더 심하게 말하면, 자신의 멋지고 착한 이미지를 위해서 가족들을 희생시키고 있는 것이며, 불편과 아픔과 희생을 감수하는 사랑 대신에 적당하고 피상적인 평화를 택하고 있는 것입니다. '자기 내어 줌, 곧 희생이 없는 사랑'은 그리스도

---

109 더글라스 윌슨, 『결혼 개혁』(서울: 미션월드라이브러리, 2011), 104.
110 노음 웨이크필드, 『남자들을 위한 지혜』(성남: 홈앤에듀, 2015), 275.

의 사랑이 아닙니다. 그리스도의 사랑이 아니면 리더십을 발휘할 수 없습니다.

아내의 정서를 위해 희생하는 리더십

둘째, 남편은 아내의 정서적인 필요를 위해 무엇이든 내어 줌으로 인도해야 합니다. 베드로는 아내를 이렇게 대해야 한다고 가르칩니다.

> 남편들아 이와 같이 지식을 따라 너희 아내와 동거하고 그를 더 연약한 그릇이요 또 생명의 은혜를 함께 이어받을 자로 알아 귀히 여기라 이는 너희 기도가 막히지 아니하게 하려 함이라 _베드로전서 3:7

두 가지를 말합니다. 하나, 아내는 더 연약한 그릇입니다. 다른 하나, 그렇다고 해서 아내를 열등한 존재로 여기면 안 됩니다. 아내는 생명의 은혜를 함께 이어받을 자입니다. 이처럼 남편은 아내가 어떠한 존재인지를 "알고" 돌봐야 합니다. 연약한 그릇이라는 말은 기본적으로 신체의 연약성을 의미합니다. 하지만 좀 더 확대해서 적용하자면, 연약한 모든 부분을 뜻합니다. 여자는 남자에 비해 풍부한 감성을 가지고 있습니다. 이것은 큰 장점입니다. 잘 공감할 수 있고 많이 긍정해 줄 수 있으며 넓게 포용해 줄 수 있습니다. 또한 단점이기도 합니다. 감정이 쉽게 오르락내리락하고 상처를 잘 받으며 감정적인 판단을 내리는 경향이 있습니다. 그렇기에 여자들은 항상 정서적인 필요를 느낍니다(물론 남자에게도 이와 같은 필요와 욕구가 있습니다. 다만, 여자의 욕구가 좀 더 많음을 지적하는 것입니다). 따라서 남편은 아내에게 정서적인 필요와 욕구가 있다는 사실을 알고 그것을 채워 주기 위해 자신을 내어 줄 수 있어야 합니다.

아내의 정서를 만족시키기 위해 꼭 필요한 것은 '대화'입니다. 특히 '들어 주는 대화'입니다. 남편 홀로 방법을 제시하거나 강의를 하거나 젠체하는 대화는 의미가 없습니다. 느낌과 생각과 마음을 말하고 싶은 아내의 욕구를 위해 자기의 귀를 '내어 줌'으로 정서적인 필요를 채워 줄 수 있어야 합니다. 자신이 경험한 것을 나누고 싶고, 자신이 느낀 것을 공유하고 싶고, 자신이 알고 있는 것을 함께 알고 싶은 아내를 위해 귀를 내어 주십시오.

또한 친밀함에 대한 욕구를 가지고 있는 아내의 가장 친한 친구가 되어 주십시오. 그러기 위해서 남편은 시간을 희생해야 하고 돈을 희생해야 하며 관계를 희생해야 합니다. 하고 싶은 모든 일을 다 하면서 아내의 가장 친한 친구가 될 수는 없습니다. 아내와 함께 시간을 보내기 위해서 포기해야 할 것이 무엇인지를 헤아려 보십시오. 이 희생 목록에는 '부모, 자녀, 직장, 경력, 친구'까지도 포함될 수 있습니다. 그리스도께서 우리의 가장 친한 벗이 되시기 위해 모든 것을 포기하셨음을 묵상해 보십시오. 아내와의 연합은 하나님께서 당신을 남편으로 부르신 이유입니다. 아내와의 연합을 포기할 만큼 귀한 것은 그리스도와의 연합밖에는 없습니다.

아내의 정서적인 욕망을 잘 파악하고, 그 욕망이 잘못된 방향으로 흘러가지 않도록 하는 것도 남편의 의무입니다. 아내가 잘못된 관계에 얽이지 않도록 항상 보호해야 합니다. 다음과 같습니다.

아내가 너무 지나치게 발전시키지 못하도록 막아야 할 첫 번째 관계는 바로 자녀와의 관계이다. 아내는 당신의 평생 동반자이지 자녀들의 동반자가 아니다. 아내의 가장 친밀한 친구는 자녀들이 아니라 당신이다. 잠재적인 위험성을 가진 또 다른 관계는 친정 식구들과의 관계이다. 친정 식구들과 친밀한 관계를 가지는 것 자체는 잘못된 것이 아니다. 문제는 결혼한 남자나 여자가 자기 배우자보다 부모에게 더 큰 친밀감을 느끼고 배우자보다 부모에게 더 의지하게 되는 경우다. 마지막 관계는 친구와의 관계이다. 당신은 아내가 다른 여성들 – 그리스도인도 포함된다—과 지나친 관계를 발전시키지 않도록 보호할 필요가 있다. 나는 여러 가지 동기로 다른 여성과 더불어 상호 의존적인 관계를 발전시켰다가 자기 자신이나 부부 관계에 큰 피해를 입게 된 여성들을 수도 없이 만났다. 그러한 '우정'은 부부 사이에 엄청난 파괴력을 행사할 수 있다. 이 말은 절대 과장이 아니다. 이러한 우정 관계가 그리스도인 여성으로 하여금 남편과 자녀, 교회를 무시하게 만든 경우는 엄청나게 많다. 그런 지나친 우정 관계로 많은 그리스도인의 결혼이 파국을 맞았다. 당신의 아내는 정서적인 위로와 영적 지지를 다른 누구도 아닌 당신에게 기대해야 한다 (주님을 제외하고).[111]

다시 말해서, 남편은 아내의 정서적인 욕구가 차고 넘칠 정도로 채워 주어서 그녀가 다른 관계에 얽매이지 않도록 해야 합니다. 또한 아내가 'TV, 인터넷 채팅 혹은 커뮤니티, 스마트폰' 등에 지나치게 빠져들지 않도록 주의하십시오. 만약에 아내가 특정한 무엇인가에 빠져들고 있다면, 친밀함에 대한 정서적인 욕구가 남편을 통해 전혀 채워지지 않았다는 신호입니다. 아내의 문제가 아니라 남편의 문제라는 뜻입니다.

아내의 정서적인 필요와 관련해서 남편이 반드시 기억해야 할 것이 있

---

111 루 프리올로, 『아내를 알고 사랑하는 온전한 남편』(서울: 미션월드라이브러리, 2008), 228-229.

습니다. 해야 할 바를 다하는 것과 정서적인 필요를 채워 주는 것은 다른 것입니다. 일 중심의 사고를 가지고 있는 남자들은 '해야 할 바를 다하는 것'으로 만족하는 경향이 있습니다. 월급 꼬박꼬박 가져다주고, 장보기 정도는 함께해 주고, 집안일에 대해 의사 결정을 해 주고, 가끔씩 자녀들과 놀아 주고, 종종 요리도 해 주고, 설거지도 해 주고, 다른 데 한눈팔지 않는 것으로 자신이 해야 할 바를 다했다고 생각하는 것입니다. 그러고는 '이 정도면 일등 남편이지'라며 스스로 만족합니다. 그러나 해야 할 바를 다했다고 해서 좋은 남편은 아닙니다. 가정은 직장이 아니며 아내와의 관계는 업무가 아닙니다.

해야 할 바를 다했음에도 불구하고 아내는 늘 불만족스러워할 수 있습니다. 해야 할 바를 다하는 것과 아내의 정서적인 필요를 채워 주는 것은 다르기 때문입니다. 아내의 정서적인 필요를 채워 주는 것은 몇 가지 단계를 거쳐서 반드시 완료해야 할 목표가 아닙니다. '리스트'(list)를 작성해서 하나씩 '클리어'(clear)한다고 성취되는 것이 아닙니다. 아내의 정서적인 필요를 채우기 위해서는 마음 자체가 항상 아내에게 기울어져 있어야 합니다. 서로 떨어져 있을 때조차 남편의 마음은 아내를 향해 있어야 하고, 그것이 아내에게 충분히 전달될 정도로 드러나야 합니다.

그러므로 아내를 위한 남편의 행동은 일상적이어야 합니다. 큼지막한 몇 가지 행동으로 보완하려고 해서는 안 됩니다. 작은 선물, 소소한 연락, 평범한 대화, 따뜻한 포옹, 짧은 데이트 등 아내에게 꾸준하고 지속적인 관심을 보여 주어야 합니다. 남편의 마음에 대해서 불안해하지 않도록, 다른 것을 통해 정서적인 결핍을 채우지 않도록, 온 정성을 다해 아내를 돌보십시오. 이것이 가정 안에서 남편의 리더십을 확고하게 만듭니다.

물질적 필요를 위해 희생하는 리더십

셋째, 남편은 아내의 물질적인 필요를 위해 무엇이든 내어 줌으로 인도해야 합니다. 남편은 가정을 돌봐야 합니다. 가정에 필요한 물질적인 공급과 관련하여 남편이 일차적인 책임을 지닌다는 의미입니다. 종종 취미 활동이나 개인적인 목표 때문에 가족을 내팽개치는 남편들이 있습니다. 그들은 마땅히 감당해야 하는 가족 부양의 의무를 회피합니다. 모든 남편은 자신에게 가정 경제를 돌볼 책임이 있다는 사실을 깊이 자각해야 합니다. 게을러서 제대로 일하지 않거나 자기만족을 위해서 쓸데없는 것에 과도한 지출을 하고 있다면 스스로 리더십을 갉아먹는 것입니다. 시답지 않은 이유로 직장을 자주 옮겨서 가정 경제를 흔들리게 하는 것도 올바른 행동이 아닙니다. 그런 행동은 아내를 심히 불안하게 하고, 그녀가 남편의 리더십을 의심하게 만드는 이유가 됩니다.

목자는 양을 꼴이 있는 곳으로 인도합니다. 우리의 목자가 되시는 그리스도는 항상 우리에게 생명의 꼴을 먹여 주십니다. 마찬가지로 가정의 목자 된 남편은 가족을 먹여 살릴 의무가 있습니다. 땀을 흘려 노동함으로 그 몫을 받아 아내의 물질적인 필요를 채우십시오. 그리스도와 같은 리더는 이와 같이 합니다.

이것이 아내의 사회 활동을 완전히 배제하는 것은 아닙니다. 이미 '여자

다음에 관한 강의'에서 말한 것과 같이 아내도 몇 가지 조건하에 일할 수 있습니다. 그러나 역할상 그 본질적인 책임은 남편에게 있습니다. 물론 특수한 시기가 존재할 수도 있습니다. 예기치 않은 실직, 더 나은 일을 위한 학업, 지나치게 적은 수입 등 특수한 시기에 아내가 어느 정도는 가족 부양의 책임을 짊어질 수도 있습니다. 가족에 대한 의무는 남편에게만 있지 않습니다. 다만 이와 같은 특수한 시기에는 남편과 아내가 한마음과 한뜻을 갖는 것이 중요합니다. 함께 가족 경제를 계획하고, 특수한 시기를 확정하고, 남편은 자기 책임을 잊지 않고, 아내는 남편의 리더십을 존중해야 합니다. 둘이 하나가 되어 특수한 시기를 헤쳐 나올 때, 그 연합됨은 더욱 공고해질 것입니다. 그 특수한 시기에도 남편은 자신이 리더라는 사실을 잊지 마십시오.

성경의 권하는 사랑과 온유의 리더십

가정 안에서 리더는 남편입니다. 남편은 아내를 지키고 돌보고 성장시켜야 합니다. 이때 주의할 점이 있습니다. 이 모든 것이 강압적이어서는 안 됩니다. 아내를 지킬 때 그 행위가 강압적이어서는 안 됩니다. 아내를 돌볼 때도 강압적이어서는 안 되고 아내를 성장시킬 때도 마찬가집니다. 사랑과 온유함으로 조언하고 권면해야 합니다. 아내가 그것을 충분히 느낄 정도로 말입니다. 무엇보다 자기 기질이나 성격에 따라 조언하고 권면해서는 안 됩니다. 이것은 누구보다 당신을 잘 알고 있는 아내를 분노하게 만드는 일입니다. '자기나 똑바로 할 것이지'라는 생각이 들게 만듭니다.

불안감이나 욕망으로 아내를 다그쳐서도 안 됩니다. 아내는 당신의 불신 앙적인 면모를 누구보다도 빨리 알아챕니다. 자기 것을 가지고 하는 권면은 가정 안에서 남편의 리더십을 파괴합니다.

그러므로 항상 성경으로 권면하십시오. 성경을 통해 자신이 이해한 부분을 충분하게 설명해 주십시오. 잘 받아들이지 못할 때는 잠시 기다렸다가 다시 기회를 봐서 설명해 주십시오. 원하는 대로, 원하는 만큼 따라오지 못한다고 화를 내지 마십시오. 당신도 그리스도께서 원하시는 대로, 원하시는 만큼 따라가지 못한다는 사실을 기억하십시오. 그리스도께 용납받은 당신이 아내를 용납하지 못할 이유가 없습니다. 만 달란트 탕감받은 것을 잊고 백 데나리온을 기어코 받으려고 했던 어리석은 종이 되지 마십시오. 넉넉한 사랑을 가지고 기다려 주고 설명해 주고 또 기다려 주고 설명해 주십시오. 이것이 진정 거듭난 남편의 리더십입니다.

결혼을 말하다

열두째

열두째,
한 몸을 위한 남성다움의 회복 (2)

오염되고 왜곡된 남성다움

현대 사회에서 그리스도인으로 살아간다는 것은 '가치관의 싸움'을 벌인다는 것과 같습니다. 참된 진리를 잃어버린 세상은 이것을 대체할 만한 가치들을 수없이 생산하고 있습니다. 돈이라는 가치, 성공이라는 가치, 행복이라는 가치 등을 제시하며 마치 우리 인생이 이런 것들을 위해 존재하는 것처럼 말합니다. 세상이 제시하는 가치에 사로잡힌 사람들은 그것을 획득하기 위해 세상이 제시하는 방법들을 따릅니다. 세상은 결혼에 관한 가치도 생산하고 있습니다. '결혼은 이러해야 하고, 남자는 이러해야 하고, 여자는 이러해야 한다'고 가르칩니다. 그러나 진리를 버린 세상은 그 어떤 것에 대해서도 올바른 가치를 제시하지 못합니다. 왜곡되고 오염된 가치관들이 결혼을 더럽히고 남성다움과 여성다움을 파괴하고 있습니다. 특히 남성다움에 관해서 심각한 왜곡을 가져왔습니다. 왜곡된 남성다움은 한 몸을 방해하는 큰 걸림돌입니다. 그러므로 성경이 말하는 남성다움을 제대로 이해하고 회복하는 것이 중요합니다.

그렇다면 이제 어떤 부분에서 남성다움이 왜곡되었고, 그것을 어떻게 회복할 것인지를 살펴보겠습니다.

표현에 대한 견해가 왜곡되었습니다

마음은 표현되어야 한다

하나님은 최초의 부부가 완전한 연합을 이루도록 하셨습니다. 그것은 신체적인 연합만을 의미하지 않습니다. 모든 것의 연합입니다. 더 정확히 말하면, 마음이 연합되어야 합니다. 그리스도인은 그리스도의 마음을 품어야 하듯이, 남편은 아내의 마음을 품어야 하고, 아내는 남편의 마음을 품어야 합니다. 서로의 마음을 하나로 만들어 가야 한다는 것입니다. 서로의 마음을 하나로 만들기 위해서 반드시 필요한 것은 '표현'입니다. 마음은 보이지 않기에 항상 정직하고 적절하게 표현되어야 합니다.

그러나 한국 사회에서 살아가는 남자들은 표현이 참 인색합니다. 예전부터 한국 사회를 지배하던 유교 문화가 끼친 영향입니다. 감정을 표현하거나 지나치게 많은 말을 하는 것은 도리가 아니라고 여긴 것입니다. 예(禮)와 신(信)을 중요하게 여긴 유교 사회에서는 절제의 미덕을 강조하였고, 이것은 언어적인 부분에도 영향을 미쳤습니다. 하지만 표현과 관련하여 좀 더 근본적인 영향을 끼치고 있는 문화가 있습니다. "자아 중심 문화"입니다.

자아 중심 문화는 소통의 문제를 가져온다

자아 중심 문화는 언어생활에도 큰 악영향을 끼칩니다. 표현의 문제에서 상대방과의 소통에 큰 의미를 두지 않기 때문입니다. 하고 싶은 말만 떠들고, 듣고 싶은 말만 듣습니다. 하지만 상대방이 자신의 말을 제대로 듣지 않는다고 분노합니다. 대부분의 관계는 여기에서부터 시작됩니다. 직장 상사와의 관계를 되돌아보십시오. 친구와의 관계를 되돌아보십시오. 무엇보다 배우자와의 관계를 되돌아보십시오. 무엇이 그 관계를 야금야금 파먹고 있습니까? 자아 중심적인 표현 방식이 전부는 아닐지언정 큰 부분을 차지하고 있을 것입니다.

자아 중심이라는 불치병에 걸린 일부 남편은 자기 의도를 제대로 읽어내지 못하는 아내를 끊임없이 탓하기도 합니다. 소통의 문제가 발생했을 때, 자신의 표현 방식이나 소통 의지를 점검하지 않고 곧바로 아내에게 모든 책임을 묻는 것입니다. 이런 남편은 소통을 위한 책임이 자신에게 있음을 모릅니다. 자신의 진심은 항상 마음 깊은 속에 감춰져 있다고 스스로 믿습니다. 그것을 단지 표현하지 않을 뿐이라고 생각합니다. 따라서 아내가 불안해하거나 화를 내거나 비난하는 이유를 도무지 이해하지 못합니다. 모든 것이 오해라고 변명할 뿐입니다.

그러나 감정과 생각을 꾸준히 표현하고 아내를 납득시키기 위한 정당한 과정을 귀찮게 여기는 한, 그 '오해'는 절대로 풀리지 않을 것입니다.

"아내가 … 알아서 우리의 마음을 읽거나 우리가 무엇을 하거나 어디로 갈지를 그냥 저절로 알기를 바랄 수는 없습니다. 이것은 불합리할 뿐만 아니라 자칫하면 그들에게 악한 일을 행하는 것이 될 수 있습니다."[112] 아내를 위해 생각과 감정과 계획을 상세하게 반복해서 표현하는 것은 남편의 의무입니다.

> 그리스도인 남자에게 이런 이야기를 하면, 자신은 마음속으로 아내를 존경하고 존귀히 여기고 있다고 대답할지 모른다. 그러나 성경은 마음으로만이 아니라, 마음속에 있는 존중과 존경을 표현해야 한다고 교훈한다. 이 모든 것들이 마음으로부터 시작되는 것은 사실이지만, 그것이 실제 행동으로 드러나지 않는다면, 그것은 성경이 말하는 존중과 존경이 아닌 것이다. 성경이 요구하는 존경은 마음으로부터 우러나와 말로 표현되고 눈으로 보이는 행동으로 나타나는 것이지, 마음 깊숙한 곳에만 숨겨져 있는 것이 아니다.[113]

표현하지 않는 것, 사랑하지 않는 것

표현하지 않으면 누구도 내 마음을 알 수 없습니다. 사실 표현하지 않는 것은 사랑하지 않는 것과 같습니다. 숨겨 둔 진심 따위를 운운하는 남

---

112 노옴 웨이크필드, 『남자들을 위한 지혜』(성남: 홈앤에듀, 2015), 287.
113 더글라스 윌슨, 『결혼 개혁』(서울: 미션월드라이브러리, 2011), 77.

편은 자기 멋에 취했을 뿐입니다. 표현할 때에는 자기 마음을 살피는 작업이 우선되어야 하고, 적절한 언어를 뽑아야 하며, 시간과 힘을 내서 말해야 합니다. 남편이 아내에게 감정과 생각과 계획을 표현하는 것은 아내를 위해 희생한다는 의미이기도 합니다. 성경은 '마음은 반드시 열매를 맺는다'고 말합니다. 마음을 올바르게 표현하는 것이 열매입니다. 올바르게 표현하기 위해서 남편은 다음을 해야 합니다.

첫째, 자기 마음을 살펴야 합니다. 표현과 수다는 다릅니다. 표현한다는 것과 말을 잘한다는 것은 같은 말이 아닙니다. 남자들 중에도 말을 참 잘하는 사람들이 꽤 있습니다. 선천적으로 수다 떨기를 좋아하고 자기 이야기하는 것에 거리낌이 없는 사람들이 있습니다. 그들은 '나는 표현만큼은 문제없어'라며 자신만만해 합니다. 그러나 여기서 말하는 '표현'은 언변의 탁월함을 의미하지 않습니다. 화술이 좋은 사기꾼에게 '너는 참 표현을 잘한다'고 칭찬하는 사람은 없습니다. 아내를 위한 표현은 자기 마음에 담겨 있는 것을 정직하게 드러내는 것입니다. 말과 감정이 불일치하지 않도록, 말과 생각이 서로 다르지 않도록 신중하게 자기 마음을 살피는 것입니다. '건성으로 들은 후에 자기 생각과 다른 것을 말하거나', '순간을 모면하기 위해 자기감정과 다른 것을 내뱉어서는' 안 됩니다. '말과 감정', '말과 생각'이 다름을 몇 번 경험한 아내는 더 이상 남편의 말을 있는 그대로 받아들이지 않게 되기 때문입니다. 따라서 모든 남편은 마음을 잘 살펴서 자기의 감정과 생각을 정직하게 대면하는 훈련을 해야 합니다. 대부분의 남자들은 표현하는 것에 익숙하지 않습니다. 표현에 관해 제대로 된 학습을 하지 않은 남자들은 자기 마음을 살피는 것조차도 어색해합니다. 이것이 아내들을 힘들게 하는 요인입니다. 자기감정과 생각을 스스로 온전히 깨닫는 것이야말로 모든 인간관계의 기본입니다. 더 나아가 하나님과의 관계에서도 반드시 필요합니다. 자기 마음을 살핍시다.

둘째, 적절한 언어로 표현해야 합니다. '자기 생각과 감정을 있는 그대로 표현하는 것'과 '생각과 감정의 쓴 뿌리를 정제하지 않은 채 내뱉는 것'은 다릅니다. 솔직함이라는 미명하에 상대의 기분과 감정을 조금도 생각하지 않고 말을 마구 쏟아내는 것은 바르지 않습니다. 적절한 언어를 골라야 하고 적절한 분위기에 말해야 합니다. 아내가 받아들일 준비가 되어 있지 않다면 기다려야 합니다. 제대로 이해하지 못한다고 다그치지 말고 쉽고 다정한 언어로 힘써 설명해야 합니다. 권면이나 훈계는 잔소리처럼 느끼지 않도록 언어를 더욱 신중히 사용해야 합니다. 오해하거나 착각하지 않도록 자세히 설명하는 것도 중요합니다. 어찌되었든 마음속에 있는 생각과 감정을 아내가 기쁘게 받을 수 있는 언어의 그릇에 담아서 전달하는 훈련을 꼭 하십시오. 적절한 언어가 아니면 아내는 남편의 말을 받아들이지 않습니다. 이것은 아내 탓이 아니라 남편 탓입니다.

셋째, 시간과 힘을 내서 말해야 합니다. 표현은 희생입니다. 아내에게 생각과 감정을 전달하는 노력이 필요하다는 뜻입니다. 이기적인 남편은 표현하고자 하는 자기의 노력 없이 아내가 모든 것을 알아서 해 주기를 원합니다. 그러나 이것은 희생 없는 열매를 원하는 것입니다. 아내가 나와 생각을 공유하고 나의 감정을 공감하기 원한다면, 참으로 부지런히 노력해야 합니다. 일부러 시간을 내야 합니다. 산책을 하며 가벼운 이야기를 나눌 수도 있고, 커피점에 가서 의미 있는 대화를 할 수도 있으며, 집 안에서 도란도란 말할 수도 있습니다. 더 힘을 내야 합니다. 피곤하다는 이유로 말을 줄여서는 안 됩니다. 일이 많다는 핑계로 대화의 시간을 건너뛰어서도 안 됩니다.

> 자기를 표현하며 아내와의 소통을 계속해 나가는 것 자체가 사랑 안에서 한 몸을 이루는 과정입니다.

이것을 하지 않으면서 아내를 사랑한다고 말하는 것은 어불성설입니다. 희생 없는 사랑, 곧 이기적인 사랑에 불과하다는 것입니다.

말씀하시는 하나님의 사랑

우리를 사랑하시는 하나님 아버지는 항상 자기의 뜻을 드러내셨습니다.

> 내가 하려는 것을 아브라함에게 숨기겠느냐 _창세기 18:17
>
> 주 여호와께서는 자기의 비밀을 그 종 선지자들에게 보이지 아니하시고는 결코 행하심이 없으시리라 _아모스 3:7

하나님은 당신의 생각을 자녀들에게 끊임없이 말씀하십니다. 아무 말씀도 하지 않다가 느닷없이 징계를 내리시지 않습니다. 자기 뜻을 숨겨 놓으셨다가 뜻대로 행하지 않는다고 갑자기 버럭 화를 내시지 않습니다. 하나님은 당신이 무엇을 원하시는지 분명하게 표현하십니다. 또한 그것을 알리시기 위해 노력하십니다.

칼뱅은 하나님께서 우리 수준에 맞추어 '혀짤배기 소리를 내신다'고 말합니다. 즉, 하나님은 우리에게 말씀하실 아무런 의무가 없음에도 불구하고 우리가 알아들을 수 있도록 낮추어 말씀하신다는 것입니다. 이것 자체가 하나님의 사랑을 보여 줍니다. 하나님은 희생 없는 사랑을 노래하시지 않습니다. 이기적인 사랑은 사랑이 아닙니다.

예수님도 마찬가지이십니다. 예수님은 살아생전 제자들에게 수없이 말씀하셨습니다. 제자들이 알아듣지 못하면 반복해서 말씀하셨습니다. 가능하면 이해하기 쉽도록 상세하게 가르치셨습니다.

표현은 희생이다

아내를 위해 정성껏 말하는 것이 아내를 사랑하는 것입니다. 제대로 말하지 않아도 아내가 나의 진심을 알아 줄 것이라는 허황된 생각에 빠져 있는 남편이 있습니다. 어리석은 남편입니다. 소통의 노력을 하지 않는 것은 게으른 것이고 고집스러운 것이며 이기적인 것입니다. 이것은 사실 자기를 내어 주기까지 사랑하지 않는 것입니다. 예수님은 우리를 향한 사랑을 마음속에만 담아 두지 않으셨습니다. 예수님은 십자가에 달리심으로 우리를 향한 사랑을 표현하셨습니다. 예수님의 제자들은 예수님의 과묵함이나 비밀스러움 때문에 답답해하지 않았습니다. 예수님께서 항상 모든 것을 설명해 주셨기 때문입니다. 무리에게는 해 주시지 않았던 비유 해석을 제자들에게는 해 주셨음을 기억하십시오. 그리스도처럼 아내를 사랑한다는 것은 마음속에 있는 사랑을 풍성하게 표현하는 것입니다.

바울은 다음과 같이 말합니다.

남편들아 아내를 사랑하며 괴롭게 하지 말라 _골로새서 3:19

침묵은 괴롭힘이다

남편은 아내를 괴롭혀서는 안 됩니다. 괴롭힘에는 여러 종류가 있습니다. 물리적인 괴롭힘이 있고 관계적인 괴롭힘이 있습니다. 여기에는 불친절한 말, 거친 말, 그리고 의도적인 침묵 등 정서적인 괴롭힘도 포함됩니다. 실제로 많은 남편들이 말을 올바로 하지 않아서 아내들을 괴롭히고 있습니다. 자신의 생각을 정확히 말하지 않아서 아내들을 괴롭힙니다. 자신의 감정을 적절히 표현하지 않아서 아내들을 괴롭힙니다. 상황에 대해, 미래에 대해, 가족에 대해 정확히 설명하지 않아서 아내들을 괴롭힙니다. 정서적인 욕구, 곧 말로 사랑을 전달해 주지 않아서 아내들을 괴롭힙니다. 분노와 복수심으로 말을 하지 않아서 아내들을 괴롭힙니다. 이 모든 것은 폭력입니다. 아내의 정서를 할퀴는 폭력입니다.

표현은 명령이다

표현은 성경이 명령하고 있는 남편의 의무이기도 합니다. 표현하지 않고 결정권을 행사하거나 리더십을 발휘할 수는 없기 때문입니다.

> 그의 남편은 칭찬하기를 덕행 있는 여자가 많으나 그대는 모든 여자보다 뛰
> 어나다 _잠언 31:28-29

현숙한 여인의 남편은 표현하는 남편이었습니다. 아내의 현숙함에 대해서 침묵하지 않습니다. 그는 아내가 보여 주는 덕행을 정확한 언어로 표현합니다. 자기의 생각과 감정을 드러낸 것입니다. 표현되지 않는 사랑은 그림의 떡과 다르지 않습니다. 굶주림을 해결할 수 없기 때문입니다. 아내가 정서적인 결핍에 시달린다면, 그것은 순전히 남편 탓입니다. '나는 마음으로 사랑한다'면서 표현하지 않는 이기적인 사랑을 고집할 때 아내는 불안에 시달릴 수밖에 없습니다. 표현하지 않는 이기적인 사랑은 아내를 방황하게 만듭니다. 남편의 생각을 짐작해야 하기 때문에 불안하고, 알 수 없는 남편의 감정 때문에 방황한다는 것입니다.

열정적인 하나님의 사랑 표현

하나님은 우리가 확고히 설 수 있도록 당신의 사랑을 마음껏 표현하셨습니다.

> 대저 나는 여호와 네 하나님이요 이스라엘의 거룩한 이요 네 구원자임이라
> 내가 애굽을 너희 속량물로, 구스와 스바를 너를 대신하여 주었노라 네가 내
> 눈에 보배롭고 존귀하며 내가 너를 사랑하였은즉 내가 네 대신 사람들을 내
> 어 주며 백성들이 네 생명을 대신하리니 두려워하지 말라 _이사야 43:3-5

하나님의 사랑은 열정적으로 표현되었고 희생적으로 드러났습니다. 그래야만 백성들이 하나님의 사랑을 확신하고, 그 안에 뿌리를 내릴 수 있기 때문입니다. 하나님은 의도를 분명하게 말씀하시고 사랑을 풍성하게 표현하십니다. 사랑은 감추면 안 됩니다. 더 정확히 말하면, 온전한 사랑은 감춰질 수 없습니다. 사랑의 속성상 사랑은 꽁꽁 숨겨 둔 감정 따위가 아니라 자기를 내어 주기까지 드러내는 표현입니다. "하나님이 정의하시는 바에 따르면, 사랑은 감정이라기보다는 행동에 훨씬 더 가깝습니다."[114]

표현하는 훈련을 하라

가정 안에서 남편이 그 역할을 제대로 하기 원한다면, 올바르게 자기를 표현하는 훈련을 반드시 해야 합니다. 남편이 아무런 표현을 하지 않을 때 아내는 그의 리더십을 의심할 수밖에 없습니다. 거칠고 섣부른 표현을 남발할 때도 마찬가지입니다. 가족을 돌보고 아내를 보호하며 무한한 책임감으로 목자의 역할을 감당하는 것은 숨겨진 진심으로 하는 것이 아닙니다. 분명한 표현으로 해야 합니다. 숨겨진 진심 같은 겉멋 들린 말에 현혹당하지 말고 올바른 표현을 통해 아내를 사랑하고 괴롭히지 않는 것이 성경적인 사랑입니다. 아내를 사랑하는 남편은 마음을 전달하기 위해 자기를 내어 줍니다.

---

114 존 맥아더, 『하나님의 완벽한 디자인』(서울: 베드로서원, 2007), 85.

욕망에 대한 견해가 왜곡되었습니다

남자, 공격적인 욕망의 소유자

남자들은 여자에 비해 훨씬 더 공격적이고 직접적입니다. 다른 말로 하자면, 훨씬 더 본능적입니다. 본능에 충실하고자 하는 본능이 남자의 본능이라는 것입니다. 여기에는 성적인 본능을 포함하여 음식에 대한 본능, 명예에 대한 본능, 권력에 대한 본능, 쾌락에 대한 본능 등이 있습니다. 남자의 본능은 결혼 이후에도 계속됩니다. 성욕, 명예욕, 권력욕 등은 사라지는 것들이 아닙니다. 우리가 잘못 쓰는 말이 있습니다.

> 결혼하면 철든다. 부모가 되면 철든다.

이것은 세속 철학이 담겨 있는 말일 뿐입니다. 인간의 타락이 얼마나 뿌리 깊은지 알면 이런 말을 함부로 할 수 없습니다. 죄는 환경에 따라서 다스려지는 것이 아니기 때문입니다. 결혼한 후에도 남자의 성욕은 그대로 남아 있습니다. 그렇기에 성경은 끊임없이 간음죄를 경고합니다. 탐욕이라는 죄도 끊임없이 경고합니다.

> 네 이웃의 집을 탐내지 말라 네 이웃의 아내나 그의 남종이나 그의 여종이나
> 그의 소나 그의 나귀나 무릇 네 이웃의 소유를 탐내지 말라 _출애굽기 20:17

우리는 죄를 순진하게 생각해서는 안 됩니다. 욕망도 순진하게 생각해서는

안 됩니다. 결혼이 모든 것을 해결해 주지 않습니다. 오히려 많은 경우 결혼 이후에 더욱 욕망에 빠져들기도 합니다. 결혼 전에 이와 같은 욕망에 사로 잡히는 것도 문제이지만, 결혼 이후에 빠져드는 것은 더욱 큰 문제입니다.

아내를 위협하는 남편의 욕망들

그러므로 모든 남편들은 자기 안에 도사리고 있는 욕망의 정체를 파악하고, 그것을 다스리기 위해 노력해야 합니다. 욕망을 충족시키고자 하는 나의 시도가 아내와 가족을 치명적으로 파괴할 수도 있음을 깨달아야 합니다. 특히 아내를 위협하는 욕망에는 다음과 같은 것들이 있습니다.

- 성을 향한 욕망
- 성공을 향한 욕망
- 취미를 향한 욕망

성적인 욕망을 경계하라

모든 욕망이 그렇듯 성적인 욕망은 불법이 아닙니다. 하나님께서 주셨기 때문입니다. 하나님께서 허락하신 울타리 안에서 성을 향한 욕망을 충족시키는 것은 아무런 문제가 없습니다. 성욕은 부부의 즐거움을 위해, 그리고 생육하고 번성하기 위해 하나님께서 주신 선물입니다. 그러나 이 성적인 욕망이 하나님의 울타리 밖을 벗어날 때는 큰 문제가 됩니다. 부부 관계가 훼손되고 가족이 파괴되며 사회가 혼란스러워집니다. 그러므로 남편들은 자기의 성적인 욕망을 항상 말씀 안에서 다스려야 하는데, 특히 다음과 같이 해야 합니다.

첫째, 음란물을 봐서는 안 됩니다. 요즘은 음란물을 쉽게 접할 수 있는데, 동영상부터 시작하여 소설, 만화, 홍보물, 심지어 TV까지 참으로 다양합니다. 최근에는 스마트폰이 등장하면서 더욱 손쉬워졌습니다.

그러나 죄짓기 쉬운 환경이 죄의 무게를 감소시켜 주는 것은 아닙니다.

결혼 이후에 음란물을 보는 것은 성적인 욕망을 "불법적으로" 채우는 것입니다.[115] 아내 외에 다른 여자를 성욕 해결의 수단으로 보기 때문입니다. 그러므로 모든 남편들은 온 힘을 다해 음란물을 피해야 합니다. 당연히 포르노 영상을 보아서는 안 됩니다. 심지어 남편이 아내도 포르노를 보도록 강요하여 그 행위를 따라 했다는 뉴스를 본 적이 있는데, 이것은 거룩한 침상을 더럽히는 행위입니다. 성적인 공상을 자극하는 그림이나 만화, 그리고 소설도 보아서는 안 됩니다. 불법적인 성행위를 상상하도록 자극하는 음란물은 그 무엇도 보지 않도록 노력하십시오. 또한 음탕한 몸짓과 문란한 가사로 무장한 여자 가수들의 무대도 즐기지 마십시오. 남자의 성적인 욕망은 불과 같습니다. 기름이 될 만한 것과 만나지 않도록 스스로 조심하십시오.

---

115 당연히 결혼 전에는 합법적이라고 말하는 것이 아닙니다. 결혼 이후에는 그 불법성이 더욱 커진다는 뜻입니다.

둘째, 안목의 정욕을 조심해야 합니다.

> 나는 너희에게 이르노니 음욕을 품고 여자를 보는 자마다 마음에 이미 간음하였느니라 _마태복음 5:28
>
> 네 마음에 그런 여자의 아름다움을 탐내지 말고, 그 눈짓에 홀리지 말아라 _잠언 6:25, 새번역
>
> 젊은 여인을 음탕한 눈으로 바라보지 않겠다고 나 스스로 엄격하게 다짐하였다 _욥기 31:1

다른 여자들을 볼 때 항상 조심해야 합니다. 마음속에 정욕이 끼어들지 않도록 해야 합니다. 성경은 결혼한 남자가 음탕한 눈으로 여자를 바라보는 것 자체를 간음으로 정죄합니다. 정결한 눈과 깨끗한 마음으로 여자들을 대하도록 노력하십시오. 성적인 욕망은 오로지 아내를 통해서만 채워져야 합니다.

셋째, 공상해서는 안 됩니다. 실질적인 행위가 차단되었을 때 남자가 가장 손쉽게 택할 수 있는 방법은 공상입니다. 음란물을 보지 않고 음탕하게 여자를 보지 않는다고 해서 모든 것이 끝나는 것은 아닙니다. 공상 속으로 성적인 욕망을 들고 들어간다면 말입니다. 하나님은 우리의 겉모습만이 아니라 중심까지 보신다는 것을 잊지 마십시오.

남자들은 착각합니다. 성적인 욕망은 '누구도 어쩔 수 없는' 자연스러운 본능이라는 것입니다. 그렇게 주장하는 사람들에게 두 가지를 묻고 싶습니다.

하나. 성적인 욕망은 누가 창조하셨습니까?

둘. 성적인 욕망을 통제하라는 명령은 누가 하셨습니까?

두 가지 질문에 대한 답은 모두 '하나님'입니다. 하나님께서 성적인 욕망을 만드셨고 그 욕망을 통제하라는 명령도 내리셨다면, 당연히 성욕은 통제될 수 있습니다. 세상은 성적인 욕망에 관대합니다. 어쩔 수 없는 것이라고 말합니다. 심지어 어떤 나라는 '공창'(나라의 허락을 받고 몸을 파는 행위)을 허용하기까지 합니다. 그러나 성령의 다스림을 받는 남자는 성욕을 올바르게 통제할 수 있는 능력을 얻습니다. 성령은 남편을 아내와 한 몸으로 묶으시기 때문입니다. 성령을 의지하며 성적인 욕망을 통제하십시오. 이것이 모든 남편의 의무입니다.

성공을 향한 욕망을 경계하라

성공을 향한 욕망도 통제되어야 합니다. 여기에는 평판을 얻고 싶어 하는 명예욕, 스스로에게 만족하고 싶은 성취욕, 남들을 통제하고자 하는 권력욕 등이 있습니다. 당연히 돈에 대한 탐욕도 포함됩니다. 물론 이 모든 것들이 나쁜 것은 아닙니다. 열심히 일하다 보면, 평판을 얻고, 보람을 얻고, 권력을 얻고, 돈을 얻을 수 있습니다. 평판이나 보람이나 권력이나 돈이 그 자체로는 나쁘지 않습니다. 그러나 그것이 목적이 되거나 그것을 위해 더 중요한 것을 희생한다면, 그것은 충분히 나쁩니다. 예컨대, 성공을 위한 욕망을 채우기 위해서 가정을 희생한다면, 그것은 나쁩니다. 성공을 위한 욕망을 채우기 위해 신앙을 희생한다면, 그것은 아주 나쁩니다. 그러므로 경건한 남편은 성공을 향한 욕망이 자칫하면 나쁜 것이 될 수 있음을 인식하고 그것을 다스려야 합니다.

첫째, 일하는 것 때문에 아내가 소외당하지 않도록 조심해야 합니다. 당연히 직장 생활을 열심히 해야 합니다. 성경도 '무슨 일을 하든지 주께 하듯 하라'(골 3:23)고 말합니다. 그러나 균형을 잡기 위해 의지적으로 애써야 합니다. 남편은 아내의 모든 욕구를 채워 주도록 부르심을 받은 존재입니다. 아내가 원하는 정서적인 욕구, 관계적인 갈망 등은 남편만이 만족시킬 수 있습니다. 사랑받고 있다는 느낌을 항상 풍성하게 주어야 하고, 친밀함에 대한 정서적 욕구를 차고 넘치도록 채워 주어야 합니다. 그러기 위해서는 의지를 갖고 노력해야 합니다. 바쁘기 때문입니다.

바쁘다는 것 자체도 나쁜 것은 아닙니다. 적당히 하지 않고 최선을 다하다 보면 바쁠 수 있습니다. 그러나 "늘" 바쁜 것은 나쁩니다. 늘 바쁘다는 것은 자신의 욕망에 사로잡혀 있음을 증명하기 때문입니다. 평판과 권력과 돈과 성취라는 욕망에 취한 사람은 결코 멈출 줄을 모릅니다. 쉴 줄을 모릅니다.

욕망 중독에 근거한 일중독자는 아내의 희생을 당연하게 여깁니다. 자기의 욕망이 아내의 욕망보다 항상 우선하기 때문입니다. 이처럼 욕망을 채우고자 동분서주하는 남편의 아내는 온갖 결핍에 시달리게 됩니다. 그 결핍을 채우기 위해 다른 곳에 마음을 두기 시작하면 최악의 결과를 맞이할 수도 있습니다. 그러므로 경건한 남편은 일을 통제함으로 아내가 소외감을 느끼지 않게 노력해야 합니다. 하나님은 당신이 일을 통해 성공하는 것보다 아내와 한 몸을 이루는 것을 더 귀하게 여기십시오. 성경에는 성공에 대한 직접적인 명령이 하나도 없음을 기억하십시오. 반면에 아내와 한 몸을 이루는 것은 구체적으로 명령하고 있음도 기억하십시오.

둘째, 돈을 향한 과도한 욕망을 자제해야 합니다. 돈을 향한 욕망은 두 가지 방향으로 흐릅니다. 한쪽은 돈을 끝없이 추구합니다. 오로지 돈 버는 것을 목적으로 살아갑니다. 한쪽은 돈을 끝없이 통제합니다. 절약이라는 미명하에 지나치게 가족의 숨통을 틀어막는 것도 돈을 향한 욕망에서 비롯됩니다. 이것은 돈을 완벽히 통제함으로 돈을 통해서 얻을 수 있는 안정을 사겠다는 시도입니다. 이처럼 돈을 향한 욕망을 드러내는 남편이 아내와 가족들에게 올바른 신앙을 공급할 수 있을까요? 신앙은 하나님으로 말미암아서만 구원과 만족과 안정을 얻을 수 있음을 믿는 것인데, 돈을 통해 미래를 얻고자 하는 남편이 어떻게 하나님을 전할 수 있겠습니까? 아마도 말은 하지 않겠지만, 아내는 그런 남편을 위선자라고 생각할 것입니다.

앞서 말한 것처럼, 남편은 가정에 필요한 물질을 공급할 책임이 있습니다. 또한 가정 경제를 잘 돌볼 의무도 있습니다. 그러나 이 모든 것은 하나님을 믿는 믿음 안에서 해야 합니다. 돈을 신뢰하여 돈을 향한 탐욕을 드러내면서 한다면, 아내는 결코 마음을 다해 남편을 따르지 않을 것입니다. 어리석은 부자의 비유를 생각하십시오. 어리석은 부자는 미래를 위해 오늘을 포기하며 곳간에 재물을 쌓았지만, 그 미래와 재물을 누리지 못했습니다. 하나님께서 그의 생명을 거두어 가셨기 때문입니다. 이 비유는 우리가 어떻게 살아야 하는지를 말해 줍니다. 하나님을 신뢰해야 합니다.

그리고 오늘을 풍족하게 살아야 합니다. 사치하고 낭비하라는 뜻이 아닙니다. 하나님께서 주신 오늘을 즐겁게 살기 위해 부족함 없이 사용하라는 뜻입니다. 하나님께서 채우시고 베푸시고 인도하신다는 사실을 잊지 마십시오. 남편은 그것을 말로만 설명해서는 안 됩니다. 삶으로 설명해야 합니다.

취미를 향한 욕망을 경계하라

취미를 향한 욕망을 잘 다스려야 합니다. 취미는 '나'의 정서를 돕는 수단입니다. 생활에 활력을 주고 경직된 마음을 풀어 주는 역할을 합니다. 그런 의미에서 취미는 좋은 것입니다. 그러나 취미도 나쁜 것이 될 수 있습니다. 더 중요한 것들을 압도할 때 그렇습니다. 아내보다 취미를 더 소중히 취급할 때 취미는 나쁜 것이 됩니다. 하나님보다 취미를 더 즐거워할 때 취미는 우상이 됩니다. 그러므로 모든 남편들은 취미를 향한 욕망을 바르게 통제해야 합니다.

먼저, 취미는 철저히 개인의 만족을 위한 것임을 기억해야 합니다. 그러므로 적절한 취미는 '나'에게 보탬이 됩니다. 그러나 그 순간에도 다른 사람들에게는 큰 도움이 되지 않습니다. 기본적으로 취미에는 이기적인 특징이 있다는 것입니다. 따라서 남편은 취미를 즐기는 자신의 행동이 다른 사람, 특히 아내에게 어떤 영향을 미치는지 꼭 따져야 합니다. 나는 충분히 즐겁지만 아내가 즐겁지 않다면, 그 취미는 포기하는 것이 옳습니다. 부부는 '한 몸'이기 때문입니다. 더 정확히 말하면, 한 몸을 만들어 가야 하기 때문입니다. 취미 탓에 아내와의 한 몸 관계에 금이 간다면, 그것은 하나님의 명령을 어기는 것입니다.

둘째, 가능하면 함께할 수 있는 취미를 갖도록 노력하십시오. 취미는 나쁜 것이 아닙니다. 더 소중한 것을 파괴하는 용도로 사용될 때 나쁜 것이 될 뿐입니다. 그러므로 취미를 통해 아내와의 관계를 돈독하게 만들 수 있다면, 취미는 여전히 좋은 것이 될 수 있습니다. 반면에 나만이 즐기는 취미나 아내가 전혀 이해할 수 없는 취미는 위험합니다. 아내가 공감할 수 없는 '무엇인가'를 다른 여자가 공감할 수 있기 때문입니다.

취미도 욕망입니다. 자기만족과 쾌락을 향한 욕망입니다. 그러므로 항상 적절하게 통제되어야 마땅합니다. 결혼 이후에는 더욱 그렇습니다. '나'는 이제 나만이 아니라 아내와 한 몸을 이룬 존재이기 때문입니다. 그러므로 '나'만의 만족과 쾌락이 아니라 '나와 너'의 만족과 쾌락을 욕망해야 합니다.

관계를 도구로 생각하지 말라

모든 욕망이 나쁜 것은 아니지만 성경적인 결혼관 안에서 통제되지 않은 모든 욕망은 나쁩니다. 다음은 청교도 목사 리처드 백스터의 말입니다. 이 글을 읽고 욕망에 대한 왜곡된 견해를 꼭 바로잡으시기 바랍니다.

> 특정한 관계에 따르는 의무가 무엇인지에 대해 이해하지 못한 채 모든 관계
> 를 오직 자신의 필요와 육신의 욕구를 충족시키는 도구로만 생각하고, 그것
> 을 위해 관계를 맺는 불경건하고 이기적인 사람들 때문에 이 사회와 온 세상

은 엉망이 되고 있습니다. 이들의 관심사는 자기가 맺는 관계를 통해 돌아올 이득과 쾌락과 명예일 뿐 하나님과 사람들이 그 관계를 통해 자기에게 무엇을 요구하는 것이 무엇인지는 안중에도 없습니다. 온통 생각이 자기 얻을 것에만 가 있습니다. 그 관계를 통해 자신이 어떻게 되어야 하고 다른 사람에게 어떻게 해야 할지에 대해서는 관심이 없습니다. 다른 사람이 어떻게 되어야 하고 자기에게 어떻게 해야 하는지에 대해서는 아주 예민하고 날카로운 반면, 다른 사람에 대한 의무에는 너무나 둔감합니다.[116]

---

116 리처드 백스터, 『하나님의 가정』(서울: 복있는사람, 2012), 211.

결혼을 말하다

열셋째

열셋째,
한 몸은 혼합이 아니라 연합이다

친밀함을 향한 병적인 욕구

모든 사람들에게는 친밀함을 향한 욕구가 있습니다. 이 욕구는 하나님으로부터 분리된 이후에 더욱 거세졌고, 무엇보다 옳은 길에서 이탈하였습니다. 병적인 욕구가 되어 버린 것입니다. 친밀함을 향한 병적인 욕구의 가장 큰 특징은 경계선을 무시한다는 것입니다. 하나님은 모든 것을 질서 있게 창조하셨습니다. 하늘과 땅을 구분하셨습니다. 물과 뭍을 구분하셨습니다. 해와 달과 별을 구분하셨습니다. 새와 짐승을 구분하셨고 짐승과 사람을 구분하셨습니다. 또한 남자와 여자를 구분하셨습니다. 모든 피조물은 '구분된 각자의 자리에서' 거룩하신(구별되신) 하나님을 예배합니다. 이것이 창조의 질서이며 안식의 상태입니다. 그러나 친밀함을 향한 병적인 욕구는 이와 같은 구분을 무시합니다. 남자와 여자의 구분을 무시하고 남자가 여자의 자리를, 여자가 남자의 자리를 차지합니다. 심지어 하나님과 피조물의 구분을 무시하고 피조물이 하나님의 자리를 차지하고자 합니다. 온갖 우상들이 만연하고, 급기야는 인간을 신으로 떠받듭니다.

남자와 여자의 연합, 연합, 연합

친밀함을 향한 병적인 욕구는 부부 사이에도 커다란 악영향을 끼칩니다. 성경적인 결혼은 남자와 여자가 하나 되는 것입니다. 더 정확히 말하자면, 남자다운 남자와 여자다운 여자가 결혼다운 결혼을 하는 것입니다. 이를 위해 우리는 성경을 통해 '결혼다운 결혼이 무엇인지', '남자다운 남자는 무엇인지', 그리고 '여자다운 여자는 무엇인지'를 배웠습니다. 한마디로 결혼은 남성다움을 회복한 남편과 여성다움을 회복한 아내가 서로의 다름에도 불구하고 즐거운 연합을 이루어 가는 것입니다. 여기서 중요한 단어가 있습니다. "연합"입니다.

혼합인가? 연합인가?

연합의 성경적 정의

구약 성경에서 부부의 연합을 나타내는 단어는 '다바크'입니다.

> 이러므로 남자가 부모를 떠나 그의 아내와 합하여 둘이 한 몸을 이룰지로다 _
> 창세기 2:24

아내와 '합하다'라고 할 때 사용된 '다바크'(헬: 프로스콜라오)라는 단어는 다음과 같은 의미입니다.

> 착 달라붙다, 혹은 들러붙다, 상징적으로 추적하여 잡다, 확고히 머물다, 굳게 결합하다, 바싹 뒤따르다, 따라가 미치다, 힘써 좇아가다, 달라붙다, 합세하다.[117]

위에서 볼 수 있는 것처럼, '남편과 아내가 합하는 것'은 둘이 하나로 결합하는 것을 뜻합니다. 남편이 아내와 찰싹 달라붙는 것이며, 아내가 남편에게 바싹 들러붙는 것입니다. 여기서 주목할 점은 둘이 섞이는 것이 아니라는 것입니다. 성경이 말하는 연합은 둘이 하나로 결합되는 것을 의미하는 것이지, 둘이 서로 안에 섞여 들어가는 것을 뜻하지 않습니다. 즉, 연합은 혼합이 아닙니다.

그리스도와 교회의 연합

이것은 결혼의 실재가 되는 그리스도와 교회의 연합에도 적용되는 원리입니다. 그리스도와 교회의 연합은 그리스도께서 교회가 되시고 교회가 그리스도가 되는 것을 말하지 않습니다. 그리스도는 여전히 그리스도

117　스트롱코드 1692번

이시고 교회는 여전히 교회이지만, 이 둘이 틈이 없을 정도로 완전히 결합된 상태를 의미합니다.

> 만일 우리가 그의 죽으심과 같은 모양으로 연합한 자가 되었으면 또한 그의
> 부활과 같은 모양으로 연합한 자도 되리라 _로마서 6:5

우리가 그리스도와 완전히 연합되어 있기 때문에 그분의 죽으심이 우리의 죽음이 되고 그분의 부활하심이 우리의 부활이 됩니다. 또한 그분의 의가 우리의 의가 되고 그분의 복이 우리의 복이 됩니다. 이것이 그리스도와의 연합을 통해서 우리에게 주어지는 은혜입니다.

그리스도와의 혼합, 신비주의

그런데 어떤 사람들은 이와 같은 연합 교리를 오해합니다. 마치 그리스도가 내가 되고 내가 그리스도가 되는 것처럼 여깁니다. 그래서 어느 순간 내가 그리스도인지 그리스도가 나인지 모를 정도로 섞이는 것을 신앙의 깊은 경지로 여기고 이를 추구하기도 합니다. 보통은 기독교 신비주의에서 많이 나타나는 현상입니다. 신비주의자들은 그리스도와의 연합을 존재론적인 혼합으로 봅니다. 이를 위해서 무정념의 방법을 요구합니다. 무정념은 지성적인 기능을 스스로 차단하고 감정 속에 들끓는 욕망도 제거하여 완전한 내적 고요의 상태를 유지하는 것을 뜻합니다. 관상 기도, 예수 기도, 침묵 기도 등을 그 방법으로 권합니다.

혼합은 하나님과 나의 경계를 무너뜨리고 하나로 섞이는 것을 뜻하니

다. 기독교 역사 안에서 신비주의적 혼합의 유혹은 항상 있었습니다. 이것을 세련된 신학적 용어로 바꾸어 말하면, '만유내재신론'이라고 합니다. 하나님 혹은 하나님의 일부가 모든 만물에 섞여 있다는 뜻입니다. 그러나 성경은 단 한 번도 혼합을 말한 적이 없습니다. 모든 것은 '연합'입니다. 삼위 하나님은 '하나'로 존재하시지만 서로 안에 섞이지 않고 연합되어 계십니다. 앞서 말한 그리스도와 교회의 관계도 마찬가지입니다. 그리스도와 교회는 본질적인 차이가 있습니다. 이것은 결코 섞일 수 없습니다. 그러나 하나 되게 하시는 하나님의 영이 연합의 신비를 이루십니다.

경계선을 무시하면 혼합이 된다

이와 같은 원리는 남자와 여자 간에도 적용됩니다. 남자와 여자는 다르게 창조되었습니다. 남자는 여자가 아니고 여자는 남자가 아닙니다. 하나님은 서로 다른 둘을 '하나'로 묶으셨습니다. 이것이 결혼입니다. 남편은 아내와 연합하기 위해 힘써야 하고, 아내는 남편과 연합하기 위해 힘써야 합니다. 연합하기 위해서는 서로가 다름을 인정해야 합니다. 경계선을 인식해야 합니다.

경계선을 무시하면 연합이 아니라 혼합이 됩니다.

하지만 상대를 침범해서 '자기화'시키려고 하거나 자신을 포기하고 '타인화'하려고 합니다. 두 가지 모두 건강하지 않은 관계입니다. 친밀함을 향한 욕망이 병적으로 발휘되고 있는 것입니다. 친밀함을 향한 병적인 욕망은 상대를 없애거나 자기를 없애서 완전히 혼합하고자 합니다. 그럴 때에만 비로소 친밀하다고 느끼기 때문입니다. 이것은 통제 욕구에서 비롯됩니다. 친밀함을 향한 병적인 욕망을 지니고 있는 사람은 자신이 상대를 통제할 때에 '친밀하다'고 느낍니다. 예컨대, 부모가 어린 자녀를 완전히 통제하고 있을 때는 '친밀하다'고 느끼지만, 청소년이 된 자녀가 통제에서 벗어났을 때는 '친밀하지 않다'고 느끼는 경우가 그렇습니다. 남편과 아내의 관계에서도 마찬가지입니다. 통제 욕구가 강렬한 남편은 아내를 자기의 지배하에서 완벽히 통제할 때에만 '친밀하다'는 느낌을 갖습니다. 반면 숨겨진 통제 욕구를 가진 아내는 남편이 자신이 원하는 방식으로 행동할 때에만 '친밀하다'는 느낌을 갖습니다. 오직 '똑같음'에서만 친밀함을 느끼는데, 사실 병적인 것입니다.

> 결혼의 핵심은 똑같음이 아니라 하나 됨이다. 그리고 하나 됨은 비슷한 점들보다는 다른 점들로 이루어진다. 한 배우자는 남자고 다른 배우자는 여자다. 이것은 시작일 뿐이다. 한 사람은 사교적이고 한 사람은 관계에 초연하다. 한 사람은 햇빛을 좋아하고 다른 사람은 구름과 비를 좋아한다. 한 사람은 시를 즐기고 다른 사람은 시를 비웃는다. 한 사람은 시간을 철석같이 지키고 다른 사람은 좋게 표현하면 시간의 제약에서 자유롭다. 이런 차이들이 어떻게 하나가 될 수 있을까? 장갑이 손에 맞고 검은 글자가 흰 종이 위에 나타나는 것을 생각하면 편하다. 하나 됨은 차이점들이 서로 맞고, 정반대 요소들이 조화를 이루는 것이다.[118]

---

118 마이크 메이슨, 『결혼의 신비』(서울: 두란노, 2013), 235.

똑같음과 하나 됨의 차이

'똑같음'과 '하나 됨'은 같은 말이 아닙니다. 똑같기 위해서는 한편의 일방적인 희생이 필요합니다. 검은색이 흰색이 되거나 흰색이 검은색이 되어야 한다는 것입니다. 그러나 하나 되기 위해서는 서로 희생해야 합니다. 검은색이 흰색을 받아 주어야 하고 흰색도 검은색을 받아 주어야 합니다. 서로의 정체성을 있는 그대로 받아 주는 가운데 서로를 위해 자발적으로 희생할 때에만 검은색과 흰색이 완전한 연합을 이룹니다. 회색이 되는 것이 아니라 검은색과 흰색으로 이루어진 아름다운 '수묵화'가 되는 것입니다. 이것이 연합입니다.

혼합은 병적인 친밀함을 낳는다

혼합은 병적입니다. 한편의 일방적인 희생과 한편의 강제적인 억압으로 이루어지기 때문입니다. 다음과 같은 경우가 있을 수 있습니다.

- 물리적인 폭력을 행사하여 아내를 착취하는 남편
- 현란한 언변과 은근한 세뇌로 아내를 조종하는 남편
- 폭언과 정서적인 착취로 아내를 꼼짝 못하게 하는 남편
- 눈물과 침묵으로 남편을 괴롭히는 아내
- 끝없는 잔소리와 불신으로 남편을 좌지우지하려는 아내
- 남편을 향한 분노로 가득하지만 경제적인 이유로 말을 못하는 아내
- 사나운 남편이 겁나서 아무것도 하지 못하는 아내

친밀함을 향한 병적인 욕구를 가진 배우자는 상대를 어떻게 해서든지 자기가 원하는 대로 조종하고자 합니다. 자기가 가진 무기를 최대한 활용하는데, 남자들은 주로 폭력, 폭언, 세뇌, 언변 등이고, 여자들은 침묵, 눈물, 잔소리 등입니다. 이와 같이 자기 무기를 들고 상대를 조종하고자 하는 배우자와 사는 사람은 남자든 여자든 일방적으로 희생할 수밖에 없습니다. 일방적인 희생은 부정적인 생각과 감정을 생산하게 됩니다. 이렇게 되면 당연히 정상적인 부부 관계를 유지할 수가 없습니다. 병적인 욕구를 가진 배우자는 친밀함을 향한 갈망이 더욱 커질 것이고, 일방적으로 희생한 배우자는 상대 배우자에 대해 더욱 큰 분노를 품게 될 것입니다.

연합은 피차 희생 위에서 만들어진다

반면에 연합은 '피차 희생'입니다. 자기희생을 전제로 배우자를 받아 줍니다. 강제로 '자기화'하려고 하지 않습니다. 억지로 '타인화'되려고 하지도 않습니다. 배우자와 연합하기 위해 희생할 부분들을 기꺼이 감당합니다. 폭력과 폭언은 생각도 하지 않습니다. 은밀한 조종과 세뇌를 포기합니다. 배우자를 불안하게 만들 수 있는 고의적인 침묵이나 눈물도 지양합니다. 잔소리나 비난을 자제합니다. 하나 됨을 위해 자기를 부인하고 자기를 다듬습니다. 그러므로 오직 성령의 충만을 받은 사람만이 참된 연합을 이룰 수 있습니다. 성령만이 우리를 희생이 있는 사랑으로 이끄실 수 있기 때문입니다.

친밀함을 향한 병적인 욕구는 부부를 혼합시키지만 성령의 하나 되게 하시는
사역은 부부를 연합시킵니다.

다름을 인정하라

똑같음은 불가능하다

하나 되기 위해서 반드시 인정해야 할 것이 있습니다. '우리는 서로 다
르다'는 점입니다. 앞서 말한 바와 같이, 친밀함을 향한 병적인 욕구를 가
진 사람은 배우자의 영역을 거리낌 없이 침범합니다. 남편은 자기가 좋아
하고 자기가 즐기는 것을 아내가 당연히 받아들여야 한다고 생각합니다.
아내는 남편이 모든 것에서 자기와 동일한 감정을 느껴야 한다고 생각합
니다. 그러나 이것은 불가능한 것을 꿈꾸는 것입니다.

남편은 여자가 아니기에 아내의 감정을 온전히 느낄 수 없습니다. 아
내는 남자가 아니기에 남편의 취향을 동일하게 즐길 수 없습니다. 남편과
아내는 수십 년 동안 서로 다른 환경에서 자라 왔기 때문에 서로의 생각
을 처음부터 완벽히 공유할 수 없습니다. 나와 너는 우리가 되었지만, 나
는 너가 아니고 너도 내가 아닙니다. 이 간단한 진실을 외면해서는 안 됩
니다.

서로 다른 사람의 유형

일반적으로 다음과 같은 차이점이 있을 수 있습니다.[119]

서해형 인간 생각과 감정을 마음속 깊이 묻어 놓는다. 별로 말이 없다.	시냇물형 인간 쉴 새 없이 말을 한다. 보고 듣고 느끼는 걸 계속 말한다.
아침형 인간 '부지런해야 한다'를 좌우명으로 삼고 항상 아침 일찍 움직인다.	야행성 인간 밤이 되면 정신이 말똥말똥해지는 체질. 아침엔 제발 건드리지 말라고 간청한다.
적극적인 사람 '당장 가서 사자. 지금 하자. 일이 된다. 일을 벌리자'는 신념하에 행동한다.	소극적인 사람 '때가 오기를 기다리자. 기다리는 자에게는 분명 좋은 기회가 온다'고 생각한다.
깔끔한 사람 정리정돈하는 데 많은 시간을 쓴다. 물건은 제자리에 있어야 한다고 주장한다.	지저분한 사람 항상 '그 물건을 어디다 두었더라?'라고 묻는다.
계획성 있게 사는 사람 모든 일을 철저히 계획하고 작은 일 하나도 꼼꼼하게 챙긴다.	되는 대로 사는 사람 그때그때 순발력을 발휘해서 대처한다. 일은 계획대로 되는 것이 아니라고 생각하며 계획하는 데 시간 낭비를 안 한다.
나비형 이리저리 떠돈다. 인생은 파티와 같아서 즐기며 사는 거라고 생각한다.	두더지형 늘 집에만 조용히 머물러 있는 걸 좋아한다.
텔레비전 채널을 계속 바꾸는 사람 '광고가 나오면 다른 곳으로 돌려야 해.'	그냥 보는 사람 '광고도 재미있어. 아니면 그동안 이야기를 하거나, 다른 일을 하면 되잖아?'
고급 선호형 '돈을 조금만 더 내면 일등석을 할 수 있는데, 편한 게 좋잖아?'라는 식의 사고방식을 가지고 있다.	절약형 '일등석이나 이등석이나 가는 건 마찬가지인데 이왕이면 돈을 절약하자'는 식의 사고방식을 가지고 있다.

---

119 게리 채프먼, 『부부 학교』(서울: 황금부엉이, 2015), 165-174.

분명히 성경이 권하고 있는 삶의 방식이 있습니다. 예를 들어, 성경은 게으르게 사는 것을 정죄하고 부지런하게 사는 것을 권면합니다. 또한 아무 생각 없이 되는 대로 살기보다는 주님의 뜻대로 자기 인생을 계획하여 살라고 명령합니다. 그러나 여기서는 어떤 것이 더 성경적인 성격인지를 논하고자 하는 것이 아닙니다. 올바른 연합은 반드시 다름을 인정하는 것에서 출발해야 합니다.

경계선을 지키지 않는 것은 상대를 통제하고 싶은 욕망에서 비롯된다

남자와 여자, 그리고 타인이라는 절대적 차이를 인정하지 않은 채, 배우자의 경계선을 자기 멋대로 넘나드는 것은 올바른 친밀감이 아닙니다. 병적인 욕구에 사로잡힌 것에 불과합니다. 『No라고 말할 줄 아는 그리스도인』의 대화의 기술의 저자는 이렇게 말합니다.

> 경계선은 내가 멈추고 다른 사람이 시작해야 할 부분을 보여 준다. 그럼으로써 소유권에 대한 인식을 갖도록 이끌어 준다. … 성경은 우리의 제한 범위가 어디까지이며 그것을 지키는 방법을 명확하게 일러 준다. 하지만 종종 가족이나 과거의 인간관계와 같은 요소들은 우리로 하여금 그 한계를 명확하게 인식하지 못하도록 혼란스럽게 만든다. 경계선은 우리의 책임이 어떤 것인지 보여 주며, 거기에 덧붙여 어떤 것이 우리 것이 아니며 어떤 것에 대해 책임지지 않아도 되는지 규정하도록 도와준다. … 성경 어디에서도 우리에게 다른 사람을 통제하라고 명령하지 않는다.[120]

---

120 헨리 클라우드, 존 타운센드, 『No라고 말할 줄 아는 그리스도인의 대화의 기술』(서울: 좋은씨앗, 2005), 37-38.

계속해서 말하고 있는 것처럼, 배우자와 나 사이에 있는 경계선을 무시하는 것은 통제 욕구에서 비롯됩니다. 통제 욕구에 사로잡힌 사람은 배우자가 자신의 통제 안에 머물 때에만 친밀감을 느낍니다. 자기희생의 열매 없이 배우자의 희생 위에 서서 하나 됨을 추구하는 것이 어찌 성경적인 연합일 수 있겠습니까? 이와 같은 행동을 하는 사람을 어찌 그리스도인 남편 또는 그리스도인 아내라고 할 수 있겠습니까?

통제 욕구는 자기중심이라는 죄에서 비롯된다

성경은 부부에게 배우자를 통제하라고 말하지 않습니다. 배우자를 섬기라고 명령합니다. 통제는 다름을 무시하고 배우자에게 '나와 동일할 것'을 강요하는 것입니다. 섬김은 다름을 인정하고 배우자에게 '자기 자신을 내어 주는 것'입니다. 통제 욕구에 사로잡힌 사람은 대부분 자기감정에 매우 충실합니다. 쉽게 사랑에 빠지고 쉽게 사랑에서 빠져 나옵니다. 쉽게 분노하고 쉽게 좋아합니다. 자기감정에 충실하기 때문에 배우자의 감정은 도무지 읽을 줄을 모릅니다. 감정은 풍부하지만 공감의 능력은 빈약합니다. 그래서 자신이 느낀 감정을 상대가 느끼지 못하면 분노합니다. 이해를 못합니다. 기어코 강제합니다. 혹은 조종합니다. 예컨대, '내'가 맛있게 먹은 음식이기 때문에 배우자도 당연히 맛있게 먹어야 한다고 생각하고, '내'가 즐거워하는 것이기 때문에 배우자도 당연히 즐거워해야 한다고 생각합니다. '내'가 느낀 감정, '내'가 발견한 즐거움, '내'가 확신하는 생각을 배우자도 당연히 받아들여야 한다고 생각하는 것입니다. 그렇게 배우자를 '자기화'시킬 때 비로소 친밀하다고 느낍니다. 통제 욕구를 가지고 있는 사람이 이처럼 배우자를 자기화시키려고 하는 이유가 있습니다.

자기 것이 좋다는 확신 때문입니다.

'내' 음식, '내' 가족, '내' 즐거움, '내' 신념이 좋다고 확신하기 때문에, 배우자의 영역에 얼마든지 침범할 수 있다고 생각하는 것입니다. 극히 이기적인 행태입니다. 배우자가 자발적으로 자기 영역을 내어 주지 않았음에도 불구하고 자기 멋대로 그 영역에 침범하는 것은 폭력입니다.

통제하지 말고 섬기라

래리 크랩은 이것을 섬김의 원리와 조작의 원리로 설명합니다. 섬김의 원리는 상대의 유익을 일차적으로 생각하는 모든 대인 관계의 핵심 원리입니다. 반면에 조작의 원리는 상대를 '내' 목표에 맞추어 변화시키고자 하는 원리입니다. 섬김의 원리는 나를 희생해서 상대의 필요를 채워 주는 것이고, 조작의 원리는 나의 필요를 위해 상대를 이용하는 것입니다. 섬김의 원리는 부부를 하나 되게 하지만, 조작의 원리는 부부의 하나 됨을 파괴합니다. 부부 사이에 작동하는 섬김의 원리가 어떤 것인지 아래 글을 통해 살펴봅시다.

남편과 아내는 결혼을, 한 인격을 독특하고 특별한 방식으로 섬길 수 있는 기회, 즉 배우자가 그리스도 안에서 안전하고 중요한 존재로 자신의 가치를 더욱 온전히 느끼도록 내가 하나님의 도구로 사용되는 기회로 여겨야 합니다.

원리의 핵심을 잘 이해해야 합니다. 안전감과 중요감을 채우시는 분은 그리스도입니다. 남편의 사랑은 아내가 그리스도 안에서 영원히 안전하다는 사실에 아무것도 더해 주지 않습니다. 남편이 사랑하지 못한다 해서 아내가 안전하다는 사실이 약화되지 않습니다. 그러나 만질 수 있고 느낄 수 있는 몸으로 전달되는 사랑이 아내로 하여금 사랑받는다는 의미를 더 깊이 체험적으로 알게 할 수 있습니다. 남편이 더해 주는 것은 아내가 안전하다는 사실이 아니라 안전하다는 느낌입니다.

마찬가지로 아내의 순종과 존경도 그리스도의 종으로서 남편의 중요감에 아무것도 더해 주지 않습니다. 주께서 이미 주신 중요감과 자신감을 더 풍성히 느끼고 알게 해 줄 뿐입니다.[121]

조작의 원리가 아닌 섬김의 원리로 배우자를 대하기 위해서는 자기중심적인 사고방식을 깨야 합니다. 자기화시키고자 하는 욕망을 제거해야 합니다. 나의 감정과 필요보다 배우자의 감정과 필요를 먼저 생각해야 합니다. 배우자를 진심으로 존중해야 합니다. 그것은 나와 배우자가 다름을 충분하게 인정하는 것입니다. 나와 다르기 때문에 나와 다른 감정을 가질 수 있고, 나와 다르기 때문에 나와 다른 취향을 가질 수 있으며, 나와 다르기 때문에 나와 다른 생각을 가질 수 있음을 인정하는 것입니다. 다름을 충분하게 인정하십시오. 그래야만 조작의 원리가 아닌 섬김의 원리로 배우자를 대할 수 있습니다.

---

121 래리 크랩, 『결혼 건축가』(서울: 두란노, 2001), 80.

같음을 추구하라

결혼은 결코 그냥 사는 것이 아니다

사람들은 결혼만 하면 어지간히 잘 살 수 있을 것이라고 믿습니다. 어른들이 흔히 하는 말 중에 아주 크게 잘못된 말이 있습니다. "다 거기서 거기다. 그냥 아무하고나 빨리 결혼해서 애 낳고 살아라. 결혼 별거 없다. 그냥 사는 거다." 그러나 결혼은 그냥 사는 것이 아닙니다.

> 이것은 결혼에 대한 올바른 기대가 아니다. 친밀한 결혼 생활은 벽돌집을 짓는 일과 흡사하다. 시작을 잘해서 절반까지 벽돌을 쌓았어도 거기서 멈추면 집이 저절로 완공될 리가 없다. … 결혼 생활도 마찬가지다. 결혼식 후에도 날마다 '예'라는 다짐에 헌신하지 않는다면 관계적인 면에서 하루를 잃는 것이다. 어떤 부부들은 25년 전에 혼인 신고서에 서명했지만, 실제로 결혼 생활을 위해 노력한 것은 6개월 정도밖에 되지 않는다. 그들은 서로에게 다가가는 일을 오래전에 그만두었다.[122]

하나 됨은 결코 저절로 되지 않는다

하나 됨은 희생 위에서 맺히는 열매입니다. 남편이 아내에게 다가가고자 하는 희생을 멈추는 순간 하나 됨도 멈춥니다. 아내가 남편에게 다가가고자 하는 희생을 멈추는 순간 하나 됨도 멈춥니다.

---

122 게리 토마스, 『사랑 학교』(서울: CUP, 2017), 157-158.

배우자에게 자신을 더 내주지 않는 것은 영적인 이혼과 다를 바가 없다.[123]

하나 됨은 저절로 되지 않습니다. 부부간의 연합은 혼인 신고서에 도장을 찍는다고 완성되지 않습니다. 아무것도 하지 않으면 아무 일도 일어나지 않습니다. 희생을 동반한 사랑이 없으면 하나 되는 관계도 없습니다. 서로 다름을 인정하는 것만으로는 한 몸을 이룰 수 없습니다. 하나 되기 위한 부단한 노력이 필요합니다.

> 관계를 친밀하게 해 주는 작은 일들을 헌신적으로 지속하되 적절한 우선순위를 따라 해야 한다. 예컨대 좋은 부부는 끊임없이 소통한다. 소통이 없으면 관계도 없다. 또 부부는 원한이 곪게 두지 않는다. 계속 충분한 관심으로 서로의 견해 차이를 풀어 나간다. 하나님께 나아가 서로의 약점을 용서한다. 서로를 위한 시간을 떼어 둔다. 둘만의 추억을 만든다. 그러려면 의지적 결단과 추진을 통해 자녀들 없이 둘이 함께 즐길 수 있는 일을 해야 한다. 부부는 늘 가장 친한 친구로 지낸다. 부부는 서로를 위해 기도한다. 함께 웃는 법을 배운다. 함께 놀고 함께 일하고 함께 운다. 부부 관계를 친밀하게 유지해 주는 이런 일들을 중단하면 관계가 시들어 죽는다.[124]

> 부부가 친밀해지려면 정신을 바짝 차려야 한다. 결혼 생활에 대해 아무런 생각도 없이 그저 하루하루 되는 대로 살아가면 대개 천천히 사이가 벌어진다.[125]

정성껏 같음을 추구하지 않으면, 어느 순간 완전히 달라져 있는 배우자를

---

123 위의 책, 158.
124 위의 책, 164.
125 위의 책, 190.

만나게 될 것입니다. 게리 토마스의 말처럼 정신을 바짝 차려야 합니다. 하나 되기 위해서 마땅히 해야 할 일을 중단하는 순간 부부 관계는 서서히 시들게 됩니다. 같음을 추구한다는 것을 오해해서는 안 됩니다. 자신의 것을 포기하고 상대의 영역으로 들어가는 '타인화' 혹은 상대를 억지로 자기의 영역으로 끌어들이는 '자기화'가 아닙니다. 희생입니다. 희생은 성령 충만한 가운데 그리스도를 따르는 행위입니다. 자기를 부인하는 것입니다. 자기 세계를 조금씩 부수는 것입니다. 그리고 둘이 함께 사는 세계를 서서히 만들어 가는 것입니다.

희생은 배우자 몰입이 아니다

자기 세계를 부수고 둘이 함께 사는 세계를 만들어 나갈 때 주의할 점이 있습니다. 희생을 가장하여 배우자 몰입에 빠져서는 안 된다는 점입니다. 배우자 몰입은 또 다른 의미의 자기 몰입이기 때문입니다. 그렇기에 배우자 몰입은 올바른 '연합'의 방식이 아닙니다. 예컨대, 오직 배우자를 중심으로 모든 것을 선택하는 것, 배우자의 만족만을 위해 살아가는 것, 배우자에게 보상하기 위해 희생하는 것 등입니다. 겉보기에는 헌신적인 사랑처럼 보이지만, 사실은 혼합 관계이며 병적인 친밀함에 불과합니다. 연합의 한쪽 대상인 '내'가 없어진 것이기 때문입니다. 다시 한 번 말하지만, 연합은 '둘이 합하여 한 몸을 이루는 것'입니다. 성경이 말하는 정체성과 역할을 고수하면서 서로를 섬기는 것입니다.

열셋째, 한 몸은 혼합이 아니라 연합이다

그리스도와 교회가 이루는 연합의 신비

종종 성경이 말하는 연합의 원리를 맥빠진 소리로 여기는 사람들이 있습니다. '고작해야 서로 잘 섬기라는 것 아닌가, 이 정도로 어떻게 부부 사이에 친밀해질 수 있다는 말인가, 좀 더 획기적인 방법이 필요한 것 아닌가' 생각합니다. 이와 같이 생각하는 이유는 명확합니다. 성경이 말하는 연합의 원리를 '그리스도 중심'으로 이해하지 못하기 때문입니다. 그리스도와 우리는 어떻게 연합이 되었습니까? 그리스도와 우리가 마구 섞임으로 말미암아 한 몸이 되었습니까? 그렇지 않습니다.

예수님은 한 번도 혼합적인 관계를 추구하시지 않았습니다. 예수님이야말로 진정한 구원자이시지만, 그분은 한 번도 '구원자 콤플렉스'에 빠지시지 않았습니다. 모든 사람들의 삶과 생각에 참견하시거나 간섭하시거나 몰입하신 적이 없습니다. 예수님은 하나님의 뜻대로 약 3년간 유대 갈릴리 땅에서 일하셨습니다. 하나님께서 계획하신 그리스도의 직분과 역할을 수행하셨습니다. 예수님조차 하나님께서 정하신 대로 사랑하고 섬기셨다는 것입니다. 또한 교회는 어떻게 교회가 되었습니까? 그리스도의 십자가와 부활을 믿음으로 교회가 되었습니다. 우리는 예수님과 똑같이 십자가에 매달릴 필요가 없습니다. 가시 면류관을 쓸 필요도 없고 골고다 언덕을 올라갈 필요도 없습니다. 우리는 그런 방식으로 구원받지 않습니다. 우리는 예수님을 믿음으로 교회가 됩니다. 그것이 하나님께서 정하신 우리의 정체성과 역할입니다. 그리스도는 그리스도의 직분을 완수하시고 교회는 그것을 믿음으로, 즉 서로를 침범하지 않음으로 진정한 연합을 이

룹니다.¹²⁶

　서로를 침범하지 않음으로 참된 연합을 이루는 신비는 성령의 사역입니다. 성령께서 그리스도와 교회를 한 몸으로 묶으십니다. 성령은 그리스도와 교회가 구별되지만 분리되지 않는 한 몸을 이루게 하십니다. 바울은 그리스도와 교회의 연합을 다음과 같이 표현합니다.

> 이제는 내가 사는 것이 아니요 내 안에 그리스도께서 사시는 것이라 _갈라디아
> 서 2:20

이 말씀은 연합의 신비를 보여 줍니다. 그리스도와 내가 묶임으로 이제는 그리스도께서 내 안에 사시는 신비한 연합, 그것이 성령의 사역입니다. 이것은 나의 생각과 의지가 제거당한 채 그리스도께 조종당함을 뜻하지 않습니다. 오히려 우리의 지성과 감정과 의지가 자발적인 복종의 자리로 내려가서 즐거이 그리스도를 따르게 된다는 의미입니다. 우리의 마음을 그렇게 권면하시는 분이 바로 성령이십니다. 중요한 것은 이 사역이 그리스도와 한 몸을 이루기 위해 우리의 위치를 박차고 그리스도와 섞일 때 일어나는 것이 아니라 성경이 말하는 대로 우리의 직분을 성실히 수행할 때 일어난다는 것입니다. 정리하자면 이렇습니다.

126　그리스도는 일하심으로, 우리는 그것을 믿음으로 구원을 얻습니다. 그리스도도 일하시고 우리도 일함으로 구원을 얻는 것이 아닙니다. 이처럼 성경이 말하는 부부 관계는 우리로 하여금 구원의 깊이를 깨닫게 합니다.

혼합은 나의 욕망의 결과이지만 연합은 나의 믿음의 결과입니다.

병적인 욕망을 가진 사람은 그것을 채우기 위해 수단 방법을 가리지 않습니다. 아무렇지 않게 선을 넘어갑니다. 자기 방법을 따라 친밀함을 확보하기 위해 애를 씁니다. 반면에 참된 믿음을 가진 사람은 성경이 가르치는 대로 합니다. 친밀함을 확보하기 위해 애를 쓰기보다는 자기 직분을 따라 섬깁니다. 그리고 성령의 열매를 기다립니다. 이것이 올바른 연합의 방식입니다.

남편과 아내가 이루는 연합의 신비

동일한 원리가 부부 관계에도 적용됩니다. 남편은 남편의 직분을 따라 아내를 섬깁니다. 아내는 아내의 직분을 따라 남편을 섬깁니다. 남편과 아내는 서로의 인격을 침범하지 않고 성경이 가르치는 대로 힘써 섬깁니다. 그때 성령의 신비로운 사역이 둘 사이를 붙들어 맵니다. 바울은 이 두 가지 원리를 에베소서 5장에서 가르치고 있습니다. 특히, 5장 21-33절은 '그리스도와 교회의 관계'에 주목하면서 부부 관계를 가르치는데, 각자의 위치에서 "피차 복종"함으로 하나 됨을 이루라고 말합니다. 이에 앞서 바울은 성령의 충만함을 받을 것(엡 5:18)을 명령합니다. 즉, 남편과 아내가 그 직분을 따라 성실히 배우자를 섬기면, 성령께서 하나 되게 하시는 사역을 행하신다는 것입니다.

하나 되기 위해

남편과 아내는 어떻게 '같음'을 추구할 수 있을까요? 첫째, 성경이 가르치는 직분을 성실하게 수행해야 합니다. 둘째, 피차 복종하며 힘써 섬겨야 합니다. 셋째, 성령의 도우심을 간구해야 합니다. 진정한 친밀함은 '자기화' 혹은 '타인화'에서 오지 않습니다. 즉 섞임이 아니라 어울림에서 옵니다. 세상 어디에서도 맛볼 수 없는 진정한 친밀함이 (그리스도와의 관계를 제외하고) 부부 관계 안에 있습니다. 성령께서 둘을 하나로 묶으시기 때문입니다. 모든 부부는 이것을 믿어야 합니다. 당연히 한순간에 완료되지 않습니다. 성령은 마음을 권면하시는 방식으로 일하시기에 서서히 진행됩니다. 시간이 필요합니다. 잘되지 않는다고 조급해서는 안 됩니다. 사랑의 중요한 속성 중에 하나가 "오래 참음"임을 기억하십시오. 배우자와 하나 되는 관계를 위해 오래 참는 동안, 참된 복음이 무엇인지를 배우게 될 것입니다.

결혼을 말하다

열넷째

열넷째,
소통, 한 몸의 기초 (1)

결혼은 그리스도와 교회에 관한 지식을 드러낸다

앞서 말한 것처럼, 결혼은 그리스도와 교회의 연합을 보여 주는 그림자입니다. '그림자'라는 말에 거부감을 가질 필요는 없습니다. 마지막 날이 오기 전까지 '실재'는 '그림자'로만 알려지기 때문입니다.

> 우리가 지금은 거울로 보는 것같이 희미하나 그때에는 얼굴과 얼굴을 대하여
> 볼 것이요 지금은 내가 부분적으로 아나 그때에는 주께서 나를 아신 것같이
> 내가 온전히 알리라 _고린도전서 13:12

성경 계시와 일반 계시를 통해서 알려진 하나님에 관한 지식은 완전하지 않습니다. 하나님에 관한 '본질적 지식'은 '계시'보다 큽니다. 다만 하나님께서 우리에게 드러내신 '계시'는 우리가 하나님을 알고 믿기에 충분한 지

식입니다. 그러므로 우리는 계시에 의존하여 하나님을 알아 가면서, 동시에 완전한 지식으로 하나님을 알게 될 그날을 소망해야 합니다. 그런 맥락에서 '결혼의 그림자 됨'을 이해해야 합니다. 바울은 이렇게 설명합니다.

> 그러므로 사람이 부모를 떠나 그의 아내와 합하여 그 둘이 한 육체가 될지니 이 비밀이 크도다 나는 그리스도와 교회에 대하여 말하노라 그러나 너희도 각각 자기의 아내 사랑하기를 자신같이 하고 아내도 자기 남편을 존경하라 _
> 에베소서 5:31-33

결혼은 궁극적으로 '그리스도와 교회에 관한 지식'을 가리킵니다.

사랑과 존경의 관계

하지만 오늘 우리에게 주어진 결혼 관계를 소홀하게 여겨서는 안 됩니다. 하나님은 그림자의 삶이라고 해서 가볍게 다루시지 않습니다. 유한한 우리에게 진리는 그림자의 삶을 통해서만 알려지기 때문입니다. 그러므로 우리는 성경이 말하는 대로 부부 관계를 맺어야 합니다. 남편은 남편이라는 직분을 따라 아내를 사랑해야 합니다. 아내는 아내라는 직분을 따라 남편을 사랑해야 합니다. 그럴 때 우리는 '그리스도의 사랑'이라는 본질적인 진리를 더 깊이 이해할 수 있습니다. 성경은 남편과 아내가 해야 하는 '사랑의 방식'을 다음과 같이 요약합니다.

> 남편은 아내를 사랑하고 아내는 남편을 존경해야 합니다.

결혼이 그리스도의 남편 됨과 교회의 아내 됨을 보여 주는 '그림자'라면, 남편과 아내의 실제 관계는 하나님께서 직접 의도하여 설계하셨다고 볼 수 있습니다. 에베소서 5장 33절 "그러나 너희도 각각 자기의 아내 사랑하기를 자신같이 하고 아내도 자기 남편을 존경하라"는 남편은 존경을 원하는 존재로 설계되었고, 아내는 사랑을 원하는 존재로 설계되었음을 암시합니다. 물론 존경과 사랑을 날카롭게 구분할 수는 없습니다. 남편도 사랑받기를 원하며, 아내 역시 존경받기를 원합니다. 여기서 말하고자 하는 것은 '비중의 차이'입니다. 상대적으로 남편은 존경을 더욱 갈망하고, 아내는 사랑을 더 많이 원합니다. 다음 말을 기억하십시오.

> 이제 우리는 상호 지식 가운데 자라게 해 줄 소중한 소통의 중요성에 대해 살펴볼 것인데, 그것을 하기 위해 시간을 내지 않는 한 당신은 관계를 깊이 있게 만들어 줄 소중한 소통 같은 것은 할 수 없을 것입니다.[127]

존경과 사랑의 대화

악순환의 구조

남자는 존경을 원하는 존재로, 여자는 사랑을 원하는 존재로 디자인되었습니다. 이 지식은 남편과 아내가 서로를 대하는 '대화'의 방식을 결정

---

127 티모시 위트머, 『어떻게 사랑할 것인가』(서울: 강같은평화, 2016), 45-46.

합니다. 남편은 존경의 언어를 그리워하고, 아내는 사랑의 언어에 설렙니다. 남편은 사랑의 언어로 아내와 소통해야 하고, 아내는 존경의 언어로 남편과 대화해야 합니다. 미국의 가정 사역 단체, '포커스 온 더 패밀리'는 부부들에게 이런 질문을 던졌다고 합니다.

결혼 생활에 가장 큰 영향을 끼친(혹은 끼치고 있는) 문제는 무엇입니까?

이 질문에 남편과 아내 모두는 "의사소통에서 겪는 어려움이 가장 큰 문제"라고 답했답니다. 감정적으로 서로에게 푹 빠져 있을 때는 서로의 언어가 잘 들리지 않습니다. 귀에 거슬리는 말을 해도 사랑의 감정으로 충분히 극복할 수 있으리라고 믿습니다. 하지만 결혼에는 상대의 인격 전체를 보게 하는 힘이 있습니다. 나를 정신 못 차리게 했던 상대방의 모습에서 시선을 거두면, 가장 먼저 들려오는 것은 배우자가 사용하는 언어입니다. 그 언어는 '내가 원하는 언어'가 아닌 경우가 많습니다. 남편은 존경의 언어를 원하는데, 아내는 존경이 없는 언어로 대꾸합니다. 존경 없는 언어를 들은 남편은 사랑 없는 언어로 답합니다. 사랑 없는 언어를 대한 아내는 다시 존경을 쏙 뺀 언어로 쏘아붙입니다. 이 같은 악순환의 구조는 '남편과 아내' 사이를 점점 멀어지게 합니다. 의사소통에 문제가 발생하면 두 가지 현상이 나타납니다.

의사소통 문제가 만들어 내는 두 가지 현상

첫째, 해결책 없는 다툼이 계속됩니다. 상대의 언어로 말미암아 다친 감정은 또 다시 상대가 알아들을 수 없는 언어를 내뱉고, 서로 알아들을 수 없는 언어 앞에서 벽에 외치듯 자신의 말만 쏟아냅니다. 분명 마음은 그렇지 않은데, 말은 이미 상대에게 치명타를 날리고 있습니다.

둘째, 친밀함과 발전이 없는 대화만 난무합니다. 대화를 나눌수록 싸움과 갈등이 심해짐을 자주 경험하게 되면, 부부는 일상적인 대화 이상을 하지 않게 됩니다. 날씨나 연예인 이야기, 가벼운 뉴스 등 다툼거리가 없는 대화의 소재만을 찾습니다. 하지만 사소한 이야기를 나누는 것만으로는 친밀한 관계를 형성할 수 없습니다. 남자와 여자의 차이, 그리고 30여 년간 전혀 다른 환경 속에서 살아간 서로의 차이는 '사소한 이야기' 따위로 좁힐 수 없습니다. 대화를 통해서 자신의 감정과 의사와 생각을 정직하게 드러낼 때, 부부는 피상적인 관계에서 벗어나 한 몸의 관계를 누릴 수 있습니다.

언어의 중요성

그런 의미에서 언어는 매우 중요합니다. 자신을 드러낸다는 것은 차이를 줄이겠다는 열심입니다. 간격을 기어코 넘어서겠다는 사랑의 의지입니다. 막힌 담을 부수는 것입니다. 자존하시는 하나님도 우리와의 관계를 위해서 자신을 드러내신 것(계시의 의미)처럼, 자신을 드러냄 없이 타자와 참된 관계를 형성할 수는 없습니다. 특히 부부는 의사소통에 문제가 발생했다고 해서 대화를 포기해서는 안 됩니다. 갈등이 두렵다고 진리를 포기하는 것이 되기 때문입니다. 남편과 아내의 관계는 그리스도와 교회의 모형이라는 사실을 잊지 마십시오. 그리스도께서 결코 교회를 포기하시지 않는 것처럼, 또한 교회가 결코 그리스도를 떠날 수 없는 것처럼, 남편과 아내는 한 몸을 위한 노력을 절대로 포기해서는 안 됩니다. 의사소통은 한 몸 관계의 기초입니다. 따라서 남편은 여성 언어의 특징을 이해하면서 대화를 주도해야 하고, 아내는 남성 언어의 독특함을 파악하면서 대화에 응해야 합니다.

남편이 사용해야 할 사랑의 언어

먼저, 남편은 아내가 원하는 언어가 '사랑의 언어'임을 배워야 합니다. 지식을 따라 아내를 사랑해야 하기 때문입니다(벧전 3:7). 여성들은 남성 지향적으로 창조되었습니다. 앞에서 다룬 것처럼, 이 말은 '남성 의존적'이라는 의미가 아닙니다. 여성은 모든 면에서 남성을 의존해야 한다거나 아내는 남편을 통해서만 일을 해야 한다는 뜻도 아닙니다. '남성 지향적'이라는 말은 하나님께서 여성들을 돕는 배필로 창조하셨음을 표현합니다. 그러므로 여성들은 본성적으로 관계 안에서 일합니다. 더 정확하게 표현하자면, 관계를 위해 일합니다. 일의 목적이 관계입니다. 이것은 현대 페미니즘에서 주장하는 것처럼, 여성들을 비하하는 발언이 아닙니다.

하나님은 남자와 여자를 창조하실 때 각 '성'(性)을 향한 독특한 설계를 가지고 계셨고, 여성을 향한 하나님의 설계는 '관계 안에서 일하는 역할,

곧 돕는 배필'이었습니다. 따라서 남편은 가정 안에서 다음과 같이 아내를 바라보아야 합니다.

그녀가 '일한 것'이 아니라 '그녀가' 일한 것에 주목해야 합니다.

예컨대, 아내가 집안을 깨끗하게 청소하였다면, '청소 상태'가 아니고 '청소한 아내'를 칭찬해야 합니다. 또한 칭찬은 객관적 평가가 아닌 주관적 기분으로 표현되어야 합니다. 다음 두 가지 말을 비교해 보십시오.

객관적 평가: "지난번보다 깨끗하게 청소했네. 오늘은 90점이야."
주관적 기분: "집안이 깨끗해서 기분이 상쾌하네. 청소하느라 고생했어.
역시 당신이 최고야."

둘 중 아내가 원하는 언어는 무엇일까요? 여기서 우리는 사랑의 언어와 관련하여 중요한 두 가지를 발견할 수 있습니다.

사랑의 언어가 가지는 두 가지 특징

첫째, 사랑의 언어는 '대상'에 집중합니다. 남자들은 보통 대상을 놓친 채 일에만 빠지는 경우가 많습니다. 결혼 준비 과정을 떠올려 봅시다. 남자들은 다음과 같은 특징을 보입니다.

대부분의 남자들은 결혼의 대상자인 아내를 살피면서 '반응'하기보다는 자신이 짜 놓은 결혼 계획을 '추진'하려고 한다. 남자들은 결혼 준비 과정도 업무의 일종으로 파악하기 때문에 아내에게 '평가의 언어'를 사용한다.

물론 남자들에게도 핑계는 있습니다. 결혼 계획을 짜고 그것을 추진하는 이유가 결국 아내를 위함이라는 것입니다. 그 마음은 자체는 진심입니다. 그런데 여기서 남자들은 그 마음의 진실성 여부를 증명하는 것이 중요한 것이 아니라 진심을 드러내는 언어가 '사랑의 언어'여야 함을 알아야 합니다. 자기 딴에는 최선을 다했음에도 불구하고 배우자가 자기 진심을 몰라주고 있다면 사용하는 언어의 문제일 가능성이 대단히 큽니다. 성경은 사랑을 정의할 때 '행위에 강조점'을 둡니다.

너희가 나를 사랑하면 나의 계명을 지키리라 _요한복음 14:15

오해는 하지 마십시오. 이 말씀은 마음이 빠진 채로 하는 행위를 뜻하지 않습니다. 마음은 반드시 행위로 증명된다는 의미입니다. 사랑은 자기 자신을 내어 주기까지 상대방을 위해 희생하는 것입니다. 자기 규칙이나 자기만족 때문에 희생하는 것이 아닙니다. 구체적인 대상, 곧 배우자를 위해 희생하는 것입니다.

종종 남편의 최선이 허공을 치기도 합니다. 결혼 생활에 최선을 다하고 진심으로 임하기는 하는데, 거기에 '상대방 곧 아내'가 없습니다. 결혼의 성공을 위해서 열심을 다하는데, 그 열심 안에 '배우자'가 없습니다. 사랑은 상대를 위해 자기 자신을 내어 주는 것입니다.

이런 관점에서 사랑을 이해한다면, 남편이 가장 먼저 해야 할 일은 대화입니다. 대화의 목적은 아내입니다. 구체적으로 아내의 감정과 기분, 그리고 상태입니다. 아내를 모른 채 자신의 최선과 열심을 강조하기만 한다면, 그것은 사랑이 아니라 자기만족일 뿐입니다. 사랑의 언어는 대단한 것이 아닙니다. 사랑의 언어는 특정한 것도 아닙니다. 모든 아내들은 각자의 개성이 있기 때문에, 남편들이 특정 단어나 구절을 달달 외워 사용한다고 해서 그녀들 모두가 사랑을 느끼는 것도 아닙니다. 사랑의 언어의 핵심은 대화 속에 '아내'를 놓는 것입니다. 남편의 생각과 사고 속에 아내를 집어넣고 의사소통을 하는 것입니다.

둘째, 사랑의 언어는 감정을 드러냅니다. 감정을 드러내는 것과 관련하여 상당히 많은 남자들이 기분을 표현하는 것을 자기 통제의 실패로 인식합니다. 이것은 왜곡된 생각입니다. 특히 불편한 감정, 기분 나쁜 감정, 우울한 감정 등 스스로 부정적이라고 생각하는 감정을 드러내는 것에 큰 거부감을 느낍니다. 감정 표현과 관련하여 왜곡된 생각을 가진 남자들은 극단적일 때가 많습니다. 예컨대, 극도로 감정 표현을 하지 않거나, 한 가지 감정 곧 쾌락의 감정만을 표현합니다. 두 가지 모습은 자기감정을 숨기는 것에 목적이 있습니다. 평상시의 감정을 올바르게 드러내지 못하는 남자는 또 다른 극단적 표현에 노출될 가능성이 높습니다. 그것은 바로 "분노"입니다. 제대로 해소되지 못한 감정은 악화됩니다.

감정은 왔다가 사라지는 공기가 아닙니다. 서서히 쌓이는 먼지입니다.

조금씩 쌓인 먼지는 특별한 계기를 만나면 불꽃이 될 수도 있습니다. 속마음에 온갖 악한 감정을 쌓아 놓고서도 아무렇지 않은 척하는 사람을 성경은 '위선자'라 부릅니다. 위선자는 반드시 다른 숨겨진 방법으로 자신의 악한 감정을 표출합니다. 바리새인을 보십시오. 그들은 경건한 척했지만, 사실은 교만하고 공격적이며 적개심이 가득했습니다. 그렇기에 예수님은 그들을 향해 '회칠한 무덤'이라 비판하셨습니다. 겉은 아름답게 잘 꾸며 놓았지만 속은 죽은 뼈로 가득하다는 의미입니다. 겉과 속이 다른 사람은 신앙에 치명적인 문제를 가지고 있는 것입니다.

감정을 드러내는 것과 관련하여 왜곡된 생각을 가진 남자들은 이것을 유념해야 합니다. 그리고 올바른 감정 표현을 훈련해야 합니다. 감정은 포장되지 않은 날것 그대로의 자기 속살입니다. 래리 크랩은 이렇게 말합니다.[128]

> 남자들이 말을 하는 목적 자체는
> - 자신의 능력을 과시하거나
> - 남의 존중을 얻어 내거나
> - 자신을 대단한 존재로 느끼기 위해서

남자들은 자기 속살 곧 감정을 보여 주는 것을 대단히 싫어합니다. 감정 표현은 능력을 과시하는 것에 아무런 소용이 없고, 자신을 대단한 존재로 포

---

128 래리 크랩, 『에덴 남녀』(서울: 복있는사람, 2014), 42.

장하는 것에도 도움이 되지 않기 때문입니다. 하지만 이것은 죄악 된 언어 습관입니다. 무엇보다 감정을 숨긴 채 아내와 대화하는 것은 매우 좋지 않습니다. 그런 언어 습관은 아내를 불안하게 만듭니다. 감정은 언어로 표현되지 않아도 몸짓이나 표정으로 드러나기 때문입니다. 몸짓 언어를 전문적으로 연구한 피터 콜릿 교수는 "몸짓은 속마음을 감추고 싶은 우리를 배반하면서 몸의 곳곳에서 슬며시 기어 나와 숨겨진 감정을 폭로한다"[129]고 주장합니다. 우리는 다리를 떠는 것이 초조함의 증거이며 하품을 하는 것이 지루함을 보여 주는 것임을 압니다. 남편이 부정적 기분을 명확한 언어로 설명하지 않으면, 아내는 본인의 말과 행동에 자신을 잃고 어쩔 줄 몰라 하게 됩니다. 남편의 표정이나 몸짓으로 그 감정을 넘겨짚어야 하기 때문에 불안과 초조 속에서 시간을 보내야 합니다. 배우자는 당신이 생각하는 것보다 당신에 대해 훨씬 더 많은 사실을 알고 있음을 잊지 마십시오. 그러므로 남편은 차분한 어조로 솔직하게 자신의 감정을 알려 주는 훈련을 해야 합니다.

- 무엇이 자신의 기분을 나쁘게 했는지
- 어떤 말과 행동이 자신을 우울하게 만드는지
- 어떤 반응이 자신에게 실패감을 불러일으키는지
- 왜 화가 났는지
- 어떤 말이 자신을 기쁘게 하는지
- 어떤 언어가 자신에게 힘과 용기를 불러 일으키는지 등

---

129 피터 콜릿, 『몸은 나보다 먼저 말한다』(서울: 청림출판, 2004), 31.

정확한 언어로 아내에게 말해 주어야 합니다. 정확한 언어라는 말이 '사실'(fact)을 점검한다는 뜻은 아닙니다. '사실 여부, 곧 그것이 사실인지 아닌지를 확인하는 것'은 아내와의 대화에서 그다지 의미가 없을 수도 있습니다. 남편이 아내와의 대화에서 신경 써야 할 점은 '사실에 따라오는 감정'입니다. 어떤 사건이 일어났을 때 그 사건에 대한 합리적 분석보다는 그 사실에 따라 찾아오는 감정이 대화의 주제로 적합하다는 것입니다. 사실이나 진리의 여부 자체가 중요하지 않다는 뜻이 아닙니다. 대화의 우선순위를 말하는 것입니다.

배우자와 한 몸을 이루겠다는 의지

사랑은 합리성에 지배당하지 않습니다. 사랑은 사실을 확인하는 것에 기초하지 않습니다. 하나님의 사랑이 합리적이었다면, 구원받을 수 있는 사람은 아무도 없습니다. 사랑은 '그럼에도 불구하고'에 본질이 달려 있습니다.

> 사랑은,
> - 합리적이지 않아도
> - 나에게 정당성이 있어도
> - 사실이 그럼에도 불구하고
> "배우자와 한 몸을 이루겠다는 의지"입니다.

남편은 감정 표현을 열심히 훈련해야 합니다. 한 몸을 이루기 위해서입니다. 드러냄이 덮어 줌을 만납니다. 자신은 드러내지 않고 상대를 덮어 주기만 하겠다는 것은 교만입니다. 그렇게 할 수 있는 사람은 아무도 없습니다. 하나님은 남편과 아내가 서로 '발가벗고 한 몸을 이루기' 원하십니다. 사랑의 언어로 말한다는 것은 낯간지럽거나 오글거리는 대화가 아닙니다. 남자의 본성을 거스르고 아내와 한 몸을 이루기 위해 희생하는 언어 습관입니다. 그러므로 아내가 존경의 언어를 사용하지 않는다고 해서 사랑의 언어를 멈춰서는 안 됩니다. 아내의 반응과 상관없이 먼저 사랑의 언어를 시작하십시오.

존경의 언어

남편이 사랑의 언어를 배워야 하는 것처럼, 아내도 존경의 언어를 배워야 합니다. 배운다는 것은 '내 안에 그것이 없다'는 의미입니다. 남자에게는 사랑의 언어가 없고 여자에게는 존경의 언어가 없습니다. 그러므로 남자와 여자는 서로의 언어를 배워야 합니다.

사랑의 언어가 대상에 집중한다면 존경의 언어는 성취에 집중합니다. 일반적으로 남자는 자신의 주도권과 리더십을 확인받고 싶어 합니다. 남자는 자신의 성취에서 존재 가치를 찾습니다. 일에 매진하는 이유이기도 합니다. 따라서 아내는 남편과의 대화에서 막연한 위로나 격려보다는 구체적인 성취를 칭찬하는 것이 낫습니다. 결혼 준비 과정을 살펴봅시다.

결혼을 준비하는 과정에서 남자는 아내가 해 주는 평가의 언어를 좋아합니다.
- 결혼을 위한 남자의 계획
- 그 계획을 성취해 나가는 과정

- 그 과정 안에서 노력하는 모습 등

위와 같은 '일'에 좋은 평가를 해 줄 때, 남자는 자신이 존경받고 있다고 생각합니다. "우리 남편은 OOO을 참 잘해" 식의 말을 좋아한다는 것입니다. 앞에서 살펴보았던 청소의 예도 그렇습니다.

남자는

- 청소를 잘한다는 것
- 정리 정돈을 잘한다는 것
- 곧, 그의 능력과 성취 등

을 말해 줄 때 기뻐합니다.

남편의 욕구를 존중하는 언어

남자는 가정에서 자신의 주도권이 인정받는다고 느낄 때 안정감을 갖습니다. 따라서 아내는 남편과의 대화에서 그의 능력과 성취에 집중하는 것이 현명합니다. 남편의 자존심을 의도적으로 깎아내리거나 그의 행동을 무시하는 발언은 부부 관계를 반드시 해칩니다. 물론 성숙한 남편은 '그럼에도 불구하고' 아내를 향해 사랑의 언어를 사용합니다. 하지만 미숙한 남편은 곧장 분노의 언어로 달려갑니다. 에머슨 에거리치는 아내들이 존중해야 하는 남편의 욕구를 이렇게 말합니다.[130]

---

130 에머슨 에거리치의 『그 여자가 간절히 바라는 사랑, 그 남자가 진심으로 원하는 존경』 15-22장을 참고하였습니다.

- 열심히 일하고 성취하려는 남편의 욕구를 존중하라.
- 보호하고 돌보려는 남편의 욕구를 존중하라.
- 섬기고 이끌려는 남편의 욕구를 존중하라.
- 분석하고 조언하려는 남편의 욕구를 존중하라.

아내는 남편의 노력을 좀 더 인정해 주어야 합니다. 대부분의 남편은 가족을 부양하기 위해 일을 합니다. 가정을 거느린 남편 중에 자신만을 위해 일하는 사람은 많지 않습니다. 건강한 생각을 가진 남편이라면 누구나 아내와 자녀를 위해 이를 악물고 직장 생활을 버팁니다. 그러므로 불만만 터뜨리거나 남편의 일을 무시하는 것은 올바른 행동이 아닙니다. 아내 처지에서는 가족에게 많은 시간을 내주지 않는 남편이 서운할 수 있겠지만, 불만과 무시의 언어는 부부 관계를 해치고 가정의 불화를 만들 뿐입니다. 남편은 리더십에 상처를 입었다고 느끼면 더 이상 가족을 주도하지 않으려 합니다. 리더십을 의심받는 남편은 돌보고 섬기는 일에 흥미를 잃습니다.

아내는 남편이 자신과 가족을 향해 가지고 있는 책임감을 격려해 주어야 합니다.

아내는 다음과 같이 존경의 언어를 사용할 수 있습니다. 이를 통해 남편은 자신이 가정의 리더로 존중받고 있음을 확인하게 됩니다.

- 남편의 책임감이 자신을 안정되게 한다는 사실을 알려 준다.
- 남편의 헌신과 노력에 감사를 표현한다.

- 종종 편지 등의 수단으로 남편의 돌봄이 자신을 기쁘게 한다는 것을 전달한다.
- 남편에게 의견을 자주 물어서 그의 리더십을 확인해 준다.
- 여러 사람이 함께 있는 모임 중에 남편의 견해를 따르는 모습을 보여 준다.

아내가 남편의 주도권을 훼손하는 결정적인 상황이 있습니다. 모임 중에 여러 사람들 앞에서 남편의 의견을 무시·반대하거나 홀로 결정하는 것입니다. 이것은 매우 바람직하지 않습니다. 사람들 앞에서 무시당하는 것만큼 남편을 화나게 하는 것은 없습니다.

남편을 성장시키는 존경의 언어

대부분의 남편들은 아내가 사용하는 존경의 언어를 통해 더 깊은 책임감을 느끼게 됩니다. 존경의 언어 습관은 순종의 책임을 가지고 있는 아내들에게 요청되는 성경적 훈련입니다. 성경은 이런 언어 습관을 가진 여인을 향해 '현숙한 여자'라고 부릅니다. 현숙한 여자는 남편을 성장시킵니다.

> '길러 주다'라는 말은 성숙한 여인이 단지 받기만 하는 것이 아니라 남성다움의 근원을 길러 주고 힘을 주어야 할 책임이 있음을 뜻한다. 여성은 남성의 동반자요 조력자가 되어야 한다. … 여성다움이라는 것이 여성이 단지 남성과의 관계에서 수동적으로 받는 존재에 불과하다는 뜻은 아니다. 성숙한 여성은 남성을 더 강하고 지혜로운 자로 길러 주는 능력과 통찰력을 지닌다. 그리고 그것은 그들의 관계를 더욱 풍성하게 만든다.[131]

---

131 존 파이퍼, 『남자와 여자, 무엇이 다른가?』(서울: 부흥과개혁사, 2015), 61.

존경의 언어가 성숙한 남편에게만 적용되어서는 안 됩니다. 즉, 존경심이 절로 우러나오는 남편에게만 사용할 수 있는 언어가 되어서는 안 된다는 의미입니다. 존경할 만한 남편을 만나서 존경의 언어를 사용하고 싶은 것이 여자들의 바람이겠지만, 그것은 성경적인 입장이 아닙니다. 그리스도인의 성화가 점진적으로 이루어지는 것처럼, 남편의 남편 됨도 점진적일 수밖에 없습니다. 어떤 남편도 처음부터 존경할 만한 남편 됨을 갖출 수 없습니다. 그것은 아내도 마찬가지입니다. 그러므로 존경의 언어를 오히려 미숙한 남편에게 적극적으로 사용해야 합니다. 존경의 언어가 남편을 존경스러운 남편으로 성장시킵니다.

부부간의 언어생활에서 주의할 점

초반에 말한 것처럼, 사랑과 존경은 날카롭게 구분되어 있지 않습니다. 남편도 사랑의 언어를 원하고 아내도 존경의 언어를 필요로 합니다. 하지만 '하나님의 창조 설계'와 '그리스도와 교회의 관계'에 근거하여 볼 때 "남성에게는 존경의 언어가 여성에게는 사랑의 언어가 '더' 많이 필요합니다." 두 가지를 주의해야 합니다.

첫째, 사랑과 존경의 언어를 율법처럼 적용해서는 안 됩니다.
둘째, 사랑과 존경의 언어를 상대에게 강요해서는 안 됩니다.

첫째의 의미는, 마음은 쏙 빠진 채로 행위의 규칙으로만 활용해서는 안 된다는 것입니다. 사랑의 언어 몇 가지를 암기해서 기계적으로 말하는 것은 오히려 역효과를 불러일으킬 뿐입니다. 둘째의 의미는, 사랑과 존경의 언어를 사용하지 않는다고 배우자를 정죄하고 비난해서는 안 된다는 것입니다. '나는 사랑의 언어를 사용하는데, 너는 왜 존경의 언어를 쓰지 않느냐'고 되물을 때, 그는 이미 사랑의 언어를 사용하지 않고 있는 것입니다. 핵심은 이것입니다.

나의 언어를 강조하지 말고 상대의 언어 속으로 들어가십시오.

대화할 때마다 관계에 문제가 생긴다면, 언어에 큰 장벽이 있는 것입니다. 그 장벽은 '서로의 언어가 다름'에서 비롯됩니다. 그러므로 우리는 마땅히 자신의 언어 습관과 상대의 언어 습관을 확인해야 합니다. 확인할 뿐만 아니라 상대의 언어 속으로 들어가려고 노력해야 합니다. '의사소통 곧 사랑과 존경의 대화'는 한 몸 관계의 기초입니다.

結혼을 말하다

열다섯째

열다섯째,
소통, 한 몸의 기초 (2)

오늘 당신의 언어는 몇 도인가

"진리의 사람인 신자에게 말은 결코 중립적인 것이 아닙니다."[132] 말은 마음에 있는 것들이 드러나는 창이며 진리를 전달하는 그릇입니다. 그러므로 어떻게 말하는지는 참 중요합니다.

> 맛나고 몸에도 좋은 음식을 더러운 손으로 다른 사람들에게 건네주는 사람은 없습니다. 깨끗하지 않은 그릇에 담아 주는 일은 없습니다. 그릇에 담긴 것이 아무리 좋은 음식이어도, 많은 정성을 들여 만든 음식이라도 더러운 손으로 건네주는 행동은, 깨끗하지 않은 그릇에 담아 주는 그런 행위들은 음식을 받는 사람을 무시하고 모욕하는 일까지 됩니다. 결국 그 음식 자체를 더럽게 만듭니다. 물론 음식에 관해서는 실제로 의도적으로 이렇게 하는 경우는 없을

---

[132] 한재술, 『사랑으로 말하는 진리』(수원: 그책의사람들, 2013), 10.

것입니다. 하지만 말에 관해서는 안타깝게도 이런 경우가 종종 있습니다.[133]

진심이라는 미명하에 제멋대로 말해서는 안 됩니다. 정말 진심이라면 항상 신중하게 말해야 합니다. 특히 부부간의 대화에는 더욱 섬세한 주의가 필요합니다. 남편과 아내 사이에는 사랑이 꽉 차 있어야 하는데, 그것을 느끼게 해 주는 것이 바로 "언어"이기 때문입니다. 최근 오랫동안 베스트셀러에 올라 있던 책이 있습니다. 『언어의 온도』입니다. 아마도 이것은 따뜻한 언어를 원하는 우리 시대의 갈증을 보여 주는 것이 아닌가 싶습니다. 그 책의 저자는 언어에 대해 다음과 같이 말합니다.[134]

> 말과 글은 머리에만 남겨지는 게 아닙니다. 가슴에도 새겨집니다. 마음 깊숙이 꽂힌 언어는 지지 않는 꽃입니다. 우리는 그 꽃을 바라보며 위안을 얻기도 합니다. 언어에는 나름의 온도가 있습니다. 따뜻함과 차가움의 정도가 저마다 다릅니다. … 용광로처럼 뜨거운 언어에는 감정이 잔뜩 실리기 마련입니다. 말하는 사람은 시원할지 몰라도 듣는 사람은 정서적 화상을 입을 수 있습니다. 얼음장같이 차가운 표현도 위태롭기는 마찬가지입니다. 상대의 마음을 돌려세우기는커녕 꽁꽁 얼어붙게 합니다. 그렇다면 이 책을 집어 든 당신의 언어 온도는 몇 도쯤 될까요?

마지막 문장을 조금 바꿔서, 이렇게 묻고 싶습니다.

위의 책, 12.
134 이기주, 『언어의 온도』(고양: 말글터, 2016), 31.

세상에서 가장 사랑해야 할 배우자에게 당신은 몇 도쯤 되는 언어를 사용하고 있습니까? 무심결에 내뱉은 언어가 지나치게 차가워서 배우자를 두렵게 만들지는 않았습니까? 감정을 자제하지 못해서 저질러 버린 언어가 너무나도 뜨거워서 배우자를 상처 입게 하지는 않았습니까?

언어에 관한 또 다른 베스트셀러 『비폭력대화』의 저자 마셜 로젠버그는 '연민의 언어'를 강조합니다. "서로 연민을 가지고 가슴으로 말을 주고받는 대화"[135]를 뜻합니다.

불신자들도 언어가 중요함을 압니다. 심지어 좋은 대화의 수단이 '사랑이 담겨 있는 언어'임도 압니다. 일반 은총 안에서 살아가는 사람들조차 알고 있는 이 원리를 특별 은총 안에 있는 부부들이 제대로 적용하지 못하는 이유가 뭘까요?

헤세드, 대화의 기초

자기중심적인 대화는 한 몸을 파괴한다

계속해서 말했듯이, 결국 이것이 문제입니다.

---

135 마셜 B. 로젠버그, 『비폭력 대화』(서울: 한국NVC센터, 2017), 22.

자기중심성은 곧 교만입니다. 교만은 남편과 아내의 '한 몸 됨'을 방해합니다. 특히 대화를 파괴합니다. 남편은 남편대로, 아내는 아내대로 독립하여 살게 만듭니다. 한 몸 자체가 파괴되는 것입니다. 남편과 아내가 자기의 언어로만 소통하기를 원한다면, 이 부부에게는 어떤 일이 벌어질까요?

- 배우자를 전혀 이해하지 못하게 됩니다.
- 그래서 배우자의 말과 행동에 상처를 받게 됩니다.
- 그 결과, 배우자와 같이 있는 것이 부담스럽고 불편합니다.
- 그 결과, 배우자와 거리감을 느낍니다.
- 결국에는 다른 '한 몸'(직업, 취미, 자녀, 불륜 등)을 갈망하게 됩니다.

배우자의 언어를 배우고자 하지 않는 것은 커다란 '교만'입니다. 대화할 때 자기중심적인 사람이 갖고 있는 치명적인 사고방식이 있습니다.

나는 말했으니 너는 알아들어야 한다. 네가 알아듣지 못한 것은 다 네 탓이다.

자기중심적인 사람은 '말을 하는 것'으로 의무가 끝났다고 생각합니다. 그러고는 자신의 진심이 전달되지 않은 것을 상대 탓으로 몰아갑니다. 이것은 대화가 아니라 홍보입니다. 상대를 고려하지 않은 채, 자신이 필요한 것만 말하고 원하는 것만 듣는 것으로는 '한 몸'이 될 수 없습니다. 상대의 모든 것, 곧 언어와 몸짓과 상황을 경청하지 않는 사람은 사실 대화를 나누지 않는 것입니다.

그런 의미에서 교만은 대화할 때 가장 커다란 방해물입니다. 한 몸 관계는 참으로 풍성하고 즐거운 것입니다. 이와 같은 부부 사이에 의사소통으로 말미암아 갈등이 생겨난다면, 얼마나 괴로울까요? 우리는 이 갈등이 근본적으로 '교만' 때문에 일어남을 알아야 합니다. 그러므로 언어에 따른 갈등을 단지 말실수 정도로 가볍게 처리해서는 안 됩니다. 말실수 정도로 넘어가 버리면, 반복되는 관계의 문제를 해결할 수 없습니다.

'말하는 자'에 관한 성경적 입장

성경은 언어와 관련하여 어떻게 말할까요? 먼저 말하는 자의 입장에서 언어가 가지는 신학적 의미를 살펴봅시다.

> 독사의 자식들아 너희는 악하니 어떻게 선한 말을 할 수 있느냐 이는 마음에 가득한 것을 입으로 말함이라 선한 사람은 그 쌓은 선에서 선한 것을 내고 악한 사람은 그 쌓은 악에서 악한 것을 내느니라 내가 너희에게 이르노니 사람이 무슨 무익한 말을 하든지 심판 날에 이에 대하여 심문을 받으리니 네 말로 의롭다 함을 받고 네 말로 정죄함을 받으리라 _마태복음 12:34-37

> 한 입에서 찬송과 저주가 나오는도다 내 형제들아 이것이 마땅하지 아니하니라 샘이 한 구멍으로 어찌 단물과 쓴 물을 내겠느냐 내 형제들아 어찌 무화과나무가 감람 열매를, 포도나무가 무화과를 맺겠느냐 이와 같이 짠물이 단물을 내지 못하느니라 _야고보서 3:10-12

마태복음에서 예수님은 바리새인들의 근거 없는 비방 – 예수님께서 바알세불의 힘을 빌려서 귀신을 내쫓는다는 비방 – 을 혹독하게 꾸짖으십니다. 그러면서 사악한 언어가 그들의 마음에서 나온다는 것을 지적하십니다. '좋은 나무에서 좋은 열매가 나오고 나쁜 나무에서 나쁜 열매가 나오는 것'(마 12:33)처럼, 선한 마음에서 선한 말이 나오고 악한 마음에서 악한 말이 나온다고 말씀하십니다. 그리고 예수님은 그들이 자기 말로 말미암아 심판을 받게 될 것이라고 결론을 맺으십니다. 이 본문은 '언어가 단순한 전달 수단 정도가 아님'을 가르칩니다. 예수님의 말씀에 따르면,

언어는 사람의 마음을 보여 주는 '거울'과 같습니다.

입에서 나오는 언어는 사람의 선함도 나타낼 수 있지만 악함도 보여 줍니다. 야고보도 "언어와 인격의 통전성"을 설명합니다. 샘 근원이 깨끗하면 단물이 나옵니다. 샘 근원이 더러우면 쓴 물이 나옵니다. 그런 것처럼 우리 입에서 나오는 언어는 마음의 상태를 드러냅니다. 무화과나무는 무화과를 맺고, 포도나무는 포도를 맺습니다.

감정과 생각은 믿을 수 없다

위에 나오는 성경 말씀은 언어가 가지는 신학적 의미를 잘 설명합니다. 사람은 자기 자신까지도 속이는 존재입니다.

특히 마음과 관련하여 자기 자신을 속일 때가 많습니다. 사람들은 자기 마음을 왜곡하는 것에 익숙한데, 대개는 좋은 쪽으로 왜곡하여 받아들입니다. 이것은 마음의 부패가 얼마나 심각한지 모르는 행태입니다. 예레미야 17장 9절은 이렇게 말합니다.

만물보다 거짓되고 심히 부패한 것은 마음이라

이것은 불신자에게만 해당하는 말씀이 아닙니다. 성도는 그리스도의 의를 전가 받음으로 참된 의인이 되었습니다. 하지만 이것은 법정적 선언일 뿐입니다. 이 땅의 성도는 죄를 완전히 극복하지 못합니다. 그러므로 성도는 이 땅을 살아가면서 항상 두렵고 떨림으로 '구원을 이루어 가야'(성화의 책임) 합니다. 성화는 자신이 여전히 죄의 지배 아래 있음을 인정할 때 시작됩니다. 그러나 부패의 연속성을 염두에 두지 않는 사람들은 예수님을 믿는 순간 자기 마음속에는 선한 것이 담겨 있다고 믿어 버립니다. 죄와 은혜의 관계를 온전히 이해하지 못한 것입니다. 죄가 가지는 끈질김과 치명적인 특징을 제대로 이해하지 못했기에 은혜가 가지는 놀라운 능력도 제대로 이해하지 못합니다. 죄에 대해서, 은혜에 대해서 제대로 이해한 사람은 자기 마음에 남겨져 있는 부패와 적극적으로 싸워 나갑니다. 반면에 죄는 가볍게, 은혜도 가볍게 여기는 사람은 아주 쉽게 자신을 '좋은 사람'이라고 믿어 버립니다. 그들은 이런 특징이 있습니다.

> 나에게는 선한 마음이 있으니 나는 선한 사람이다.
>
> 나에게는 선한 의도가 있으니 나는 선한 사람이다.
>
> 나에게는 선한 생각이 있으니 나는 선한 사람이다.

만약 자기 자신과 관련하여 이런 생각을 고집하는 사람이 있다면, 그는 성경을 믿지 않는 것입니다. 성경은 의도나 생각이나 감정이 아니라 언어가 우리의 내면을 보여 준다고 말합니다. 언어는 다름 아닌 바로 우리 자신의 인격입니다.

본의 아니게

그런 의미에서 우리가 가장 먼저 버려야 할 습관적인 언어는 '본의 아니게'입니다. 대화를 나눌 때 '본의 아니게' 의식을 깨야 한다는 것입니다. '본의 아니게'라는 말에는 이런 의도가 숨겨져 있습니다.

> (드러난 말) 나의 진정한 의도는 그것이 아니었는데, 네가 상처를 받았구나.
>
> (숨겨진 마음) 근데, 사실 그건 네가 잘못한 거야. 나의 착하고 배려 깊은 의도를 제대로 읽지 못한 너의 문제잖아. 나는 잘못이 없어.

'본의 아니게'라는 말을 습관적으로 사용하는 사람은 상대가 무엇인가를 오해했거나 상처를 받았다면. 그것은 자신의 의도와 상관이 없고 단지 상대방의 문제라고 치부해 버립니다. 하지만 이 말을 습관적으로 사용한다는 것은, 상대와의 의사소통을 진정으로 중요하게 생각하지 않음을, 그리고 사실 자기중심적인 대화 방식을 보여 줍니다. 루 프리올로는 다음과 같이 말합니다.

> 마음속에 없다면 만들어 낼 수 없다. 야고보 사도가 혀를 능히 길들일 사람이 아무도 없다고 말한 이유가 무엇인지 생각해 본 적 있는가? 아마도 그 이유는 혀는 그저 마음이 말하라고 하는 바를 그대로 내뱉을 뿐이기 때문일 것이다. 성경적 커뮤니케이션의 첫 번째 원칙은 이것이다. 당신의 마음속에 악이 있다면 선한 것을 말할 수 없다. 예수님은 이렇게 말씀하셨다. '너희는 악하니 어떻게 선한 말을 할 수 있느냐?' 마음을 정결케 하는 유일한 방법은 주 예수 그리스도를 믿는 자들 안에 사시는 성령이 당신을 새롭게 하시길 바라는 것이다. 그리고 성령의 성화 사역이 뒤따라야 한다.[136]

성경의 원칙은 명확합니다. 언어는 우리의 마음을 드러냅니다. 마음을 평가할 수 있는 것은 우리의 생각이나 감정이 아닙니다. 오늘 우리의 마음은 오늘 우리가 사용하는 언어로 나타납니다.

> 자기를 꾸미는 언어
> 비방과 조롱의 언어
> 과시와 거짓의 언어
> 미움과 질투의 언어

---

136 루 프리올로, 『아내를 알고 사랑하는 온전한 남편』(서울: 미션월드라이브러리, 2008), 73-76.

위와 같은 언어를 다른 이들에게 사용하고 있다면, 그것은 우리의 말실수가 아닙니다. 우리의 마음속에 기거하던 것들이 튀어나온 것입니다. 다음을 기억하십시오.

- 남편이 당신의 말을 듣고 분노하거나 좌절감에 빠졌다면, 그것은 말실수가 아니라 당신의 마음속에 있었던 것이 언어로 튀어나온 것입니다.
- 아내가 당신의 말을 듣고 불안함과 우울증에 빠졌다면, 그것은 당신의 인격 속에 묻어 있던 것이 언어를 타고 나온 것입니다.
- 배우자가 나의 말을 듣고 오해하고, 상한 감정을 갖게 되고, 답답함을 느끼고 있다면, 그것은 자아 중심적인 나의 인격이 상대를 위해 적극적으로 의사소통하지 못하게 막고 있는 것입니다.

'본의 아니게 그런 말을 했다, 오해일 뿐이다, 말실수에 불과하다' 등의 말을 자주 사용하고 있습니까? 그렇다면 당신은,

- 마음에 교만을 품고
- 자기의 고집은 포기하지 않으면서
- 스스로를 괜찮은 사람인 것처럼 포장하고 싶어 하는
- 위선적인 인격을 가진 사람일 수 있습니다.

자신이 내뱉은 말과 저지른 행동을 수많은 이유와 핑계로 변명하고 있습니까? 그렇다면 당신은,

- 상대방을 위해 그 무엇도 희생하고 싶어 하지 않는
- 이기적인 사람일 수 있습니다.

말 때문에 계속하여 관계가 파괴됨에도 불구하고, 자기 언어를 되돌아볼 줄 모릅니까? 그렇다면 당신은,

- 강퍅한 마음과 완고한 마음으로 똘똘 뭉친
- 유사 그리스도인일 수 있습니다.

언어는 성령의 사역에 포함된다

자신의 죄를 회개하고 돌이켜 그리스도를 믿은 사람에게는 성령께서 내주하십니다. 그리고 성령의 내주하심이 있는 사람은 다음과 같은 특징이 있습니다.

> 내가 그들에게 한마음을 주고 그 속에 새 영을 주며 그 몸에서 돌 같은 마음을 제거하고 살처럼 부드러운 마음을 주어 _예레미야 11:19

성령은 죄인 안에서 '돌 같은 마음'을 제거하십니다. 대신에 '살처럼 부드러운 마음'을 주셔서 듣는 것을 실천하고 행하게 하십니다. 이 말씀은 궁극적으로 하나님의 율법을 향한 새로운 마음을 의미합니다. 곧 하나님 사랑과 이웃 사랑을 일상 속에서 적용하게 만듭니다. 성령은 우리 안에 있는 이기적인 마음을 파괴하시고 하나님과 이웃을 향해 부드러운 마음을 갖게 하

십니다. 지금까지의 논리를 따르자면, 사람의 부드러운 마음은 사용하는 언어를 통해 나타납니다. 여기에서 우리는 언어가 단순한 의사소통의 수단이 아님을 알 수 있습니다.

> 언어는 성령께서 주도하시는 성화의 사역에 포함됩니다.
> 마음과 언어는 하나로 연결된 우리의 '신앙 인격'입니다.

주전자에 담겨 있는 깨끗한 물도 주전자 입구가 오염되어 있으면 더러운 물로 나옵니다. 마음속 선한 의도도 적절한 언어를 통과하지 않으면 나쁜 말로 나옵니다. 한 사람의 인격은 마음과 언어 모두를 포함합니다. 그러므로 우리는 '오늘 내가 사용한 언어'를 그리스도인의 성화와 연결해서 심각하게 고민해야 합니다.

특히 배우자에게 사용하는 언어는 우리의 마음을 가장 잘 보여 줍니다. 돌 같은 마음인지, 부드러운 마음인지는 대충 넘겨짚어서 알 수 있는 것이 아닙니다. 성경에 따르면, 언어가 가장 확실한 잣대입니다. 그러므로 변명과 핑계를 대면서 자기를 보호하는 것보다는 언어를 통해 자기 마음을 살펴보는 것이 현명합니다. 언어는 우리의 경건을 판단합니다.

듣는 자에 관한 성경적 입장

지금까지 말하는 자의 입장에서 성경이 말하는 언어의 의미를 살펴보았습니다. 이제는 듣는 자의 입장에서도 성경이 말하는 언어의 의미를 살펴봐야 합니다. 왜냐하면 지금까지의 논의를 근거로 '정죄하는 태도를 정당화하려는 사람'이 있을 수도 있기 때문입니다. 당신이 만약 '듣는 자'의 입장에 있다면, 매우 잘못된 태도입니다.

개혁 신학에서 성화는 점진적입니다. 그 누구도 한순간에 완전한 성화를 이룰 수 없습니다. 모든 성도에게는 성화의 출발점이 있으며 성화의 과정 속에서 조금씩 성화되어 갑니다. 이 땅의 성도는 그리스도의 은혜를 의지하여 전진할 뿐이지 그것을 완벽하게 성취할 수는 없습니다. 다음 문장을 기억합시다.

- 언어는 마음을 드러냅니다.
- 언어는 성화의 사역에 포함됩니다.
- 언어를 통해 자기 마음을 살피는 것은 현명합니다.
- 듣는 것도 언어생활의 일부입니다.
- 그러므로 듣는 것도 성화의 사역에 포함됩니다.
- 듣는 태도를 통해 자기 마음을 살피는 것은 현명합니다.
- 반면에 듣는 것으로 타인을 비방하는 것은 어리석습니다.

우리가 알아야 할 것이 있습니다. 언어생활 속에 놓인 십자가의 길은 말하는 것에만 있지 않고 듣는 것에도 있다는 점입니다.

- 남편의 언어를 붙잡고 그의 인격을 들먹이는 것은 부부간의 대화에 아무런 도움이 되지 않습니다.
- 아내의 언어 습관을 가지고 그녀의 마음과 생활을 정죄하는 것은 부부 관계에 어떠한 유익도 주지 못합니다.

- 우리는 배우자에게 완벽을 기대해서는 안 됩니다.

배우자도 나처럼 연약한 심성을 타고난 죄인입니다. 여전히 죄의 강제에서 벗어나기 위해 은혜가 필요한 존재입니다. 배우자가 '의인이면서 동시에 죄인'인 일반적인 그리스도인임을 인정해야 합니다. 그러므로 배우자의 언어를 물고 늘어지기보다는 사랑으로 경청하려는 태도가 우선되어야 합니다.

듣는 자와 말하는 자의 구분

여기서 우리는 '말하는 자로서의 나'와 '듣는 자로서의 나'를 구분해야 합니다. 우리는 내 입에서 나온 나의 언어로 나의 마음을 점검해야 합니다. 나의 부패한 마음과 완고한 마음을 확인하고 그리스도의 은혜를 부르짖으며 언어의 성화를 위해 노력해야 합니다. 반면에 우리는 배우자의 입에서 나온 언어를 은혜로 받아 주어야 합니다. 그리스도의 은혜를 의지하여 인내와 온유로 그의 부패와 고집을 견뎌야 합니다. 우리는 배우자가 "나와 같이 의인이며 동시에 죄인임"을 잊지 말아야 합니다. 따라서 우리는 듣는 자로서 그의 언어를 전적으로 정죄하기보다는 그의 말을 귀담아 듣는 것에서 대화를 시작해야 마땅합니다.

사람의 마음이 거짓되고 심히 부패하다면서 어떻게 동시에 착하고 좋은 마음을 가질 수 있단 말인가? 그것은 아마 우리 안에 두 마음이 동시에 존재하기 때문일 것이다. 즉 하나님의 형상대로 지음 받은 마음과 죄로 타락한 마음이다. 앞서 예수님이 '마음에는 원이로되 육신이 약하도다'라고 하신 말씀은 하나님이 우리 안에 주셔서 도덕적인 법에 따라 좋은 일을 하고 싶어 하는 영적인 면을 지적하신 것이지만, 우리는 동시에 죄로 우리 자신을 끌어들이려는 육적인 면도 가지고 있다. 사도 바울은 로마서 7장에서 이것을 정확하게 묘사한다.

바울은 로마서 7장에서 '원함'과 '행함'이 분리되어 있는 내면을 보며 고민합니다. 하나님의 법을 즐거워하면서도 죄의 법을 섬기고 있는 자신을 보며 이렇게 부르짖습니다.

> 오호라 나는 곤고한 사람이로다 이 사망의 몸에서 누가 나를 건져내랴 _로마서 7:24

하지만 바울의 선언은 여기서 끝나지 않습니다. 죄의 법이 여전히 우리 몸을 사로잡으려 하지만, 성령께서 우리를 도우십니다(롬 8장). 그러므로 참된 성도는 '원함과 행함'이 분리되어 있음을 핑계하지 않습니다. 성령은 하나님의 은혜를 우리 삶에 적용시키심으로 우리를 죄의 법에서 해방시켜 주십니다. 그리고 그 다음이 중요한데, 은혜를 맛본 사람은 다른 사람에게도 이 은혜를 적용합니다. '원함과 행함'을 일치시키라고 닦달하거나 정죄하는 것은 율법적인 태도입니다. 남편과 아내는 서로를 대할 때 다음을 반드시 기억하십시오.

은혜, 좋은 대화의 토양

> 지식이 은혜를 만나지 못하면 율법이 됩니다.

이것은 지금 이 책을 통해 결혼 공부를 하고 있는 모든 사람들이 조심해야 하는 점입니다. 결혼에 관한 지식이 행복한 결혼 생활을 보장하지 않습니다. 결혼에 관한 성경적 지식이 은혜로 전달되지 않으면 비방이 난무하는 결혼 생활을 만들어 낼 수도 있습니다. 야고보는 이렇게 말합니다.

> 우리가 다 실수가 많으니 만일 말에 실수가 없는 자라면 곧 온전한 사람이라 능히 온 몸도 굴레 씌우리라 _야고보서 3:2

우리는 모두 실수가 많습니다. 누구도 여기에서 벗어날 수 없습니다. '능히 혀를 제어할 수 있는 사람'은 없습니다. 이것을 인정해야 합니다. 악한 의도를 가지고 아내에게 말을 하는 남편은 많지 않습니다. 불의한 의도를 품고 남편에게 말을 하는 아내도 많지 않습니다. 대부분의 남편과 아내는 좋은 의도를 가지고, 혹은 특별한 의도가 없이 말합니다. 이것을 믿어 주어야 합니다. 이처럼 (성령께서 우리 마음에 심어 주시는) 부드러운 태도는 좋은 대화를 위한 토양이 됩니다.

어떻게 들어야 하는가

그렇다면 구체적으로 "어떻게" 들어야 할까요? 다음 성경 구절을 살펴봅시다.

> 내 사랑하는 형제들아 너희가 알지니 사람마다 듣기는 속히 하고 말하기는
> 더디 하며 성내기도 더디 하라 _야고보서 1:19
>
> 누가 주의 이 많은 백성을 재판할 수 있사오리이까 듣는 마음을 종에게 주사
> 주의 백성을 재판하여 선악을 분별하게 하옵소서 _열왕기상 3:9
>
> 교만에서는 다툼만 일어날 뿐이라 권면을 듣는 자는 지혜가 있느니라 _잠언
> 13:10

잠언은 교만과 듣는 것을 긴밀히 연결합니다. 이 구절에 따르면, 교만의
반대말은 '듣는 것'입니다. 다시 말해, 겸손은 듣는 것으로부터 출발합니
다. 의사소통의 문제를 가지고 있는 대부분의 사람들은 듣지 않습니다. 희
한하게도 제대로 듣지 않는 사람들 대부분은 자신이 '잘 듣고 있다'고 말합
니다. 하지만 그들이 모르는 것이 있습니다.

> 말을 하는 사람은 자신이 하는 말이 아니라 "말을 전하고 있는 자신"에게 집
> 중해 주길 원한다는 점입니다.

스스로 '잘 듣는다'고 생각하는 사람은 필요한 말에는 귀를 기울입니다. 하
지만 필요하지 않은 말에는 곧장 귀를 닫습니다. 이런 구조 때문에 듣는 사
람은 잘 듣는다고 착각하고, 말하는 사람은 잘 듣지 않는다고 확신하게 됩
니다. 누가 문제일까요? 필요한 말에만 귀를 기울이는 사람은 기본적으로
상대를 존중하지 않는 것입니다. 상대를 수단으로 여기는 것입니다.

남의 말에 귀를 기울이지 않는 사람은 마음속이 자기 고집으로 가득한 경우가 대부분입니다. 그렇기에 다른 사람의 말이 비집고 들어올 틈이 없습니다. 상대의 말을 듣는 동안에 이미 자신이 할 말을 정리하고 있기 때문입니다. 그들은 자신의 부주의한 듣기를 이런저런 핑계로 꾸며 대기를 좋아하는데 다음과 같습니다.

- 피곤하고 졸리다.
- 원래 성격이 산만하다.
- 집중력이 떨어지는 시간이다.
- 네 탓이다 등등

위와 같이 듣기 어려운 환경과 상황이 있을 수 있습니다. 하지만 흥미로운 것은 각종 핑계를 대던 사람도 자신의 관심 분야가 나오거나 자신이 이야기를 주도할 때는 전혀 피곤해하지 않는다는 점입니다.

그러므로 다양한 변수가 있는 것은 사실이지만, 상대방의 이야기를 잘 듣지 않는 본질적인 이유는 바로 교만입니다. 말하는 상대를 존중하지 않는 것입니다. 배우자를 자기보다 한 수 아래로 보는 교만이 '듣지 않는 태도'를 만든다는 것입니다. '듣는 태도'는 근본적으로 마음의 문제입니다. 남편과 아내는 다음 질문에 진지하게 답해 보십시오.

남편들이여, 생각해 보십시오.
아내가 말할 때 정말 그녀의 말을 있는 그대로 충분히 흡수하고 있습니까?
아니면 빨리 말을 끊고 자신의 '정답'을 말해 주고 싶습니까?

아내들이여, 생각해 보십시오.
남편이 말할 때 그의 선한 의도를 파악하기 위해 주의 깊게 듣고 있습니까?
아니면 몇 가지 단어에 기분이 상해서 아무 말도 들리지 않습니까?

교만이 중심에 서면 대화는 단절됩니다. 갈등과 다툼만 일어날 뿐입니다. 그러나 듣는 것이 중심에 서면 연합이 일어납니다. 한 몸이 만들어집니다. 잘 듣는 것이 지혜입니다. 열왕기에서 솔로몬은 소원을 물으시는 하나님께 듣는 마음을 요청합니다.

> 누가 주의 이 많은 백성을 재판할 수 있사오리이까 듣는 마음을 종에게 주사
> 주의 백성을 재판하여 선악을 분별하게 하옵소서 _열왕기상 3:9

역대기의 저자는 이것을 "지혜"로 기록하고 있습니다(대하 1:10). 듣는 마음은 선악을 분별하게 합니다. 관계에서 혼란을 맛보고 있는 사람들이 있다면, 자신에게 '듣는 마음'이 있는지를 확인해 보십시오. 배우자와 의사소통의 문제를 겪고 있는 사람은 듣는 마음을 간청하십시오. 듣는 마음이 없이는 배우자를 온전히 이해할 수 없고, 배우자를 이해하지 못하면 참된 연합은 불가능합니다.

경청이란 무엇인가

야고보의 충고는 적절합니다. 듣기는 속히 하고 말하기는 더디 해야 합니다(약 1:19). 우리는 지금보다 말수는 줄여야 하고 듣는 횟수는 늘려야

합니다. 말하는 것은 좀 더 소극적이어야 할 것이고, 듣는 것은 훨씬 더 적극적이어야 합니다. 남편과 아내 모두 경청의 훈련을 해야 한다는 것입니다. 그렇다면 '경청'이란 무엇인가요?

> 경청은 상대로 하여금 자신의 말과 의도를 충분히 이해받았다고 느낄 만큼 들어주는 행위입니다.

경청은 상대가 자신의 존재를 존중받았다고 생각할 정도로 들어주는 것입니다. 따라서 경청은 말하기보다 훨씬 더 많은 수고로움이 필요합니다. 경청은 노동입니다. 땀을 흘릴 만한 가치가 있는 노동입니다. 경청을 위해서는 다음 세 가지에 집중해야 합니다.

경청을 위한 세 가지 태도

첫째, 상대가 사용하는 언어에 집중해야 합니다. 배우자가 어떤 단어와 어떤 문장을 즐겨 쓰는지를 잘 관찰해야 합니다. 스마트폰과 인터넷이 문화를 장악하면서 사람들은 모든 것을 대충 훑어보는 습관을 갖게 되었습니다. 특히 젊은 사람들은 더합니다. 그들은 영화를 진중하게 보기보다는 1.5배속이나 건너뛰기로 봅니다. 음악도 처음부터 끝까지 듣기보다는 자신이 좋아하는 구간만 반복하여 듣습니다. 이 같은 문화에 익숙해진 사람들은 상대의 말도 대충 흘려듣곤 합니다.

> 그가 어떤 말을 반복하고 있는지

그가 무슨 단어를 강조하고 있는지
어떤 문장과 내용에 반응하고 있는지를
주의 깊게 살피지 않습니다.

배우자가 어떤 부분을 반복하여 말하고 있다면, 그것은 그가 전하고 싶은 말일 가능성이 높습니다. 어떤 문장에 특별히 반응하고 있다면, 그것은 그의 마음 상태를 보여 주는 것일 수 있습니다.

여기서 '경청'을 위한 두 번째 자세가 나옵니다. 경청은 단순히 말만 잘 들어주는 것으로 끝나지 않습니다. 경청을 위해서는 적절한 표정과 자세가 필요합니다. 성경은 언어와 마찬가지로 표정도 마음을 드러낸다고 말합니다.

물에 비치면 얼굴이 서로 같은 것같이 사람의 마음도 서로 비치느니라 _잠언 27:19

얼굴은 마음을 반영합니다.

네가 분하여 함은 어찜이며 안색이 변함은 어찜이뇨 _창세기 4:6

그들의 안색이 스스로 증거하며 그 죄를 발표하고 숨기지 아니함이 소돔과 같으니 _이사야 3:9

사람의 지혜는 그 사람의 얼굴에 광채가 나게 하나니 그 얼굴의 사나운 것이 변하느니라 _전도서 8:1

당연히 인상이 전부는 아닙니다. 억지로 꾸민 인상은 들통나기 마련입니다. 성경은 우리의 육신과 마음이 기본적으로 하나로 연결되어 있다고 가르칩니다. 잘 들어주는 것같이 보이지만 표정 속에 있는 지루함과 무관심은 숨길 수 없습니다. 얼굴은 상대의 언어에 우리가 얼마나 반응하고 있는지를 가장 많이 보여 주는 거울입니다.

> 성경은 비언어적 커뮤니케이션에 대해서도 많은 것을 말하고 있다. 비언어적 커뮤니케이션은 얼굴 표정, 눈 맞추기, 제스처, 자세, 터치 같은 것들을 포함한다. 많은 사람들은 전체 커뮤니케이션에서 비언어적 커뮤니케이션이 말과 어조가 합쳐진 것보다 훨씬 더 많은 메시지를 전달한다고 믿는다. … (특히) 마음속에 있는 것은 안색으로도 나타난다.[137]

루 프리올로가 말하는 것처럼, 얼굴뿐만 아니라 자세도 우리의 마음을 드러냅니다. 오늘날에는 적지 않은 사람들이 눈은 다른 곳을 응시하고 손은 핸드폰을 만지작거리면서도 '다 들리니까 말하라'고 합니다. 그들은 '듣고 있다'를 귀로 들려오는 음성을 이해하는 것 정도로 축소해 버립니다. 하지만 성경적인 경청은 상대의 존재를 읽어 주는 행위입니다. 배우자가 말할 때, 스마트폰을 하거나 낙서를 하거나 딴짓하는 것은 아무리 상대의 음성을 듣고 있다고 해도 사실은 전혀 듣지 않는 것입니다. 성경이 가르치는 듣는 행위는 그런 것이 아닙니다.

---

137 위의 책, 78.

'들음이 믿음을 만든다'(롬 10:17)고 할 때는 하나님의 말씀에 우리의 전부를 걸고 듣는 것을 의미합니다.

그 말씀 뒤편에 있는 하나님의 인격을 신뢰함으로 듣는 것이 바로 '믿음을 만드는 들음'입니다. 그러므로 대화의 양적 시간이 중요하지 않습니다. 대화의 밀도가 더욱 중요합니다. 많은 시간을 같이 보낸 노부부 중에는 서로를 원수처럼 대하는 사람들도 있습니다. 여전히 겉도는 대화 때문에 분노와 답답함을 호소하는 중년의 부부들은 또 얼마나 많습니까! 대화를 통해 남편과 아내의 존재를 서로 읽어 줄 수 있다면, 적은 시간의 대화라도 서로를 향한 믿음을 충분히 만들어 줄 수 있습니다.

나의 말에 눈을 빛내면서 들어주는 사람을 만나는 것만큼 복된 일은 없습니다. 그는 분명 내 언어뿐만 아니라 나의 삶과 존재에 깊은 관심을 가지고 있는 것임에 틀림없기 때문입니다. 배우자는 서로에게 그런 사람이 되어야 합니다. 경청은 깊은 신뢰를 만듭니다.

경청의 세 번째 자세는 '마음을 읽어 주려는 노력'입니다. 상대의 언어와 표정과 자세에 집중하는 이유는 그의 진정한 의도가 무엇인지를 알기 위함입니다. 말하는 자는 자신의 의도를 드러내기 위해서 말합니다. 따라서 듣는 자는 상대방의 언어와 비언어적 요소를 통해서 그의 마음을 읽어 주어야 합니다. 언어의 한계와 마음의 왜곡으로 말미암아 표현되지 못하는 내용까지도 읽을 수 있을 만큼 경청해야 합니다. 그러므로 경청에는 수고와 노력이 필요합니다. 특히 남편과 아내는 서로를 경청하기 위해서 많은 땀을 흘려야 합니다. 앞서 말한 것처럼, 남자와 여자는 좋아하는 언어가 다르기 때문입니다.

남자들은 본인이 사실을 말한다는 것에 큰 의미를 부여합니다.

여자는 사실 여부보다 그 사실과 관련된 감정이 더욱 중요합니다.

이와 같이 서로 다름에 비중을 두면서 대화를 하면 평행선을 달리게 됩니다. 우리는 이것을 알아야 합니다. 남자가 사실에 집착하면서 말하는 이유, 그리고 여자가 감정에 집착하면서 말하는 이유, 두 가지 모두가 결국에는,

'나의 마음을 알아 달라'는 신호라는 것입니다.

예를 들어, 남자가 약속 시간에 늦었다고 합시다. 남자는 자신이 왜 늦을 수밖에 없었는지를 여러 가지 사실로 설명하려고 합니다. 남자 생각에는 충분한 정당성이 있습니다. 반면 여자는 정당한 사실 관계보다는 진심 어린 사과로 자신의 감정을 달래 주기 원합니다. 서로의 마음을 읽어 주기 위한 경청의 노력이 없으면, 남자와 여자는 자기가 원치 않는 상대의 언어 때문에 분노하게 될 것입니다. 비록 내가 원하는 '감정의 언어'가 아니지만 남자가 사용하는 '사실의 언어' 뒤편에 있는 미안한 마음을 읽을 수 있을 때, 여자는 남자를 이해할 수 있습니다. 그 반대도 마찬가지입니다. 여자가 사실 여부를 중요하게 여기지 않고 쏘아붙일 때 위로받고 싶어 하는 그

뒤편의 언어를 읽음으로 남자는 여자를 이해할 수 있습니다. 이것이 경청의 힘입니다.

경청은 헤세드이다

경청은 노동입니다. 상대의 마음을 읽기 위한 노동입니다. 또한 경청은 은혜와 맞닿아 있습니다. 구약의 언어로 말하자면 '헤세드'와 맞닿아 있습니다.

'헤세드'는 "약한 자가 곤궁에 처했을 때 강한 자에게 그럴 만한 의무가 없음에도 불구하고 자발적으로 보여 주는 충성, 자비, 긍휼, 용서"를 말합니다.

헤세드는 모든 의사소통의 신학적 기초입니다. 하나님께서 우리에게 말씀하시는 것 자체가 "헤세드"입니다. 하나님은 우리에게 말씀하실 의무가 없습니다. 하지만 하나님은 말씀하실 의무가 없음에도 불구하고 우리에게 말씀 안에서 자신을 드러내셨고, 복음의 언어를 허락해 주셨습니다. 하나님의 헤세드를 이해한 사람은, 남편과 아내에게도 헤세드를 기초로 대화합니다.

아내의 입장에서
남편의 거칠고 교만한 언어를 접하면
'존경의 언어'를 사용하기 싫을 수 있습니다.
'그럼에도 불구하고'
존경의 언어와 순종의 마음으로

남편과 대화하고자 노력하는 것이 '헤세드'입니다.

남편의 입장에서
아내의 감정적이고 기복이 심한 언어를 대하면
'사랑의 언어'를 사용하기 싫을 수도 있습니다.
'그럼에도 불구하고'
경청의 자세와 사랑의 언어를 동원해서
아내와 의사소통을 하는 것이 '헤세드'입니다.

헤세드는 하나님께 반응하는 것이지 배우자에게 반응하는 것이 아닙니다. 하나님께서 먼저 우리에게 헤세드로 찾아와 주셨기 때문에, 우리 역시도 이웃에게 헤세드로 찾아가는 것입니다. 그중에서도 가장 가까운 이웃, 곧 배우자에게 헤세드를 들고 가는 것입니다. 오늘 우리가 사용하는 언어를 자세히 들여다봅시다. 대화에 임하는 우리의 자세도 면밀하게 살펴봅시다. 과연 우리는 헤세드를 맛본 사람답게 말하고 있습니까? 남편에게, 그리고 아내에게 그리스도의 복음에 합당한 언어로 이야기하고 있습니까? 마음과 언어를 하나의 인격으로 대하며 성화의 길을 밟아 가고 있습니까? 배우자의 마음과 존재를 읽기 위해 참으로 경청하고 있습니까?

이번 장 첫 부분에서 말한 것처럼, 모든 문제는 죄에서 비롯된 자기중심성에서 흘러나옵니다. 언어도 마찬가지입니다. 부부간에 전혀 대화가 되지 않고 있다면, 남편과 아내 모두 교만에 빠져 있다는 증거입니다. 그러므로 이 문제를 근본적으로 해결하기 위해서는 하나님의 은혜, 곧 헤세드를 만나야 합니다. 죄로 오염된 우리 마음이 부드럽게 변해야 합니다. 그래야만 사랑과 용서의 언어가 흘러나올 수 있습니다. 다음 문장을 기억하십시오.

당신이 당신의 배우자에게 하는 말들은 단순한 표현이 아니라 "헤세드"의 실
천입니다. 그러므로 당신의 언어는 항상 성화의 과정 속에 있어야 하며 배우
자와 한 몸을 이루기 위해 적극적으로 다듬어져야 합니다.

결혼을 말하다

부록

부록,
교회를 중심으로 살펴보는
외도의 심리와 예방법

결혼 생활의 가장 큰 위기는 배우자의 외도에 따른 것입니다. 리서치앤리서치에서 성인 남녀 1090명을 대상으로 조사한 2015년 자료에 따르면, 남성의 50.8%가 외도 경험자라고 합니다. 유부남의 절반 정도가 간음을 했다는 것입니다. 반면에 여성은 9.3%로 남성에 비해 현저히 낮았습니다.[138] 간통죄가 폐지된 이후 이에 따른 이혼 소송은 줄었으나 위자료 청구 건수는 약 두 배 정도 늘었다고 합니다.[139] 외도는 결혼 관계를 파괴하는 주된 원인입니다.

　그렇다면 그리스도인들은 어떨까요? 이와 관련된 직접적인 통계는 전무합니다. 미국 같은 경우는 외도자의 약 30%가 스스로를 그리스도인이

138　서영지, 「한국 남성 절반 '외도 경험 있다'」, 〈중앙일보〉, 종합 20면, 2016.08.01.
139　김범수, 「간통죄 폐지 3년 후 … 덮치기 사라지고 흥신소는 성업 중」, 〈세계일보〉, 2018.02.21.

라고 밝혔다는 자료[140]가 있지만, 한국 교회의 현실을 정확히 살필 만한 통계는 없습니다. 다만 기독교 상담소에 최근 들어 불륜과 관련한 상담이 급증했다는 기사를 통해 간접적으로 추측할 뿐입니다. 그 정확한 통계는 확인할 길이 없지만, "교회 안에 외도라는 유행병이 번지고 있는 것"은 틀림이 없습니다. 불륜 사건에 연루된 유명인들의 종교가 기독교이거나 배우자의 외도에 따른 이혼을 하는 주변 그리스도인들의 사례, 그리고 그와 관련한 상담들이 급증하고 있기 때문입니다. 그럼에도 불구하고 대부분의 그리스도인들은 외도와 관련한 이해가 아주 부족합니다. 여기에는 몇 가지 이유가 있습니다. 다음과 같이 생각하기 때문입니다.

- 외도는 남의 일이다. 나의 배우자는 절대 그러지 않을 것이고 나도 절대 그러지 않을 것이다.
- 외도는 신앙이 없는 사람이나 저지르는 죄이다. 신앙생활 열심히 하면 외도를 이길 수 있다.
- 외도라는 말 자체가 불결하다. 나는 생각도 하고 싶지 않다.

그러나 교회 안에 급증하고 있는 불륜 사례들은 위와 같은 생각이 잘못됐음을 가르쳐 줍니다. 첫째, 외도는 남의 일이 아닙니다. 세상은 온갖 유혹으로 가득합니다. 그것들 중에는 나와 배우자를 노리는 유혹들도 있습니다. 둘째, 신앙생활 자체가 죄와 싸우는 것입니다. 외도, 곧 간음도 죄입니

---

140 헨리 버클러, 『외도의 심리』(서울: 솔로몬, 2006), 7.

다. 우리 안에는 죄가 여전히 잔존하여 있고, 사탄은 할 수만 있다면 믿는 자도 현혹하기 위해 우는 사자처럼 삼킬 자를 찾고 있습니다(벧전 5:8). 사탄은 항상 가장 취약한 곳을 건드립니다. 다윗도 외도했다는 것을 잊지 마십시오. 셋째, 불결하게 여긴다고 그 일이 안 일어나는 것은 아닙니다. 불결할수록 정확히 직면해서 그 문제를 다루어야 합니다.

위와 같은 이유로 외도와 관련하여 공부해야 합니다. 특히 교회는 정기적인 '예방 교육'을 실시해야 합니다.

> 부부들을 가르치고 결혼을 강화하고 외도 방지 프로그램을 수행하기에 교회만큼 이상적인 곳은 없다. … 먼저는 결혼 전 준비에서 다룰 수 있다. 결혼 전에 '결혼 관계에서 발생할 수 있는 취약한 부분'을 함께 배우는 것은 큰 유익이 있다. 결혼을 강화하는 수업을 매년 개설하여서 교회의 모든 부부가 지속적으로 배우도록 한다.[141]

외도와 관련한 예방 교육은 두 가지 면에서 중요합니다. 첫째, 외도가 치명적이라는 점입니다. 이미 벌어졌을 때는 치러야 할 대가가 너무 큽니다. 그러므로 외도 후 상처를 치료하는 것보다 예방적 조치가 더 중요합니다. 둘째, 대부분의 외도는 무의식에서 출발하기 때문입니다. 특히 교회 안에서 발생하는 외도는 더욱 그렇습니다. 처음부터 외도를 염두에 두고 누군가와 친밀해지는 경우는 없습니다. 만남이 잦아지고 공감이 깊어지며 서로 반응을 해 주다가 자신도 모르게 외도에 빠지게 됩니다. 그러므로 외도

---

141 위의 책, 364를 편집, 인용하였습니다.

의 심리가 어떤 고리에서부터 출발하는지 확인하는 것은 중요합니다.

외도는 왜 일어나는가?

외도가 일어나는 이유는 다양합니다. 다음과 같습니다.

첫째, 유혹적인 상황에 노출되어 있을 때 외도가 일어날 수 있습니다. 부부가 오랫동안 따로 떨어져서 사는 경우, 오랜 시간 가까운 거리에서 만나는 이성 친구가 있을 경우, 문란한 환경과 문란한 친구와 가까이 지낼 경우 등입니다.

둘째, 큰 상실을 경험했을 때 외도가 일어날 수 있습니다. 부모님이나 가족이 돌아가셨을 경우, 해고를 당하거나 회사에서 실패를 경험했을 경우, 이루고자 했던 목표를 이루지 못했을 경우 등입니다.

셋째, 커다란 성공을 했을 때도 외도가 일어날 수 있습니다. 직장에서 큰 성공을 거두어 스스로의 능력을 과신할 경우, 주변 사람들에게 많은 인기 혹은 좋은 평판을 얻었을 경우 등입니다.

넷째, 부부 관계에 문제가 생겼을 때도 외도가 일어날 수 있습니다. 아내(혹은 남편)가 자녀에게 모든 애정을 쏟아부을 경우, 서로의 욕구를 채워주지 못해서 불만이 극도로 고조되었을 경우, 상대에게 복수하고 싶을 경우, 장기간 무미건조한 관계가 지속되었을 경우 등입니다.

첫째 경우는 요즘 아주 쉽게 찾아볼 수 있습니다. 기러기 부부 등이 그렇습니다. 장기간 서로 떨어져 지내다 보면, 다른 이성을 만날 기회들이 찾아올 것이고, 그 자체가 유혹적인 상황이 됩니다. 지나치게 친밀한 이성 친구도 충분히 문제가 될 수 있습니다. 배우자보다 더 깊은 이야기를 나눌 수 있고, 배우자보다 더 깊이 이해해 주는 이성 친구는 잠재적인 외도자일 수 있습니다. 우리는 고린도전서 7장 4-5절의 교훈을 잊어서는 안 됩니다.

> 아내는 자기 몸을 주장하지 못하고 오직 그 남편이 하며 남편도 그와 같이 자기 몸을 주장하지 못하고 오직 그 아내가 하나니 서로 분방하지 말라 다만 기도할 틈을 얻기 위하여 합의상 얼마 동안은 하되 다시 합하라 이는 너희가 절제 못함으로 말미암아 사탄이 너희를 시험하지 못하게 하려 함이라

바울은 외도가 사탄의 시험임을 분명히 합니다. 그리고 둘이 분리되었을 때 시작됩니다. 부부는 떨어지면 안 됩니다. 물리적으로 떨어져서도 안 되고 정서적으로 떨어져서도 안 됩니다.

둘째 경우는 감정적 공허를 외도로 채우는 사례입니다. 보통 충동적이거나 감정적 몰입을 잘하는 사람들에게서 나타나는 현상입니다. 예를 들어, 회사에서 상사에게 자존심이 짓밟혔을 때 외도자는 다른 이성과의 관계에서 자기 자존심을 찾으려고 합니다. 여전히 자신이 매력적이라는 사실을 확인하고 싶은 것입니다. 부모님 등이 돌아가셨을 때에도 마찬가지입니다. 외도자는 부모가 떠난 자리를 다른 사람으로 채우고 싶어 하는데, 배우자는 이미 있는 존재이기 때문에 새로운 관계를 찾아 나섭니다. 이 경우 외도자는 자신의 행동을 정당화합니다. 심지어 배우자를 원망하기도

합니다. 배우자가 부모의 빈자리를 채우지 못했다는 것입니다.

셋째 경우는 자신감이 충만해졌을 때 찾아오는 사례입니다. 자신이 매력적이고 권위가 있고 성공적이라는 사실에 큰 자신감을 갖습니다. 자신감은 다른 사람을 지배하고자 하는 욕구로 발산되는데, 이것은 종종 외도로 연결되기도 합니다. 또한 자신감을 가지고 있는 사람에게 매력을 느끼고 접근하는 이성들도 있기에 이 경우에도 위험성이 충분합니다.

넷째 경우는 사실상 가장 중요한 이유라고 할 수 있습니다. 부부 관계에 균열이 생겼을 때 외도의 문제는 큰 위험으로 다가옵니다. 예컨대, 아내가 자녀에게 모든 관심을 집중하면, 남편은 무의식중에 자신이 집안에서 중요한 존재가 아니라고 생각하게 됩니다. 이후 자신을 중요하게 여겨줄 또 다른 누군가를 찾아 헤매게 됩니다. 반대도 마찬가지입니다. 또한 싸움이 반복되어서 서로에게 지친 부부는 진정한 대화를 나누지 않게 됩니다. 대화를 잃어버리게 되면 욕구의 불만이 생기고, 욕구의 불만이 쌓이게 되면 그 욕구를 해소시켜 줄 누군가를 집 밖에서 찾게 됩니다.

이 외에도 외도를 유발하는 원인은 다양합니다. 하지만 이 모든 원인에도 불구하고 가장 중요한 원인은 외도자의 성격 장애입니다.

외도를 저지르는 사람의 성격 유형

외도를 유발하는 원인이 있다 할지라도 건강한 신앙과 생각을 가지고 있는 사람은 외도를 저지르지 않습니다. 죄의 유혹이 있다 할지라도 모든 사람이 죄를 짓는 것이 아닌 것처럼 말입니다. 그러므로 외도를 유발하는 원인에 반응하는 것은 그 사람 자체의 문제입니다. 외도의 심리를 오랫동안 연구한 학자들은 외도를 저지르는 사람들에게 특정한 성격 유형이 있음을 발견했습니다. 성격 유형을 살펴서 취약성을 점검하는 것은 '외도를 예방하는 교육'에서 꼭 필요합니다. 자신이 어떤 부분에 구멍이 뚫려 있는지 확인해 봅시다.

먼저, 외도를 저지르는 남자의 경우에는 자기애성 성격 장애, 연극성 성격 장애, 반사회적 성격 장애를 가진 것으로 조사되었습니다.[142] 자기애성 성격 장애는 말 그대로 자기의 욕구를 가장 중요하게 생각하는 성격을 뜻합니다. 흔히 나르시시즘이라고도 합니다. 게르티 젱어는『불륜의 심리학』에서 나르시시즘이야말로 불륜의 가장 주된 원인이라고 말합니다.[143] 나르시시즘에 빠진 사람은 사람을 자기 사랑의 욕구를 충족하는 도구로 여깁니다. "자기애적인 사람에게는 권력, 명성, 그리고 부에 대한 엄청난 갈망이 있습니다. 그는 그 자신의 개인적인 욕구를 충족시키기 위해서 끊임없이 다른 사람들을 이용하고, 겉으로 보기에 이런 식으로 사람들을 이용하는 것에 대해 죄의식을 느끼지 않는 것 같습니다."[144] 여기에는 배우자와 자녀도 포함됩니다. 그런데 시간이 지나서 배우자와 자녀가 자기 사랑

---

142 양유성,『외도의 심리와 상담』(서울: 학지사, 2008), 81.
143 게르티 젱어,『불륜의 심리학』(서울: 소담출판사, 2009), 32.
144 헨리 버클러,『외도의 심리』(서울: 솔로몬, 2006), 29.

의 욕구를 충족하는 도구로 제대로 된 역할을 수행하지 못하면, 즉시 다른 사람을 찾아 나섭니다. 자기애성 성격 장애자는 자기 자신의 욕구를 가장 중요하게 여기기 때문입니다.

그런 의미에서 자기애성 성격 장애자는 남의 감정을 전혀 고려하지 않습니다. 흔히 말하듯 '대단히 감정적이지만 공감의 능력은 전혀 없는 사람'입니다. 그는 한때 배우자를 최고의(자기) 감정으로 사랑했지만 단 한 번도 배우자의 감정을 이해한 적은 없습니다. 배우자의 감정을 이해하지 못하기에 배우자의 욕구도 이해하지 못합니다. 자기의 감정이 흘러넘치기에 오직 자기의 욕구에만 관심이 있습니다. 이와 같은 성격의 소유자는 아주 쉽게 외도에 빠질 수 있습니다. 가장 중요한 것이 자기의 욕구이기 때문입니다. 자기애성 성격 장애를 가진 사람은 다음과 같은 특징이 있습니다.

> 특히 호색형 자기애자는 자존감을 높이기 위해 이성을 성적으로 유혹하고 정복하려는 이기적인 성적 취향을 가진 사람들이다. 이들은 자신에 대한 뿌리 깊은 열등감을 극복하기 위해 이성 관계 속에서 성적인 능력과 우월감을 입증하려고 한다. 이들은 대체로 진실성이 부족하고 거짓말을 잘하고 자신을 과시하려는 경향이 강하며 흔히 애정 욕구가 강한 순진한 사람들을 유인하고 현혹하여 자신의 뜻대로 이용하고 착취하는 데 능란한 기술을 지니고 있고 문란한 성행위, 병적인 거짓말, 사기 행각을 벌이는 경우도 있다.[145]

한편 외도하는 사람 중에는 자신의 분수를 모르는 사람이 많습니다.[146] 자

---

145 권석만, 한수정, 『자기애성 성격 장애』(서울: 학지사, 2000), 59.
146 간바 와타루, 『바람피우는 남자, 한눈파는 여자』(서울: 가야넷, 2003), 133.

신의 능력이나 처지를 잘 알고 있는 사람은 스스로 기분을 조절하여 젊은 여성이나 유부녀에게 함부로 마음을 주지 않습니다.[147] 그러므로 자기를 과시하기를 좋아하는 연극성 성격 장애도 외도에 매우 취약한 성격 유형입니다. 연극성 성격 장애자는 말 그대로 상황에 맞춰서 연극하듯이 말하고 행동하는 사람을 일컫습니다. 그는 자기를 드러내고 싶어 합니다. 사람들의 주목을 받고 인기를 끌고 박수를 받고 싶어 합니다. 연극성 성격 장애자는 자기 과시 욕구가 대단합니다. 특히 대인 관계에서 다음과 같은 특징을 보입니다.

> 연극성 성격 장애자들은 때로 지나치게 상대방을 배려하고 과도한 친절을 베풀어 오히려 상대방을 불편하게 하는 경우도 있다. … 또한 상대방과 그렇게까지 친밀해지지는 않았는데도 '아주 친한 것처럼' 여기고 충동적으로 자신에 대해 지나치게 많이 공개하기도 한다. … 연극성 성격 장애자들은 대체로 상대를 의심하고 피해 의식에 젖어 있다. … 이렇게 피해 의식을 느끼기 시작하면 그 결과 분노와 적개심이 쌓이게 되고 … 때로 매우 충동적이고 심지어 난폭한 감정 표출을 초래하기도 하여 마구 신경질을 부리고 소리를 지르고 욕을 할 수 있다.[148]

연극성 성격 장애를 가지고 있는 사람은 사람들에게 받아들여지는 것을 가장 중요하게 여깁니다. 친밀감을 향한 강력한 욕구가 가면을 쓰게 만듭니다. 그는 모든 관계에서 친밀해지고 싶어 하는데, 거의 본능적으로 그렇

---

147 양유성, 『외도의 심리와 상담』(서울: 학지사, 2008), 81.
148 김정욱, 한수정, 『연극성 성격 장애: 관심과 애정을 끌기 위한 몸부림』(서울: 학지사, 2000), 47-51.

게 합니다. 친밀함을 향한 본능적 욕구는 교회 안에서도 발휘가 됩니다. 신앙이라는 가면을 쓰는 것입니다. 좋은 신앙인이라는 역할을 맡아서 충실하게 연기를 하면, 교회 내의 다른 성도들과 친밀해질 수 있기 때문입니다. 이와 같은 가면은 결혼 생활 중에도 나타납니다. 이 사람은 배우자와 자녀에게도 연극하듯이 대합니다. 그러나 매일 만나는 가족에게 자기의 본 모습을 들키지 않는 것은 불가능에 가깝습니다. 가면이 벗겨지게 되어 자기의 본 모습이 드러나면, 피해 의식과 적개심에 사로잡히게 됩니다. 이토록 열심히 배려와 친절이라는 연극을 했음에도 그것을 인정해 주지 않는 배우자에게 분노합니다. 그러고는 자기를 과시할 수 있는 새로운 여자를 찾아 떠납니다. 연극성 성격 장애를 가지고 있는 사람은 자기에 대한 깊은 열등감이 있기에, 그 반작용으로 자기 과시라는 가면을 쓰는 것입니다. 이 사람은 이성의 주목을 끌기 위해 목소리를 키우고 호들갑을 떨며 쓸데없는 농담을 즐겨 합니다. 특히 목표로 삼은 여자가 있다면, 그 여자가 좋아하는 행동을 연극합니다. 예컨대, 재치 있는 남자를 좋아하는 여자가 있으면 웃기는 사람이 되고자 애를 쓰고, 지적인 남자를 좋아하는 여자가 있으면 학식을 갖추고자 하며, 신앙적인 남자를 좋아하는 여자가 있으면 신앙이 좋은 척 연기를 합니다. 이 같은 연기는 너무나도 감쪽같아서 본인마저 속아 넘어갑니다.

반사회적 성격 장애는 사회가 규정하는 질서를 무시하는 성격 유형입니다. 기본적으로 무책임하고 무절제하며 지나치게 충동적이고 자신의 감정을 통제하지 못하며 제도와 질서와 규범을 우습게 여깁니다. 자유를 향한 갈망이 크기 때문에 모든 권위를 부정적인 것으로 이해합니다. 일반적으로 다음과 같은 특징을 갖습니다.[149]

- 말을 너무 잘해서 들으면 감동을 하게 되고 그대로 넘어간다.
- 굉장히 충동적이다.
- 쉽게 지루해하고 끊임없이 자극적인 일을 원한다.
- 자기가 원하는 것을 얻기 위해서 파트너를 사랑한다고 주장한다.
- 죄책감이나 그로 인한 불안감이 거의 없다.
- 거짓말이 들통날 때마다 거짓된 뉘우침과 다음에는 절대 그런 일이 없을 것이라고 거짓된 약속을 한다(경험에서 배우는 것이 전혀 없다).
- 양심 불량으로 양심이 거의 마비된 상태이다.
- 과거에 대해 희미해하거나 말의 앞뒤가 맞지 않는다.
- 자신의 행동으로 어려움을 당하고도 거기서 얻는 바가 전혀 없다.
- 자신의 실패에 대해서 항상 다른 사람을 비난한다.
- 자신의 배우자를 끊임없이 속이므로 결혼 관계에서 진정한 친밀감을 얻지 못한다.
- 당신은 믿을 수 없고 사랑을 줄 수 없는 사람이라는 비난과 함께 의심을 받을 때는 '무조건적인 지지와 이해를 강요'한다.

반사회적 성격 장애자는 충동과 본능에 근거한 행동이 많기 때문에 무의식적입니다. 무의식적인 행동이기 때문에 잘못에 대해 진심으로 반성하지 않습니다. 그는 거의 본능적으로 마음에 드는 여자 근처를 맴돕니다. 질

---

149 양유성, 『외도의 심리와 상담』(서울: 학지사, 2008), 82.

서와 규범을 그다지 중요하게 받아들이지 않기 때문에 가정이 있는 여자에게도 얼마든지 접근합니다. 보통 반사회적 성격 장애자는 결혼 전에 연애 경험이 많습니다. 충동적이고 자극에 약하고 쉽게 지루해하기 때문입니다. 뿐만 아니라 여자들이 듣기 좋아하는 말을 잘하기 때문입니다. 그러나 대부분 실패한 경험입니다. 문제는 그가 실패한 연애에서 아무것도 배우지 못한다는 점입니다. 그의 충동적이고 본능적인 행동은 거의 무의식 속에서 벌어지기 때문에 자신이 무엇을 잘못했는지 진정으로 깨닫는 경우가 거의 없습니다. 반사회적 성격 장애자는 자기 점검이 안 되는 사람입니다. 자기 점검을 할 만한 '정상적인 양심'이 마비되어 있기 때문입니다. 이와 같은 사람은 외도에 대단히 취약합니다. 그는 친밀감을 원하지만 가벼운 거짓말과 본능적인 죄를 수시로 짓기 때문에 그 누구와도 진정한 친밀감을 나누지 못합니다. 당연히 배우자와도 진정한 친밀감을 나누지 못합니다. 양심이 마비된 그는 어느 순간 그 모든 원인을 배우자 탓으로 돌립니다. 자신을 무조건적으로 지지하지 않는 아내로 말미암아 친밀감의 욕구가 채워지지 않았다고 생각해 버리는 것입니다. 다정하지 않은 아내, 비난하는 아내, 반응하지 않는 아내를 비난하는 것입니다. 그러나 이것은 곧 자기를 무조건적으로 지지해 주는 또 다른 누군가를 찾아 나설 채비를 갖추는 것에 불과합니다.

그런 의미에서 많은 심리학자들은 반사회적 성격 장애자가 어머니와의 애착 관계에 놓여 있다고 관찰합니다.

나는 각각의 외도에서 그를 이끌었던 힘과 그것들이 그의 보다 넓은 삶의 영역에서 어떻게 관련되는지를 이해하려고 노력하면서 그에게 자신의 외도에 대해 각각 분석해서 기록으로 정리해 볼 것을 요청하였다. 그는 곧 하나의 패턴을 발견하였다. 성장하는 동안 그는 어머니와 밀착 관계에 있었다(밀착 관계란 병적으로 높은 정도의 밀착을 가지는 것으로 이러한 관계에서는 어린아이가 그 자신의 생각과 느낌, 욕구, 태도를 부모의 것들로부터 분화시키는 것이 허용되지 않는다).[150]

어머니로부터 무조건적인 지지와 이해를 받았던 반사회적 성격 장애자는 배우자가 자기를 무조건적으로 지지하지 않는 이유를 알지 못합니다. 그래서 분노합니다. 배우자를 향한 적개심은 그의 마음을 다른 곳으로 돌리게 합니다. 자신을 잘 받아 주고 자신에게 긍정적으로 반응해 주는 여자를 찾아 나서는 것입니다.

둘째, 외도를 저지르는 여자의 경우에는 히스테리성 성격 장애, 경계선 성격 장애가 많은 것으로 알려져 있습니다.

일반적으로 여자들의 경우에는 외도의 비율이 그리 높지 않습니다. 그러나 최근의 조사에 따르면, 그 비율이 점점 올라가는 추세에 있다고 합니다. 여자들의 외도는 남자들의 유혹에 반응하는 경우가 대부분인데, 그때 흔히 나타나는 성격은 히스테리성 성격 장애입니다. 히스테리성 성격 장애를 가지고 있는 여자는 관심을 갈구합니다. 중심에 서고자 합니다. 주목받지 못하는 상황을 못 견딥니다. 남편에게 자신이 원하는 만큼의 관심을 받지 못하면 '히스테리'가 높아집니다. 예컨대, 일중독에 빠진 남편은 시

---

150 헨리 버클러, 『외도의 심리』(서울: 솔로몬, 2006), 34.

간과 관심을 아내에게 오롯이 투자하지 못하는데, 이때 아내의 스트레스는 높아집니다. 또한 남편이 다정하지 못하고 무뚝뚝한 경우에도 스트레스는 높아집니다. 이로 말미암아 자기의 욕구를 채워 줄 수 있는 누군가를 밖에서 찾습니다. 그녀는 자신에게 관심을 가져 주고 말을 걸어 주고 반응해 주는 남자에게 쉽게 끌립니다.

경계선 성격 장애는 자기와 타인, 그리고 세상에 대해 객관적인 인식이 부족한 성격 유형입니다. 자기에 대해서 항상 불안감을 느끼기 때문에 남에게 버림받지 않으려고 노력합니다. 그렇기에 경계선 성격 장애를 가진 여자는 대체로 온순하고 순종적입니다. 또한 타인과의 경계가 어디까지인지를 제대로 파악하지 못합니다. 자기를 잘 받아 주는 한두 사람에게 극단적으로 집착하지만 대부분의 사람과는 관계에 어려움을 겪습니다. 만성적인 공허감을 가지고 있고 분노 조절을 못합니다. 현실 인식 능력에도 문제가 있어서 어떤 사건과 환경에 대해 다른 사람과는 전혀 다르게 반응을 합니다.

경계선 성격 장애를 가지고 있는 여자는 외도에 매우 취약한데, 겉으로는 온순해 보이지만 속으로는 분노가 들끓고 있기 때문입니다. 그녀는 남편에게 받아들여지기 위해 필사적으로 노력합니다. 혹시라도 버림받을까 두려운 마음을 갖습니다. 그러나 한두 번의 비난과 지적은 그녀의 마음을 분노로 바꾸어 버립니다. 자신의 노력을 무시하고 자신을 버렸다고 생각하는 것입니다. 현실 인식 능력이 부족하기 때문에, 항상 극단적인 판단을 해 버립니다. 온순하고 순종적이지만 마음속에는 분노가 가득한 그녀는 자기애성과 연극성, 그리고 반사회적 성격 장애를 가지고 있는 남자의 표적이 되기 십상입니다. 그녀의 온순한 겉모습을 보고 자기애성 성격 장애자는 자기 멋대로 할 수 있겠다는 생각을 하고, 버림받는 것을 두려워하는 그녀의 모습을 보고 연극성 성격 장애자는 자기의 모습을 꾸미며, 누군가에 받아들여지기 위해 긍정적으로 반응하는 그녀의 모습을 보고 반사회적 성격 장애자는 주변을 맴돌게 됩니다.

성격 유형이 어느 한 가지에 특화되는 경우는 많지 않습니다. 대부분은 혼합되어 나타납니다. 연극성 성격 장애를 가진 사람은 대개 자기애성 성격 장애를 가지고 있습니다. 경계선 성격 장애를 가지고 있는 사람 역시 반사회적 성격 장애를 가지고 있는 경우가 많습니다. 그러므로 자기의 성격 유형을 한두 가지로 특정하기보다는 각각의 유형들을 살펴보면서 자기 안에 있는 문제들을 살피는 것이 유익합니다. 참된 성도라 할지라도 성격 장애가 일어날 수 있습니다. 거짓된 성도는 당연히 성격 장애를 가지고 있습니다. 참된 성도와 거짓된 성도를 구분 짓는 것은 직면과 회개와 믿음입니다. 참된 성도는 자기의 성격 유형에 직면합니다. 괴롭지만 인정합니다. 말씀에 비추어 드러난 문제들을 회개하고 심령의 변화와 치유를 위해 간구합니다. 이어서 성령께서 주시는 믿음을 따라 성격 장애를 고쳐 갑니다. 이것이 성화입니다. 반면에 거짓된 성도는 직면하지 않습니다. 오히려 분노합니다. 혹은 무심합니다. 가벼운 반성으로 문제를 회피합니다. 농담으로 처리해 버리거나 '난 다르다'는 고집을 부립니다. 직면하지 않기에 회개하지 않고 회개하지 않기에 믿음도 일어나지 않습니다. 거짓된 성도는 여전히 교회 안에서 자기를 적절히 꾸며서 원하는 바를 얻어 내고자 하는 위선자에 불과합니다.

외도에 취약한 성격 유형을 나열하는 이유는 누군가의 죄를 지적하는 것에만 목적이 있지 않습니다. 오히려 첫째, "나"의 죄를 지적하는 것에 더 큰 목적이 있습니다. 우리는 누군가를 생각하기보다 자기 안에 내재되어 있는 죄의 구체적 성격과 열매를 부지런히 생각해야 합니다. 둘째, "남"의 유혹을 예방하는 것에 궁극적인 목적이 있습니다. 외도는 무의식 중에 일어나는 경우가 많습니다. 성격 장애가 성격 장애를 만나서 자기도 모르는 사이에 병적인 관계에 빠지는 경우가 부지기수입니다. 그러므로 외도를 예방하기 위해서는 자기뿐만 아니라 주변 인물에 대한 분별력도 필수입니다. 반응을 원하고 접근하는 사람을 분별력 있게 차단해야 한다는 말입니다.

친밀함을 향한 병적 욕망이 외도를 부른다

모든 성격 장애는 친밀함을 향한 병적 욕망에서 출발합니다. 건강한 친밀감은 좋은 것입니다. 건강한 친밀감에는 몇 가지 특징이 있습니다.

첫째, 건강한 친밀감은 구분선이 명확합니다. 배우자가 있는 사람이 배우자에게 얻을 수 없는 친밀감을 이성의 동료나 이웃이나 교인에게 얻으려고 한다면, 그것은 거짓된 친밀감에 불과합니다. 둘째, 건강한 친밀감은 자기 욕구가 아니라 남의 욕구를 채워 줄 때 얻습니다. 거짓된 친밀감을 가지고 있는 사람도 일정 부분 남의 욕구를 채우는 것에 열정적일 수 있습니다. 그러나 그 목적은 분명합니다. 자기의 욕구를 채우기 위해 먼저 남의 욕구를 채우는 것입니다. 이것은 외도자들에게 흔히 나타나는 현상입니다. 성적인 욕구를 채우기 원하는 남자는 정서적인 욕구를 채우기 원하는 여자의 욕구를 먼저 채워 줍니다. 여기에 많은 여자들이 유혹을 당합니다. 셋째, 교회 안에서 나타나는 건강한 친밀감은 항상 말씀을 기초로 합니다. 말씀과 함께 역사하시는 성령의 하나 되게 하심이 진정한 친밀감이기 때문입니다. 그러므로 교회 안에서는 죄를 훈계하고 복음을 권면하는 가운데 참된 친밀감이 나타납니다. 이것은 무조건적인 지지와 인정 욕구와 성적인 욕구의 충족을 원하는 거짓된 친밀감과는 전혀 다릅니다.

여기서 우리는 거짓된 친밀감의 특징을 발견할 수 있습니다. 거짓된 친밀감은 욕망의 강력한 지배를 받습니다. 인정 욕구, 성적 욕구 등입니다. 거짓된 친밀감을 원하는 사람들은 다른 사람들에게 인정받고 싶어 하는 욕구가 강합니다. 그렇기에 당연히 자기에게 긍정적인 반응을 해 주는 사람을 좋아합니다. 이 긍정적인 반응 때문에 결혼까지 이르게 되는 경우가 대부분인데, 문제는 결혼 이후에 발생합니다. 긍정적이지 않은 자신의 모습이 배우자에게 너무 많이 노출되어 버린 것입니다. 배우자의 비난과 지적을 받아들일 수 있는 정서적인 준비가 되지 않은 '유아기적 사고를 가진 사람'은 이내 배우자에게 흥미를 잃어버립니다. 그러고는 주변에서 자기에게 긍정적인 반응을 해 주는 사람에게 흥미를 갖게 됩니다. 자신의 농담에 크게 웃어 주거나 자신의 문제를 알아봐 주거나 자신의 성취를 인정해 주는 사람을 마음에 담습니다. 자기에게 긍정적인 사람을 발견한 후에는 거리를 좁히기 위한 '의식적인 혹은 무의식적인 행위'를 합니다. 다음과 같습니다.

정서적인 거리를 좁힌다.
물리적인 거리를 좁힌다.
언어적인 거리를 좁힌다.
시간적인 거리를 좁힌다.

첫째, 정서적인 거리를 좁히고자 합니다. 정서적인 거리를 좁히기 위해 취하는 방법은 대화를 많이 시도한다는 것입니다. 나에게 긍정적인 그(녀)가 좋아하는 주제를 찾아서 대화를 합니다. 그(녀)가 좋아하는 취미를 즐겨 봅니다. 그(녀)의 삶에 관심을 갖고 알아봅니다. 그(녀)의 성향을 파악합니다. 그리고 다음 번 대화에서는 좀 더 정서적인 거리를 줄입니다. 보통은 소그룹에서 혹은 많은 사람들이 모여 있는 장소에서 '나에게 긍정적인 그(녀)의 말을 귀담아 듣고 그에 대해 답변과 설명을 해 주는 방식'으로 의식적인 혹은 무의식적인 관심을 표명합니다.

둘째, 물리적인 거리를 좁히고자 합니다. 정서적인 거리를 좁히는 데 성공한 외도자는 서서히 신체적인 간격을 좁힙니다. 나를 긍정적으로 대해 주는 그(녀)가 있는 주변을 맴돕니다. 알게 모르게 따라다닙니다. 할 수만 있다면 작은 스킨십이라도 하고 싶어 합니다. 그(녀)가 있는 모임에 참여합니다. 교회 안에서는 그(녀)의 옆 자리 혹은 자기를 어필할 수 있는 자리를 택합니다. 계속해서 주변을 맴돌아 자기 존재를 알리는 것에 역점을 둡니다.

셋째, 언어적인 거리를 좁히고자 합니다. 거짓된 친밀감이라는 욕망에 빠져 있는 사람은 구분선이 없습니다. 남의 아내 혹은 남의 남편 혹은 미혼 남녀에게 마땅히 지켜야 하는 경계선을 지우고 싶어 합니다. 가장 쉽고 대표적인 것이 언어의 경계선입니다. 십계명의 열 번째 계명에 따르면, "남"(others)의 배우자는 그 "남"(the others)의 소유입니다. 그러므로 결혼한 남녀를 대할 때 모든 사람들은 그 사람과 결혼한 배우자를 함께 묶어서 바라보아야 합니다. 그러나 거짓된 친밀감을 가지고 있는 사람은 의도적으로 '자기에게 긍정적으로 반응해 주는 그(녀)'와 그의 배우자를 분리해서 바라봅니다. 따라서 그(녀)의 배우자에 대한 존중심이 사라집니다. 그 존중심이 사라질 때 가장 먼저 나타나는 현상이 '말을 편하게 하는 것'입니다. 일부러 반말을 시도합니다. 이를 통해 상대의 반응을 떠봅니다. 만약에 그(녀)가 반말을 기분 나쁘게 생각하지 않는 것 같으면 대단히 기뻐하면서 좀 더 가까운 언어를 구사하려고 합니다. 이름을 편하게 부른다든지 자기들만이 공유할 수 있는 단어를 만듭니다. 은밀한 언어를 함께 사용하면서 거짓된 친밀감을 증진시키려고 하는 것입니다. 가능하면 배우자와 관련한 이야기를 하지 않으려고 하는 것도 특징입니다.

넷째, 시간적인 거리를 좁히고자 합니다. 이쯤 되면 외도자는 '자기에게 긍정적으로 반응해 주는 그(녀)'와 좀 더 많은 시간을 보내고 싶어 안달을 합니다. 가장 먼저 시도하는 것은 개인적인 연락입니다. 교회적인 일이 되었든 가정적인 일이 되었든 개인적인 일이 되었든 무엇이든 건수를 잡아서 연락을 취합니다. 개인적인 연락을 통해 언어적인 간격과 정서적인 간격을 줄이는 희열을 느낍니다. 개인적인 연락의 최종 목표는 개인적인 만남입니다. 여기까지 오게 된 경우에는 대단히 위험한 상태입니다. 외도자는 이미 무의식적인 상태에서 벗어나서 의식적인 상태로 '자기에게 긍정적으로 반응해 주는 그(녀)'에게 몰입하기 시작한 것입니다.

인정 욕구를 바탕으로 한 거짓된 친밀감을 소유한 사람은 자기에게 긍정적으로 반응해 주는 사람에게 강력히 끌립니다. 다양한 성격 장애가 있는 그 사람은 자신의 배우자를 원망하거나 탓하면서 자기 행동을 정당화합니다. 배우자를 비난하는 빈도수가 늘어나고 부부 싸움이 많아지고 집에 머무는 시간이 줄어듭니다. 외도의 출발을 은연중에 배우자 탓으로 돌리는 것입니다.

특히 거짓된 친밀감을 원하는 "남자"는 강력한 성적 욕망을 가지고 있는 경우가 많습니다. 처음부터 성적인 매력을 보고 외도의 길에 들어서는 경우도 있고, 정서적인 결핍을 채우기 위해 접근하였다가 성적인 욕망에 사로잡히는 경우도 있습니다. 어찌되었든 그는 '자기에게 긍정적으로 반응해 주는 여자'와 성적 관계를 맺는 공상을 합니다. 위에서 네 가지 거리를 좁힌 남자는 자신감을 갖게 되고, 그 다음 단계를 원하게 됩니다. 이와 같은 과정을 통해 남자는 외도에 빠지게 되는 경우가 거의 대부분이라고

할 수 있습니다.¹⁵¹

거짓된 친밀감은 외도로 향하는 가장 강력한 감정입니다. 거짓된 친밀감을 가지고 있는 사람은 청년 시절부터 "관계 중독 현상"¹⁵²을 보입니다. 관계 중독이란 자기 욕구를 채워 줄 수 있는 관계에 집착하는 증상을 뜻합니다. 열등감에 사로잡힌 남자는 외모나 학력이 좋은 여자에게 집착합니다. 키 작은 남자가 키 큰 여자만을 사귄다거나 좋지 않은 학력을 가진 남자가 일부러 지적인 여자만을 만나는 식입니다. 여자도 마찬가지입니다. 여자들의 경우에는 대개 정서적인 결핍을 호소하며 무한대의 애정과 관심을 줄 수 있는 남자를 원합니다. 관계 중독자는 모두 비난에 취약합니다. 그는 충고와 조언까지도 비난으로 받아들이는 경향이 있습니다. 자기의 부정적인 모습이 폭로당함으로 친밀감이 깨졌다고 생각합니다. 따라서 관계 중독자는 충고하는 배우자로 말미암아 부부 사이의 친밀감이 깨졌다는 인식을 가져 버립니다. 그래서 비난이나 조언을 하지 않은 채 자기를 있는 그대로 받아 줄 새로운 사람을 향한 갈망을 품게 됩니다. 관계 중독자는 친밀함의 욕망을 채우는 것에 중독되어 있기 때문입니다. 다음을

---

151 그리스도인에게 외도란 성적 관계에 성공하는 경우만을 뜻하지 않습니다. 정서적인 거리, 물리적인 거리, 언어적인 거리, 시간적인 거리를 충분히 좁혔지만 성적인 관계를 맺는 것에는 실패한 경우, 거의 대부분은 포르노그래피에 빠져들어 갑니다. 그런 의미에서 포르노 중독의 원인도 '거짓된 친밀감'에 있습니다. 채우지 못한 욕망 안에서 음란한 상상과 함께 포르노를 보는 이와 같은 경우도 외도입니다. 음욕을 품고 여자를 보는 자마다 간음하는 것이기 때문입니다. 해리 셈버그의 『거짓된 친밀감: 삶을 무너지게 하는 성 중독, 그 원인과 솔루션』을 참고하십시오.

152 자신의 정체성이 결여되어 있거나 외로움과 우울증에 시달리는 사람에게서 많이 나타나는 증상으로서 타인에게 지나치게 의존하는 증상을 뜻합니다.

읽어 보십시오.

> 외도의 원인은 대부분 관계 중독이다. … 전문의들은 관계 중독은 자신에게
> 중요한 사람을 또 다른 나로 여겨 경계를 긋지 않아 생기는 것으로 본다. 즉 나
> 와 너의 구분이 없는 상태라는 것, 관계 중독일 경우 친밀한 누군가가 없으면
> 불안하고, 특정인에게만 촉각을 세워 사소한 말이나 행동에도 쉽게 상처를 입
> 어 이로 인해 우울증이나 불안증에 시달리며 결국 남에게도 불편을 준다.[153]

외도의 출발선에 서 있는 관계 중독자들은 '자기에게 긍정적으로 반응해
주는 그(녀)'를 특별하게 여깁니다. 심지어 이들은 그(녀)에게 배우자가 있
을 시 그 배우자를 질투합니다. '자기의 말에 긍정적으로 반응해 주는 그
(녀)'의 말 한마디로 기분이 좋아졌다가 행동 하나에 기분이 나빠지기도 합
니다. 일종의 일방적인 의존 관계가 되어 버린 것입니다.

　관계 중독자는 교회 안에 얼마든지 있을 수 있습니다. 관계 중독자가
교회 안에 있다는 사실 자체는 잘못된 것이 아닙니다. 교회는 죄를 고백
하는 죄인들이 용서받는 모임이기 때문입니다. 관계 중독자가 그것을 완
전히 치료하지 못한 채 결혼할 수도 있습니다. 중요한 것은 자신의 성향을
섬세히 인식하는 것입니다. 죄는 교묘하고 집요합니다. 구체적이고 섬세
합니다. 무엇보다 일상적이고 익숙합니다. 그래서 대부분의 죄는 무의식
적인 상태에서 발생합니다. 간음이라는 죄도 다르지 않습니다. 일상적이
고 익숙한 행동을 복음에 비추어 섬세히 분별하지 않을 때, 자연스럽게 다

153　김범영, 『외도는 심리 장애』 (서울: 지식과감성, 2016), 42

음 단계로 넘어가는 것이 바로 간음이라는 죄입니다. 외도는 느닷없이 발생하는 것이 아니라 몇 가지 행동을 거쳐서 발생합니다.

교회 내에서 발생할 수 있는 외도의 연결 고리

이것을 행동 심리학에서는 "습관의 고리"라고 합니다. 어떤 결정적인 행동이 일어날 때까지 몇 가지 습관적 행동이 단계적으로 일어난다는 것입니다. 예를 들어, 어떤 사람이 담배를 피울 때 느닷없이 피우지 않습니다. 몇 가지 습관의 고리를 거치는데, ①업무 – ②스트레스 – ③커피 – ④담배 등으로 연결이 됩니다. 음란물 시청도 몇 가지 습관의 고리가 있습니다. ①독방 – ②게임 – ③만화 – ④음란물 등입니다.[154] 이것은 외도에서도 마찬가지입니다. 어느 날 갑자기 외도하고 싶은 기분이 드는 것이 아닙니다. 성격 장애를 가진 사람은 관계를 맺음과 관련하여 몇 가지 습관의 고리가 있는데, 그것을 무의식적으로 따를 때 외도의 출발선에 서게 되는 경우가 많습니다. 꼭 행동 심리학을 들먹일 필요도 없습니다. 성경은 이 부분을 아주 명확히 말합니다.

하나님의 뜻은 이것이니 너희의 거룩함이라 곧 음란을 버리고 각각 거룩함과

---

154 웨이슈잉, 『하버드 행동심리학 강의』(파주: 에쎄, 2016), 100–124에 있는 내용을 참고하였습니다.

존귀함으로 자기의 아내 대할 줄을 알고 하나님을 모르는 이방인과 같이 색
욕을 따르지 말고 이 일에 분수를 넘어서 형제를 해하지 말라 이는 우리가 너
희에게 미리 말하고 증언한 것과 같이 이 모든 일에 주께서 신원하여 주심이
라 _데살로니가전서 4:3-6

음행과 온갖 더러운 것과 탐욕은 너희 중에서 그 이름조차도 부르지 말라 이
는 성도에게 마땅한 바니라 _에베소서 5:3

무엇보다 십계명은 "간음하지 말 것"과 "네 이웃의 아내를 탐하지 말 것"을
강력히 명령하고 있습니다. 그러므로 교회 안에서 이 부분을 교육하고 경
고하고 징계하는 것은 매우 합당합니다. 특히 교회라는 특수 환경은 자칫
하면 외도의 온상이 될 수도 있는데, 친밀감이 강조되고, 자주 만나며, 남
녀 간의 경계선이 옅고, 서로를 긍정해 줘야 한다는 강박이 있으며, 깊이
알고, 중년과 청년이 섞여 있기 때문입니다. 또한 관계 중독자, 곧 이 부분
과 관련하여 죄가 깊은 사람들이 제법 있기 때문입니다. 그러므로 교회는
정기적인 예방 교육을 통해 외도의 가능성을 미리 차단해야 합니다. 그러
기 위해서 먼저 교회 안에서 발생할 수 있는 '연결 고리'를 몇 가지 사례를
통해서 살펴보겠습니다.[155]

---

155 여기서 언급하고 있는 사례들은 간바 와타루의 『바람피우는 남자, 한눈파는 여자』, 게리 뉴먼
의 『왜 남자는 바람을 피울까』, 헨리 버클러의 『외도의 심리』, 그리고 "양유성의 『외도의 심리
와 상담』 등에 있는 것을 교회적으로 각색한 것입니다. 가능하면 교회 혹은 사적인 모임, 그
리고 20-40대 부부 사이에서 일어날 만한 사례들을 선별하고, 거기에 필자가 사역 중에 듣고
목격한 사례들을 더하여 각색하였습니다.

여자 성도 모임에서 아내 A가 기도 제목을 나누며, 자기 남편 B가 교회 안에서 풀이 죽어 있다는 말을 합니다. 다른 사람에 비해 인정을 받지 못하는 것 같다며 남편이 교회만 오면 자존감이 떨어진다는 말을 했다고 전합니다. 다른 여성도 C가 이 말을 마음에 담습니다. 그리고 주일마다 찾아가서 칭찬을 해 줍니다. 일부러 긍정적인 반응을 보여 주기도 합니다. 남편 B는 자기를 인정해 주는 이 여성도와 함께 있는 것이 즐겁습니다. 교회 내에 있는 다른 여자 성도들보다 C에게 더욱 특별한 감정을 품게 되고 정서적, 물리적, 언어적, 시간적 거리를 줄이기 시작합니다. 급기야는 아내와 같이 있는 시간보다 C와 함께 있는 시간이 더 좋아집니다.

교회 내에서 벌어질 수 있는 전형적인 사례입니다. 남편 B는 자기애성과 반사회적 성격 장애를 가지고 있습니다. 그렇기에 교회 안에서 자기 욕구를 충족하는 것을 중요하게 생각합니다. 그러나 자기가 원하는 만큼 인정받지 못합니다. 그때 여성도 C가 나타난 것입니다. 여성도 C는 신앙적인 이유로 '긍정적인 반응'을 해 주었는데, 성격 장애가 있는 남편 B는 이것을 특별하게 받아들인 것입니다. 곧 여성도 C를 향한 관계 집착이 시작되고 아내 A에 대해서는 분노와 무심함이 반복됩니다. 만약 여성도 C에게도 성격 장애적인 부분이 있다면, 이 관계는 얼마든지 외도로 갈 수 있을 만큼 위험합니다. 아내 A가 무심코 던진 말이 이토록 큰 파장을 일으킨 것입니다.

이와 같은 경우에 각 사람들은 어떻게 행동해야 할까요? 아내 A는 남편의 욕구 불만이 신앙적인 것인지 성격적인 것인지를 파악해야 합니다. 사실 대부분은 성격적인 부분입니다. 참된 신앙인은 교회 내에서 인정받지 못한다고 기죽지 않습니다. 따라서 아내 A에게는 여자 성도 모임에서 남편 이야기를 하기보다는 목회자에게 상담을 신청하는 것이 옳은 일입니다.

남편 B는 어떻게 해야 할까요? 남편 B는 자기 행동이 사소한 것이고 의도적인 것이 아니라고 변명하기보다는 자기감정을 잘 살펴봐야 합니다. 아내가 아닌 다른 여성에게 끌리고 있는 감정을 발견하고 회개해야 합니다. 외도가 무의식적인 습관의 고리에서 출발한다는 사실을 잊지 마십시오. 하나님과 사람에게 큰 죄를 짓지 않도록 마음을 철저히 단속해야 하고, 이것이 불가능할 때는 반드시 목회자에게 상담을 받아야 합니다.

여성도 C는 어떻게 하는 것이 맞을까요? 그의 의도가 순수할지언정 그의 행동은 어리석은 것입니다. 앞서 말한 것처럼, 부부는 그 배우자의 소유입니다. 다른 여성의 남편이 가지고 있는 욕구를 여성도 C가 채워 줄 아무런 이유가 없습니다. 그것은 신앙이 아닙니다. 경계선을 넘어선 것입니다. 혹시 자기 행동 속에 주목받고 싶은 욕구나 인정받고 싶은 욕구가 숨어 있는 것은 아닌지 살펴보십시오. 만약 이 위험한 관계에 어느 정도 엮여 있다면, 꼭 목회자에게 상담해야 합니다. 예컨대, 이 관계에 정서적인 만족을 느끼고 있거나 개인적인 연락을 주고받고 있다면 아주 심각한 상황입니다. 즉시 차단해야 합니다.

사례 2 여자 성도 모임에서 여성도 A가 자기 남편 B와의 불화를 구체적으로 나눕니다. 남편 B가 너무 과묵하고 재미가 없으며 가사를 돌보는 일도 좋아하지 않는다고 말입니다. 여성도 C는 집에 가서 남편 D에게 이 일을 나눕니다. 남편 D는 여성도 A를 주목합니다. 왠지 그녀의 모자란 부분을 채워 주고 싶다는 생각을 합니다. 여성도 A에게 다정하게 말을 걸고 자신의 유쾌함을 과시합니다. 남편 D는 교회 내의 행사가 있을 때마다 팔을 걷어붙이고 나섭니다. 특히 요리나 청소 같은 가사에 있어 더욱 적극적입니다. 남편 B가 집안일을 할 줄 몰라 불만이 가득한 여성도 A에게 남편 D는 은연중에 자신을 드러내고자 하는 것입니다. 그런 방식으로 여성도 A의 주변을 맴돕니다.

이 역시도 교회 안에서 얼마든지 일어날 수 있는 "외도의 고리"입니다. 남편 D는 자기 분수를 모른 채 과대망상에 사로잡혀 있습니다. 구분선을 잃어버리고 남의 아내에게 자신을 과시하고자 하는 것입니다. 여성도 A가 가지고 있는 결핍을 자신이 채워 줄 수 있다는 상상으로 흥분합니다. 그래서 얼마간은 교묘하게 의도적으로 접근합니다.

이런 경우는 어떻게 해야 할까요? 가장 먼저 아내 C는 여자 성도 모임에서 나눈 사적인 이야기를 자기 남편 D에게 전할 필요가 없습니다. 특히 부부 사이에 일어난 문제라면 더욱 전해서는 안 됩니다. 여자 성도 모임 안에서 함께 기도하고 말씀으로 위로하고 권면하는 것으로 끝내거나 심각한 상황일 때는 목회자에게 전해 주는 것으로 그 역할을 끝내야 합니다.

남편 D는 어떻게 해야 할까요? 사실 이 정도로 과대망상에 사로잡힌 사람이라면, 자기 자신을 통찰할 힘도 없습니다. 그렇기에 여기에서는 아내 A의 역할이 중요합니다. 자기 주변에서 자기를 과시하고자 하는 남편 D를 분별력 있게 대해야 합니다. 그와 함께 있는 자리를 피하거나 그의 언행이 불쾌함을 명확히 해야 합니다. 또한 자신의 남편 B와 아무런 문제가 없음을 자주, 그리고 공개적으로 보여 줄 필요도 있습니다. 남편 D의 과대망상을 종식시킬 수 있는 단호한 대처가 필요합니다.

남편 B는 아내 A의 말에 항상 귀를 기울여야 합니다. 아내 A의 상황에 무관심해서는 안 됩니다. 아무리 바쁘더라도 아내가 가지고 있는 정서적인 필요에 대해서 항상 묻고 채워 주기 위해 노력해야 합니다. 진심으로 사랑하는 부부 사이를 파고들 수 있는 유혹거리는 없습니다.

사례 3 아내가 있는 남자 성도 A와 미혼인 여자 청년 B는 교회 사역 혹은 성경 공부 때문에 만났습니다. 처음에는 당연히 신앙적인 우정을 나누었습니다. 여자 청년 B는 점점 남자 성도 A가 가지고 있는 신앙의 경륜과 지식을 우러러보게 됩니다. 남자 성도 A가 하는 말에 무조건적인 신뢰를 보입니다. 남자 성도 A는 자신을 우러러보는 여자 청년 B 때문에 뿌듯함을 느낍니다. 남자 성도 A는 인생에 대해 이런저런 고민을 하고 있는 여자 청년 B에게 신앙뿐만 아니라 개인적인 조언까지 해 줍니다. 여자 청년 B는 남자 성도 A를 더욱 따르게 되고, 둘은 서로를 향해 특별한 감정을 품게 됩니다.

마찬가지로 위 사례도 교회 내에서 상당히 자주 발생하는 "연결 고리"입니다. 마침 결혼 관계 안에서 약간의 권태기를 느끼고 있던 남자 성도 A가 밝고 활달하고 자기를 우러러보는 여자 청년 B에게 연애 감정 비슷한 것을 느낀 것입니다. 아내는 아이를 돌보기 위해 자기에게 무관심하고, 또한 부정적인 언행으로 이미 신뢰를 잃어버려서 전혀 존경을 받지 못하는 상황에서 여자 청년 B의 관심과 존경은 남자 성도 A를 활력 있게 만드는 요인이 됩니다. 여자 청년 B 역시 안정적이고 수준 있는 남자 성도 A를 특별한 감정으로 바라보고 있는 상황입니다. A와 B는 정서적인 거리, 물리적인 거리, 언어적인 거리, 시간적인 거리를 줄이기 위해 개인적인 만남을 취할 것이고, 거기까지 가면 외도는 걷잡을 수 없게 됩니다.

　남자 성도 A와 여자 청년 B는 어떻게 해야 할까요? 답이 없습니다. 둘은 이미 서로에게 빠져서 다른 말을 들을 수 있는 상황이 아닙니다. 이때 중요한 것은 주변 사람의 제보입니다. 이 정도까지 가게 되면 두 사람 사이가 심상치 않음을 짐작하는 사람들이 나오기 마련입니다. 짐작하거나 목격한 사람들은 외도 사건이 터질 때까지 기다리기보다는 목회자를 찾아가서 방법을 찾아야 합니다. 목회자는 두세 사람과 함께 당사자들을 찾아가서 확인해야 하고 가능한 조용히 연결 고리를 끊도록 노력해야 합니다. 결코 방치해서는 안 됩니다.

> **사례 4** 남자 청년 A는 남편이 있는 여성도 B의 외모에 반합니다. 그녀의 얼굴과 몸매에 빠져 버린 그는 곧 여성도 B를 사랑한다고 착각하게 됩니다. 그녀를 따라다니고 몰래 관심을 표합니다. 초반에 여성도 B는 성도의 교제로 여기고 모든 것을 받아 줍니다. 그러다가 그의 관심을 눈치 챕니다. 따라다니던 중에 남자 청년 A는 여성도 B와 그의 남편 C의 사이가 벌어져 있는 것을 발견합니다. 그리고 그 벌어진 사이를 파고들기 위해 노력합니다. 문제는 여성도 B가 남자 청년 A의 관심이 싫지 않다는 점입니다. 남편을 향한 분노를 이런 식으로 푸는 것입니다. 또는 남편의 무관심에 대한 복수심으로 남자 청년 A의 관심을 즐깁니다.

이 같은 사례도 교회 안에서 종종 목격하게 되는 경우입니다. 남자들은 종종 성적인 욕망과 사랑을 착각하는데, 남자 청년 A(사실 배우자가 있는 남편

A로 설정해도 다르지 않음)도 그렇습니다. 여성도 B에게 성적인 매력을 느낀 그는 사랑이라는 감정으로 자신의 욕망을 정당화한 것입니다.

어떻게 대처해야 할까요? 남자 청년 A는 지금 자신이 하는 일이 얼마나 큰 죄인지를 생각해야 합니다. 하나님께서 심히 미워하시는 죄임을 반복해서 묵상해야 합니다. 또한 그 대가가 한 가정의 파괴로 이루어질 수도 있음을 인식해야 합니다. 여성도 B는 자기 언행을 단속해야 합니다. 남편에 대한 분노와 복수심에 따른 가벼운 언행이 가정을 파괴하고 한 남자의 삶을 파괴할 수도 있다는 사실을 알아야 합니다. 자기 안에 있는 감정을 남편에게 진지하게 말하고 부부가 함께 그 문제를 풀기 위해 노력해야 합니다. 목회자를 함께 찾아오는 것도 하나의 방법이 될 수 있습니다.

사례 5 기혼 남성 A는 여성도 B와 함께 있는 것이 좋습니다. A가 B에게 끌리기 시작한 것은 작은 사건 하나 때문이었습니다. 그날 A는 아주 지쳐 있었습니다. 상사에게 불합리한 대우를 받은 것입니다. 분노를 억제하고 예배 혹은 성경 공부에 참여했지만 기분이 풀리지 않았습니다. 어두운 낯빛으로 무거운 분위기를 풍기며 앉아 있었는데 여성도 B가 다가왔습니다. 그러고는 표정이 안 좋다는 말과 함께 무슨 일이 있었는지를 묻습니다. 그 순간이었습니다. 자존감에 상처를 입고 앉아 있었던 기혼 남성 A는 여성도 B의 관심에 마음이 풀려 버린 것입니다. 이것은 집안에서도 경험하지 못한 일이었습니다. A의 아내 C는 다소 무뚝뚝한 성격인지라 A의 기분을 한 번도 물어본 적이 없었습니다. 가뜩이나 아내 C에게 불만이 있었던 기혼 남성 A는 여성도 B가 보여 준 작은 관심이 반가웠고, "혹시?"라는 생각에 사로잡히기 시작했습니다.

위 사례는 '기혼 남성 A의 스토킹을 여성도 B가 신고한 후에 비로소 끝난' 어떤 교회에서 실제로 있었던 일을 듣고 옮긴 것입니다. 사실 모든 남성도 가 여성도 B가 보여 주는 친절에 기혼 남성 A와 같이 반응하지는 않습니 다. 정상적인 사고를 가진 남자는 여성도 B의 물음을 성도의 친절로 이해 하고 넘어갑니다. 그러나 인정 욕구와 친밀함을 향한 거짓된 욕망에 사로 잡혀 있던 기혼 남성 A는 여성도 B의 물음을 관심으로 받은 것입니다. 교 회 안에도 종종 이와 같이 심각한 성격 장애를 가진 남자들이 있습니다. 그 러므로 여성도 B는 기혼 남성 A의 평소 성향을 분별하여서 신중히 행동했 어야 합니다. 무엇보다 기혼 남성 A의 정서적인 욕구를 채워 주고 땅에 떨 어진 자존심을 세워 주는 일은 그의 아내 C가 담당해야 할 일입니다. 굳이 배우자가 있는 여성도 B가 할 필요가 없습니다. '긍정적인 반응'에는 반드 시 분별력이 필요하다는 사실을 잊지 마십시오.

이 외에도 참으로 다양한 사례들이 있을 수 있습니다. 중요한 것은 외 도의 시작이 사소하고 일상적이며, 무엇보다 너무나 습관적이어서 무의 식적일 수 있다는 점입니다. 그러므로 성도의 교제를 나눌 때는 늘 신중해 야 합니다. 자칫하면 외도라는 결과를 만들어 내는 연결 고리가 이어질 수 있기 때문입니다. 순수한 의도와 신앙적인 이유만으로는 충분하지 않습 니다. 그 이유는 두 가지입니다.

첫째, 교회 안에는 위선자들이 실제로 존재하기 때문입니다. 위선자들 은 남에게 인정받는 것을 최고의 가치로 생각합니다. 그래서 항상 가면을 뒤집어쓰고 있는데, 때로는 그 가면이 진짜 얼굴과 구분되지 않을 만큼 섬세할 때도 있습니다. 신앙적인 면에서도 그렇습니다. 관계 중독자임에도 불구하고 신앙의 가면 뒤에 숨어서 관계의 욕구를 마음껏 채우는 위선자가 있을 수 있다는 것입니다. 그러므로 위선자에게 함부로 긍정적인 반응을 해 줘서는 안 됩니다. 위선자는 긍정적인 반응을 해 주는 사람에게 몰입하는 경향이 있기 때문입니다. 성도의 교제는 사적인 교제가 아닙니다. 감정의 교류가 아니고 사생활의 공개도 필수가 아닙니다. 성도의 교제는 말씀과 함께 일하시는 성령의 사역이므로 반드시 말씀의 권면을 따라 이루어져야 합니다. 구체적으로 말하자면 삶에서 죄를 책망하고 말씀 안에서 위로와 권면을 하는 것입니다. 하늘까지 걸어가는 순례의 길을 함께 걸을 수 있도록 돕는 것이 성도의 교제입니다. 교회 안에 똬리를 틀고 앉은 관계 중독자의 선동에 넘어가서는 안 됩니다. 오히려 관계 중독자를 분별하여서 그를 변화시키기 위해 성경이 말하는 구분선을 정확히 행사하는 것이 올바른 "친절"입니다.

둘째, 참된 성도라 해도 죄의 유혹에 노출될 수 있기 때문입니다. 우리는 이 땅에서 수없이 유혹을 받습니다. 간음이라는 죄도 예외가 아닙니다. 사탄은 은밀하고 교묘한 수작으로 우리가 죄의 길에 발을 딛도록 만듭니다. 앞서 말한 것처럼, 우리의 연결 고리를 활용합니다. 그러므로 우리는 항상 자기 자신을 살펴야 합니다. 자기의 마음과 생각과 감정과 언행이 올바른 방향을 향하고 있는지 확인해야 합니다. 습관의 연결 고리를 자세히 확인하고, 그 고리에 연결된 주변 사람들을 주의 깊게 관찰해야 합니다. 그리고 분별력 있게 대처해야 합니다. 현명한 사람은 거짓된 친밀감을 갖고 접근하는 사람을 방치하지 않습니다. 사탄은 사람들의 욕망을 활용하기를 좋아한다는 사실을 잊지 마십시오. 하와의 욕망에 접근하여 죄의 길에 들어서게 했던 것처럼, 사탄은 오늘날에도 성도들의 왜곡된 욕망, 곧 친밀함을 향한 병적인 욕망과 경계선을 넘은 성적인 욕망에 접근하여 참된 성도들을 좌절시키고자 한다는 사실도 잊지 마십시오. 예수님께서 말씀하시는 간음은 '결과'가 나타났을 때를 말하는 것이 아니라 '씨'가 심어졌을 때를 말한다는 사실도 잊지 마십시오. 간음은 죄입니다.

예방을 위한 교회적 조치

계속해서 말하고 있는 것처럼, 외도는 사후 회복 교육이 아니라 사전 예방 교육이 중요합니다. 성도라 해도 완전할 수 없고, 교회 내에도 거짓된 친밀함을 향한 욕망을 뿜어내는 위선자들이 있으며, 무의식적이고 사소한 습관의 고리로 외도가 발생할 수 있다는 점에서 사전 예방 교육은 꼭 필요합니다. 앞선 이야기를 충분히 읽었다면 어떤 식의 대처가 필요한지 알 수 있겠지만, 좀 더 정리해 보겠습니다.

여성도들에게 주는 충고와 권면

먼저 여성도들에게 충고하고 권면합니다. 하나님은 여자를 창조하실 때 돕는 배필을 목적으로 하셨습니다. 그러므로 모든 여자들은 기본적으로 '긍정적으로 반응하고 받아 주는 본성'을 지니고 있습니다. 하나님께서 정하신 경계선과 분별력을 갖추고 있다면, 이 본성은 참으로 아름답습니다. 긍정적으로 반응하고 받아 주는 본성은 온전하지 못한 남편을 세우는 귀한 수단입니다. 또한 분별력을 갖춘 이 본성은 교회를 세우는 데 있어서도 요긴하게 사용됩니다. 신약 성경에는 초기 교회를 세우는 일에 중추적인 역할을 감당했던 여성들이 많이 나옵니다. 그러나 이 본성이 경계선을 벗어나거나 분별력을 잃어버렸을 때는 교회를 파괴하는 원인이 될 수 있습니다. 물론 처음부터 그런 목적을 갖고 남자들에게 '긍정적으로 반응하고 받아 주는 여성도'는 없습니다. 거의 대부분은 신앙적인 이유나 선한 의도를 가지고 출발합니다. 그렇지만 좋은 출발과 상관없이 나쁜 열매를 맺을 수 있는 '연결 고리'가 있다는 사실을 잊지 마십시오. 그런 의미에서 여성도들에게 몇 가지 충고와 권면을 하고자 합니다.[156]

첫째, 의식적으로 혹은 무의식적으로 연결 고리를 사용하는 다음과 같은 남자를 분별해서 주의하십시오. (다음과 같은 상황을 설정합니다. 기혼 남성이 기혼 여성에게, 남자 청년이 기혼 여성에게, 기혼 남성이 여자 청년에게)

갑자기 주변에 많이 나타나는 남자

호감이 있는 여자와의 물리적 거리를 좁히고자 하는 것은 거의 남자의 본능

---

156 여기서 말하는 충고와 권면을 요즘 유행하는 성평등의 관점으로 이해해서는 안 됩니다. 세상이 말하는 성평등은 '하나님의 창조 섭리와 죄의 본질, 그리고 성을 이용하는 사탄의 유혹'을 전혀 고려하지 않은 유물론적 사고에 불과합니다. 우리는 성경에 근거해서 성을 이해해야 하고 성경의 명령을 따라서 다른 이성을 대해야 합니다.

374
결혼을 말하다

입니다. 잘 관찰하면 여기저기를 따라다닌다는 것을 알 수 있습니다. 성경 공부나 교회 봉사에 관심이 없던 그가 갑자기 본인이 속한 모임에 많이 나타날 때 주의해야 합니다. 자주 옆에 와서 서 있거나 근처로 자리를 옮기기도 합니다. 내가 대화를 하는 곳이나 일하는 곳을 맴돕니다. 이와 같이 어느 틈에 내 옆에 자주, 그리고 지속적으로 와 있는 남자가 있다면 분별력을 갖고 대해야 합니다.

대화를 많이 시도하는 남자

외도의 연결 고리를 사용하는 남자는 '거리'를 좁히고자 하는 본능을 갖고 있습니다. 시작은 정서적인 거리입니다. 내 상황에 대해 흥미와 관심을 갖고 이것저것을 묻습니다. 여러 사람과 함께 대화하는 중에 유독 나의 말에 반응을 잘합니다. 말을 받아서 꼬박꼬박 설명을 해 주거나 나에게 사소한 질문을 자주 합니다. 은근슬쩍 말을 놓기도 합니다. 또한 여러 사람과 대화하는 중에도 꼭 나와 눈을 맞추고 말을 하려고 합니다. 이와 같은 남자(특히, 기혼 남성)에게 긍정적으로 반응해 주는 것은 위험을 초래한다는 사실을 기억하십시오.

내 취향에 맞추려는 남자

친밀감을 향한 거짓된 욕망을 가지고 있는 남자는 친밀해지기 위해 '공통점'을 찾습니다. 공통점이 없으면 만들어서라도 '같다'는 것을 보여 주고 싶어 합니다. 예를 들어, 맛있는 음식을 좋아하는 나의 취향을 듣고서는 음식과 요리에 대한 이야기를 일부러 많이 해서 관심을 얻고자 합니다. 음악, 미술, 책, 영화, 심지어 육아 등을 이용하기도 합니다. 유독 '같다'는 느낌을 많이 주려고 하는 남자가 주변에 있다면 조심하십시오.

나의 반응을 기다리는 남자

그 남자가 내 근처에서 서성이기 시작한 이유는 안타깝게도 '내가 그 남자에게 분별력 없이 긍정적으로 반응을 해 주었기 때문'입니다. 성격 장애를 가지고 있는 남자는 받아들여지고 인정받는 느낌을 주는 여자에게 집착합니다. 이와 같은 욕구는 결혼 생활에서 좌절되는 것이 일반적인데, 어떤 아내도 그 욕구를 채워 줄 수 없기 때문입니다. 좌절된 욕구를 가지고 있던 그 남자는 "분별력 없이 긍정적인 반응을 해 준 나"로 말미암아 그 욕구가 채워질 수 있음을 깨닫습니다. 이후 긍정적인 반응을 얻기 위해 계속해서 내 주변에 머뭅니다. 농담을 해서 내가 웃는 반응을 끌어내기도 하고, 일부러 풀 죽은 모습을 보여서 내 위로를 기다리기도 합니다. 말을 한 후에 항상 내 반응을 살피는 남자가 있다면 주의해야 합니다.

개인적인 연락을 하는 남자

친밀함을 향한 욕망이 커지면 더 친밀해지고자 행동합니다. 가장 쉬운 것이 '개인적인 연락'입니다. 다양한 이유로 연락할 수 있습니다. 교회 행사를 이유로, 성경 공부 시간을 묻는다는 핑계로, 심지어 자녀를 이용해서 연락할 수 있습니다. 예컨대, '자기 자녀에게 친절하게 대해 줘서 고맙다. 선물을 줘서 너무 감사하다' 등입니다. 만약 특별한 이유도 없이 개인적인 연락이 계속된다면, 꼭 목회자에게 알려야 합니다.

내 남편에 대해 말하지 않는 남자

조그마한 욕망을 은밀히 숨기고 있는 남자는 시간이 지날수록 걷잡을 수 없는 욕망에 사로잡히게 됩니다. 그 열매는 질투입니다. 즉, 내 남편에 대한 질투입니다. 마음속으로는 이미 특별한 사이라고 착각하고 있기 때문에 의도적으로 내 남편에 관한 이야기를 하지 않습니다. 대화에서 가능한 남편을 배제하려고 합니다. 당연히 자신의 아내 이야기도 하지 않습니다. 공통 관심사로 화제를 몰아가거나 자기의 직장과 감정 그리고 나의 취향과 고민 이야기를 주로 하려고 합니다. 나를 남편과 하나 된 존재로 바라보지 않고, 독립된 존재로 여기며 계속해서 대화하려고 하는 남자가 있다면 주의하십시오.

둘째, 분별력을 갖고 신중하게 처신하십시오. 이것은 남녀 간에 발생할 수 있는 사고에 대해서 여자 탓을 하는 것이 아닙니다. 구원받은 여자라 해도 죄의 영향력을 받고 있으며, 교회라 해도 구원받지 못한 남자가 있을 수 있고, 공중의 권세를 잡고 있는 사탄은 여전히 성을 이용한 전략을 사용하고 있기 때문입니다. 그러므로 항상 분별력을 갖고 신중하게 처신해야 합니다.

아내가 있는 남자를 함부로 위로 혹은 칭찬하지 마십시오

아내가 있는 남자의 좌절은 아내가 챙겨야 할 몫입니다. 풀이 죽어 있거나 기운이 빠져 있거나 시험에 들어 있을 때, 그 정서적인 욕구를 채워 줄 수 있는 유일한 사람은 그 남자의 아내입니다. 굳이 내가 나서서 위로해 줄 필요가 없습니다. 그것은 할 필요가 없는 것이 아니라 해서는 안 되는 짓입니다. 마찬가지로 아내가 있는 남자를 함부로 칭찬하는 것도 주의해야 합니다. 그 남자의 장점이나 성취에 대해서 과도한 관심을 표명하고 발랄하게 반응하는 것은 위험합니다. 왜냐하면 그 남자의 아내가 그와 같은 성향이 아닐 수 있기 때문입니다. 그 남자의 아내가 다정하지 않은 성격이거나 부부 사이가 소강상태일 경우에는 나의 위로와 칭찬이 잘못된 신호로 작동할 수 있습니다. 분별력을 갖고 신중하게 처신하십시오.

긍정적인 반응은 가능한 적게, 그리고 골고루 하십시오

여자들이 가지고 있는 본성, 곧 긍정적으로 반응하고 받아 주는 본성은 하나님께서 주신 것입니다. 그만큼 귀하고 아름다운 본성입니다. 그러나 이 본성은 반드시 분별력을 갖추어야 합니다. 일반적으로 여자들은 불쌍해 보이거나 혹은 튀는 남자들에게 반응하는 경향이 있습니다. 그러다 보니 이 본성을 특정인에게 유난히 많이 보여 줄 수 있습니다. 하지만 이것이 잘못된 신호로 작동할 수 있다는 사실을 깨달아야 합니다. '왜 나에게만 이렇게 대할까'라는 생각을 할 만큼 특정인을 대했다면, 나에게도 책임의 일부가 있습니다. 분별력을 갖고 신중하게 처신하십시오.

언어적인 거리와 물리적인 거리를 유지하십시오

사실 친밀함을 향한 욕구는 여자들이 더 많이 갖고 있습니다. 성적인 욕구가 남자들에게 집중되어 있다면, 정서적인 욕구는 여자들에게 집중되어 있습니다. 그래서 어떤 사람과 친밀해진다는 사실에 거부감을 갖지 않는 경우가 많습니다. 그러다 보니 나에게 말을 편하게 하는 그 남자를 수용해 주기도 하고, 그 남자가 가까이 접근하는 것을 용인해 주기도 합니다. 하지만 이것은 아주 잘못된 신호로 작동할 수 있습니다. 반드시 언어적인 거리를 유지하십시오.[157] 또한 물리적인 거리를 유지하도록 하십시오. 지나치게 가까이 서거나 앉지 마십시오. 몸이 닿지 않도록 유의하십시오. 둘이 있는 자리는 무조건 피하십시오. 작은 접촉도 잘못된 신호로 작동할 수 있다는 사실을 인식하십시오. 분별력을 갖고 신중하게 처신하십시오.

불쾌한 기색과 단호한 거절 의사를 표하십시오

여자의 본성이 신앙적인 이유와 만나면 불쾌한 기색이나 단호한 거절을 하지 못하는 경우가 많습니다. 그러나 이것은 아주 위험한 상황을 초래할 수 있습니다. 만약에 정서적인 거리, 물리적인 거리, 언어적인 거리, 시간적인 거리를 줄이고 들어오는 (기혼) 남자가 있다면, 불쾌한 기색을 역력히 보여 줘야 합니다. 또한 위에서 말한 의식적으로 혹은 무의식적으로 연결 고리를 사용하는 남자가 주변에 있다면, 단호히 거절 의사를 표해야 합니다. 거리를 좁히며 연결 고리를 사용함에도 불구하고 그것을 내버려 둔다면, 그 남자는 수용으로 여길 것입니다. 잘못된 신호로 작동한다는 것입니다. 불쾌한 기색과 명확

---

157 담장너머교회에서는 아직 직분자가 없기 때문에 서로 형제 혹은 자매, 그리고 성도라는 명칭으로 부릅니다. 특히, 결혼한 사람에게는 동갑이거나 어리다고 '반말'하지 않습니다. 젊은 사람들이 많이 모여 있지만, 청년부가 아니라는 사실을 잊지 마십시오. 우리는 친목 동호회가 아닙니다.

한 거절 의사를 표했는데도 계속해서 동일한 행동을 한다면, 꼭 목회자에게 말하십시오. 분별력을 갖고 신중하게 처신하십시오.

셋째, 단정한 옷차림을 권면합니다. 남자의 성폭력과 관련하여 여자의 옷차림이 원인이 된다는 논리 자체가 매우 남성 중심적인 것임을 일부 인정합니다. 일부 인정하는 이유는 그 어떤 이유라도 죄의 무게를 감소시킬 수 없기 때문입니다. 죄를 지었다면 죄를 지은 사람이 오롯이 그 죄의 원인입니다. 이것이 성경적인 입장입니다. 하지만 성경은 죄를 지을 수 있는 유혹적인 상황과 죄를 부채질하는 사탄의 존재도 인정하고 있습니다. 그러므로 할 수만 있다면 우리는 덕을 위해 자신을 절제해야 합니다. 이것은 옷차림에서도 나타납니다. 당연히 이 문제는 여자에게만 해당하지 않고 남자에게도 해당합니다. 왜냐하면 옷차림은 곧 자기표현인데, 신앙인은 모든 표현에서 그 신앙이 함께 드러나야 하기 때문입니다. 따라서 옷차림과 관련해서도 우리 신앙이 표현되도록 해야 합니다. 그러므로 모든 성도들은 자기의 옷차림이 교회의 덕이 되는지를 살펴볼 줄 알아야 합니다. 취향과 개성도 중요하지만 교회의 덕보다 중요하지는 않습니다. 가능하면 깔끔하고 단정한 옷 안에 취향과 개성을 녹이도록 하시기 바랍니다. 몸매를 환히 드러내 보이는 옷이나 노출이 과한 옷은 피하는 것이 좋습니다. 너무 화려해서 사람들의 주목을 끄는 옷도 바람직하지 않습니다. 고가의 옷도 덕스럽지 않습니다. 남자들 역시 짧은 반바지나 속이 비치는 옷이나 꽉 끼는 옷은 안 입는 것이 좋습니다. 나 자신을 중요하게 생각하기보다 교회에 덕스러운 것이 무엇인지를 생각하면서 옷차림을 결정하십시오. 대부분의 여성도들은 남자의 성적 욕망이 얼마나 큰지 잘 모릅니다. 세상이 떠드는 이야기에 귀를 기울이기보다는 성경이 말하는 '왜곡된 욕망의 위험성'을 인식하는 것이 더 중요합니다. 옷차림에도 신앙이 녹아 있기를 간절히 부탁합니다.

남성도들에게 주는 충고와 권면

어쩌면 지금까지의 논의가 남성도들을 기분 나쁘게 만들었을 수도 있습니다. 잠재적인 범죄자로 여기는 것처럼 느껴질 수 있기 때문입니다. 그러나 성경은 대부분 남자를 대상으로 성적 범죄에 대해 경고하고 있습니다. 그것은 타락한 성적 욕망이 남자들에게서 훨씬 더 구체적으로 발현되기 때문입니다. 실제로 성범죄나 외도의 비율을 보면, 남자가 압도적으로 많은 것을 발견할 수 있습니다. 조심하고 또 조심해야 할 부분입니다.

앞서 여성도들에게 주었던 충고와 권면은 남성도들에게도 고스란히 적용됩니다. 분별력을 갖추고 항상 신중하게 처신하십시오. 배우자가 있는 여자에게 함부로 말하거나 접근하지 마십시오. 거리를 좁히기 위해 노력하지 마십시오. 의식적으로 혹은 무의식적으로 연결 고리를 사용하지 마십시오. 늘 정결하고 깨끗한 마음으로 여성도들을 대하십시오. 경계선을 잘 지키고 친밀함을 향한 거짓된 욕망을 구분하십시오. 잘못된 신호를 주지도 말고 받지도 마십시오. 유혹적인 상황에서 벗어나십시오. 여기에 더해 남자이기에 특별히 조심해야 할 것들이 있습니다. 먼저 성경 두 구절을 살펴봅시다.

네 이웃의 집을 탐내지 말라 네 이웃의 아내를 … 탐내지 말라 _출애굽기 20:17

또 간음하지 말라 하였다는 것을 너희가 들었으나 나는 너희에게 이르노니 음욕을 품고 여자를 보는 자마다 마음에 이미 간음하였느니라 _마태복음 5:27-28

이와 같이 성경은 남자에게 경고합니다. 하나님은 남자에게 성적인 욕망을 더 많이 주셔서 자녀가 번성할 수 있도록 설계하셨습니다. 하지만 타락 이후 남자들의 성적인 욕망은 크게 오염되었고, 그것은 항상 하나님께서 그으신 선을 넘고자 했습니다. 그 위험성을 아시기에 하나님은 위와 같이 남자들을 대상으로 성과 관련된 계명을 주신 것입니다. 그러므로 거듭난 남자들은 성적인 욕망을 하나님께서 주신 말씀에 복종해서 사용해야 마땅합니다. 그 이상을 벗어나는 것은 커다란 범죄입니다.

크게 두 가지를 기억하십시오. 첫째, 배우자가 있는 여자에게 약간의 호감이라도 품어서는 안 됩니다. 나에게 배우자가 있을 때는 더욱 그래서는 안 됩니다. 이것은 무서운 범죄입니다. 하나님과 배우자와 그 여자와 그 여자의 남편과 교회에게 저지르는 죄입니다. 친밀함을 향한 욕망을 다른 여자에게서 얻고자 하는 것 자체가 죄라는 사실을 아십시오. 약간의 호감도 '탐내는 행위'임을 인식하십시오. 둘째, 상상 속으로 도피하지 마십시오. 현실적으로 배우자가 있는 여자와 특별한 관계를 맺을 수 없음을 깨닫는 순간, 취할 수 있는 방법은 두 가지입니다. 정상적인 사고와 신앙을 가진 사람은 흔들렸던 자기 마음을 들고 하나님 앞에서 회개합니다. 두 번 다시 그런 마음을 품지 않게 해 달라고 간구합니다. 요셉처럼 유혹당했던 자리에서 벗어납니다. 반면에 성격 장애와 위선적인 신앙을 가진 사람은 음란한 상상 속에서 살기 시작합니다. 겉으로는 아무렇지도 않은 척하지만 음욕을 품고 여자를 본다는 것입니다. 이것이야말로 예수님께서 지적하신 간음죄입니다. 남자에게는 성적인 욕망이 당연한 것처럼 여기지 마십시오. 그것은 우리의 죄악 된 본성을 고치시는 성령을 멸시하는 생각입니다. 성령께 의지하는 남자는 자기 마음과 생각을 정결하게 만들어 갈 수 있습니다. 특별히 다음과 같이 주의할 것을 권면합니다.

여성도의 긍정적인 반응을 호감으로 착각하지 마십시오

여자마다 조금씩 다르기는 하지만, 대부분의 여자들은 받아 주는 본성을 가지고 있습니다. 잘 반응해 주고 포용해 주고 이해해 줍니다. 그중에는 성향상 그것을 더욱 티 나게 하는 여자도 있습니다. 그것을 신앙, 곧 성도의 교제라고 생각하고 더욱 힘써서 하는 여자도 있습니다. 단지 그뿐입니다. 특히 배우자가 있는 여자라면 더욱 오해해서는 안 됩니다. 여자 청년의 발랄한 반응도 오해해서는 안 됩니다. 긍정적인 반응을 더 얻기 위해 다가가서도 안 됩니다. 다른 여자에 대해 어떤 생각과 마음을 품기 전에 항상 아내를 먼저 생각하십시오.

언행을 조심하십시오

악은 모양이라도 버려야 합니다. 음란은 입에 올리지도 말아야 합니다. 배우자가 있는 여자와 접촉하려고 하지 마십시오. 일부러 근처에 서려고 하지도 마십시오. 기혼 남성은 모든 여자와 물리적인 거리를 유지하십시오. 괜히 자기를 과시하기 위해 '홀리는 말'도 하지 마십시오. 성희롱적인 말은 입 밖에도 꺼내서는 안 됩니다. 나의 아내나 여동생이나 딸에게 누군가가 나와 같은 마음으로 나처럼 행동한다면 어떤 느낌일지 상상해 보십시오. 다른 여자에 대해 어떤 행동과 말을 하기 전에 항상 아내를 먼저 생각하십시오.

유혹적인 상황에서 벗어나십시오

아주 드문 경우이지만, 실제로 교회 안에서 남자들을 유혹하려는 여자가 있습니다. 만약에 그런 경우를 만난다면, 방법은 딱 한 가지입니다. 단호하게 거절하고 그 자리를 벗어나는 것입니다. 두 번 다시 접근하지 못할 정도로 단호해야 합니다.

부부에게 주는 충고와 권면

교회 안에서 외도를 방지하기 위해서는 상황을 분별하고 사람을 구분하며 지혜롭고 신중하게 처신하는 것이 참 중요합니다. 무엇보다 중요한 것은 부부가 *끈끈함*을 공개적으로 알리는 것입니다. 틈이 없으면 파고들 생각도 못합니다. 그러므로 부부는 서로를 지키고 돌보며 현명하게 교회를 세우는 일에 함께해야 합니다. 성도의 교제는 부부 사이를 깨고 하는 것이 아니라 부부가 "함께"하는 것입니다. 교회 안에서는 반드시 다음과 같이 하십시오.

항상 같이 예배를 드리십시오

예배는 언약 갱신 의식입니다. 언약은 '너와 네 자손'과 맺으신 하나님의 약속입니다. 그러므로 공적인 예배는 항상 가족이 함께해야 합니다. 온 가족이 함께 앉아서 예배 드리는 것이 옳습니다. 남편과 아내가 따로 앉을 이유는 없습니다. 예배 중에 자녀를 잘 돌보는 것도 예배 행위의 일부입니다. 항상 같이 예배를 드리십시오.

항상 같이 교회 봉사를 하십시오.

부부는 한 몸입니다. 둘이지만 하나입니다. 교회 봉사는 교회를 한 몸으로 세우는 사역입니다. 그러므로 이미 붙어 있는 두 사람이 함께 봉사를 하는 것이 맞습니다. 굳이 부부가 떨어져서 교회를 하나로 붙이는 사역을 할 필요가 없다는 것입니다. 해서도 안 됩니다. 식사 봉사를 할 때도 항상 부부가 같이 하십시오. 하다못해 밥을 퍼 주는 일을 할 때도 부부가 같이 하십시오. 남편 A가 다른 남편의 아내 B와 같이 나란히 서서 밥을 퍼 주는 모습은 덕스럽지 않을 뿐만 아니라 위험해 보이기까지 합니다. 청소를 할 때도 항상 부부가 같이 하십시오. 남편 A가 다른 남편의 아내 B와 함께 쓸고 닦는 것은 보기 좋지 않습니다. 부부가 함께 같은 구역을 쓸고 닦고 정리하십시오.

항상 같이 성경 공부를 하십시오

대부분의 성경 공부는 대그룹이 아니라 소그룹에서 이루어집니다. 소그룹은 나름대로 친밀감이 증대될 수 있는 환경입니다. 서로의 안부를 묻기도 하고 삶을 나누며 기도 제목을 말하기도 합니다. 앞서 말했던 여러 위험한 사례들이 성경 공부 그룹 안에서 발생했다는 사실을 기억하십시오. 부부는 항상 같이 성경 공부를 해야 합니다. 꼭 하고 싶을 때에도 배우자의 상황이 여의치 않다면, 부부가 같이 다음 기회에 하는 것이 좋습니다. 심지어 배우자 한 명이 결석해야 하는 상황이라면, 부부가 함께 결석해도 좋습니다. 성격 장애가 있는 관계 중독자는 빈자리를 노립니다.

항상 같이 대화하십시오

남자 성도 모임이나 여자 성도 모임이 아닌 한 부부가 함께 서서 대화를 하도록 하십시오. 특히 아내가 남자 청년이나 기혼 남성과 일대일로 대화하는 상황이 없도록 남편이 항상 함께하십시오. 그 반대도 마찬가지입니다. 문자로 연락할 때도 그렇습니다. 만약에 남편 A가 남편이 있는 아내 C에게 연락을 취해야 하는 상황이라면, 가능한 A는 자기 아내 B를 통해서 하는 것이 좋습니다. 혹은 단체방을 열어서 부부 A, B와 부부 C, D가 함께 대화를 나누어야 합니다. 기혼 남성이 여자 청년에게 연락할 때도 마찬가지이고, 기혼 여성이 남자 청년에게 연락할 때도 마찬가지입니다. 배우자가 있는 사람은 이성에 게 개인적인 연락을 취하지 않도록 합니다.

항상 같이 다니시고 같이 있으십시오

특히 남편에게 부탁합니다. 남편은 아내를 돌보는 사람입니다. 아내의 옆자 리를 지키십시오. 혹시라도 다른 남자가 허망한 생각을 품지 않도록 같이 다 니면서 아내를 보호하십시오. 아내 근처에 사랑의 울타리를 치고 이리 같은 남자가 접근하지 않도록 두 눈 부릅뜨고 지켜보십시오. 아내 옆에 머물면서 아내의 정서적인 욕구도 챙겨 주십시오. 교회의 다른 어떤 사람보다도 아내 를 가장 친절하게 대하십시오. 교회 안에서도 자주 품어 주고, 자주 보듬어 주십시오. 남편이 아내에게 해 주는 살갑고 따뜻한 스킨십은 성격 장애가 있 는 남자가 헛된 마음을 갖지 않도록 할 뿐만 아니라 결혼하지 않은 청년들에 게도 좋은 교육이 됩니다.

하나님의 언약은 교회에 주어졌는데, 그 일차적 근간은 가정입니다. 그리 고 가정의 중심은 부부입니다. 따라서 부부가 든든히 서는 것이 교회가 든 든히 서는 것입니다. 교회 안에서 부부가 함께 묶여 있음을 공개적으로 보 여 주는 것은 부끄러운 일이 아닙니다. 오히려 권장할 만한 사안입니다. 부부는 교회 안에서 항상 같이 있어야 하고, 서로 사랑하는 모습을 늘 보여 주어야 합니다. 둘 사이에 틈이 없음을 모든 사람에게 알려야 합니다. 사 탄의 유혹은 항상 틈을 타고 온다는 사실을 기억하십시오. 친밀함을 향한 거짓된 욕망을 안고 교묘한 연결 고리를 걸고자 하는 위선자가 교회 안에 도 있을 수 있음을 인식하십시오. 외도는 치료하는 것이 아니라 예방하는 것입니다. 습관의 고리를 따라 외도라는 길에 들어서서는 안 됩니다. 부부는 반드시 이 글을 읽고 또 읽고, 또한 함께 읽어서 분별력을 키우시기 바랍니다. 항상 분별력을 갖추고 신중하게 처신할 것을 충고합니다. 그것이 다른 성도들에게 베푸는 '올바른 친절'이며 교회를 세우는 방법입니다.

결혼을 말하다

참고문헌

단행본

간바 와타루, 『바람피우는 남자, 한눈파는 여자』, 서울: 가야넷, 2003.

게르티 젱어, 『불륜의 심리학』, 서울: 소담출판사, 2009.

게리 뉴먼, 『남자는 왜 바람을 피울까』, 서울: 늘봄, 2011.

게리 채프먼, 『부부 학교』, 서울: 황금부엉이, 2015.

게리 토마스, 『부부 학교』, 서울: CUP, 2011.

_____ , 『사랑 학교』, 서울: CUP, 2017.

권석만, 한수정, 『자기애성 성격 장애』, 서울: 학지사, 2000.

김범영, 『외도는 심리 장애』, 서울: 지식과감성, 2016.

김정욱, 한수정, 『연극성 성격 장애: 관심과 애정을 끌기 위한 몸부림』, 서울: 학지사, 2000.

김홍전, 『혼인, 가정과 교회』, 전주: 성약, 1994.

낸시 레이 드모스, 『여자들이 믿고 있는 새빨간 거짓말』, 서울: 좋은씨앗, 2005.

노옴 웨이크필드, 『남자들을 위한 지혜』, 성남: 홈앤에듀, 2015.

노옴 웨이크필드, 조디 브롤즈마, 『이스라엘에서 온 남자 모압에서 온 여자』, 서울: IVP, 2001.

더글라스 윌슨, 『결혼 개혁』, 서울: 미션월드라이브러리, 2011.

래리 크랩, 『결혼 건축가』, 서울: 두란노, 2001.

_____ , 『에덴 남녀』, 서울: 복있는사람, 2014.

레이 오틀런드, 『결혼과 복음의 신비』, 서울: 부흥과개혁사, 2017.

로드니 스타크, 『기독교의 발흥』, 서울: 좋은씨앗, 2016.

루 프리올로, 『아내를 알고 사랑하는 온전한 남편』, 서울: 미션월드라이브러리, 2008.

루이스 C. S., 『순전한 기독교』, 서울: 홍성사, 2001.

리고니어 미니스트리 출판부, 『개혁주의 스터디 바이블』, 서울: 부흥과개혁사, 2017.

리처드 백스터, 『하나님의 가정』, 서울: 복있는사람, 2012.

리처드 필립스, 『남자의 소명』, 서울: 지평서원, 2013.

마거릿 킴 피터슨, 드와이트 N. 피터슨, 『결혼, 평생의 여행을 떠나기 전 알아야 할 것들』, 서울: 생명의말씀사, 2014.

마르다 피스, 『나는 현숙한 아내이고 싶다』, 서울: 생명의말씀사, 2011.

마셜 B. 로젠버그, 『비폭력 대화』, 서울: 한국NVC센터, 2017.

마이크 메이슨, 『결혼의 신비』, 서울: 두란노, 2013.

마크 드리스콜, 그레이스 드리스콜, 『결혼은 현실이다』, 서울: 두란노, 2013.

마틴 로이드 존스, 『그리스도인의 결혼 생활』, 서울: 생명의말씀사, 2012.

멜라니 치우드, 『나는 하나님이 허락하신 아내다』, 서울: 생명의말씀사, 2011.

안드레아스 쾨스텐버거, 데이비드 존스, 『성경의 눈으로 본 결혼과 가정』, 서울: 아바서원, 2016.

알리스터 맥그래스, 『목마른 영혼』, 서울: 복있는사람, 2005.

양유성, 『외도의 심리와 상담』, 서울: 학지사, 2008.

어거스틴, 『(성 어거스틴의) 고백론』, 서울: 대한기독교서회, 2001.

에머슨 에거리치, 『그 여자가 간절히 바라는 사랑, 그 남자가 진심으로 원하는 존경』, 서울: 국제제자훈련원, 2017.

웨이슈잉, 『하버드 행동심리학 강의』, 파주: 에쎄, 2016.

이기주, 『언어의 온도』, 고양: 말글터, 2016.

조나단 에드워즈, 『신앙과 정서』, 서울: 지평서원, 2000.

존 맥아더, 『하나님의 완벽한 디자인』, 서울: 베드로서원, 2007.

존 파이퍼, 『결혼 신학』, 서울: 부흥과개혁사, 2010.

_____, 『남자와 여자, 무엇이 다른가?』, 서울: 부흥과개혁사, 2005.

찰스 스탠리, 『크리스천 감정 수업』, 서울: 아드폰테스, 2015.

카일-델리취, 『구약 성경 주석: 창세기』, 포천: 로고스, 1997.

캐롤린 매허니, 『여자, 그리스도인으로 살아가기』, 서울: 지평서원, 2013.

크로스웨이 ESV 스터디 바이블 편찬팀, 『ESV 스터디 바이블』, 서울: 부흥과개혁사, 2014.

토니 포터, 『맨박스: 남자다움에 갇힌 남자들』, 서울: 한빛비즈, 2019.

티모시 위트머, 『어떻게 사랑할 것인가』, 서울: 강같은평화, 2016.

팀 켈러, 『팀 켈러, 결혼을 말하다』, 서울: 두란노, 2014.

폴 투르니에, 『여성, 그대의 사명은』, 서울: IVP, 1991.

폴 트립, 『6가지 사랑의 약속』, 서울: 아바서원, 2015.

피터 콜릿, 『몸은 나보다 먼저 말한다』, 서울: 청림출판, 2004.

한재술, 『사랑으로 말하는 진리』, 서울: 그책의사람들, 2016.

해리 셈버그, 『거짓된 친밀감: 삶을 무너지게 하는 성 중독, 그 원인과 솔루션』, 서울: 두란노, 2012.

헨리 버클러, 『외도의 심리』, 서울: 솔로몬, 2006.

헨리 클라우드, 존 타운센드, 『No라고 말할 줄 아는 그리스도인의 대화의 기술』, 서울: 좋은씨앗, 2005.

참고 자료

김범수, 「간통죄 폐지 3년 후 … 덮치기 사라지고 흥신소는 성업 중」, 〈세계일보〉, 2018.02.21.

김진혁, 「결혼 전 동거, 이혼율 높아」, 〈연합뉴스〉, 2009.07.15. https://www.yna.co.kr/view/AKR20090715053000009.

서영지, 「한국 남성 절반 '외도 경험 있다'」, 〈중앙일보〉, 종합 20면, 2016.08.01.